करोड़पति कैसे बनें ?

छठी इंद्री का जागरण - एक प्रभावी उपाय

देवेन्द्र दत्त शर्मा

अध्याय

प्रस्तावना नं. 1

पूर्व में हमने पाठको को **'कहानी पढ़े और धनी बने'** पुस्तक प्रस्तुत की थी। उसके बारे में लोगों ने बड़ी सकारात्मक टिप्पणियाँ की है और कई लोगों ने तो उत्साह के साथ यह भी बतलाया है कि सभी कहानियाँ उनके दिल को छू गई और उन्होनें अपने जीवन में कुछ बडा करने हेतु प्लानिंग भी बना ली है। इससे प्रोत्साहित होकर हमने उन लोगों के लिये जो कि मात्र धनी ही नही रहना चाहते है बल्कि मिलिनियर बनना चाहते है। किसी व्यापार व व्यवसाय में सफल होना चाहते है। उनके लिये हम यह पुस्तक **'कैसे बने मिलेनियर ?'** प्रस्तुत कर रहे है।

मिलिनियर बनने हेतु कोई अलग से कार्य नही करना होता। बस मात्र मिलिनियरों जैसा माइंड सैट बनाना होता है व मिलिनियरों की तरह ही न्यू स्किल सीखना होता है। और मिलिनियरों की तरह ही लेटेस्ट टूल का प्रयोग करना होता है। हम आपको छठी इन्द्री का एक टूल उपलब्ध करवा रहे है जो आपको मिलेनियर बनने के पथ पर मार्गदर्शन करेगा और शक्ति प्रदान करेगा।

हमने प्रयास किया है कि इस पुस्तक के जरिये एक व्यक्ति अपने व्यापार को किस तरह से चरणबद्ध तरीके से सफलता की ओर पहुंचाये और अपने आपको मिलिनियर बनाने में सफल हो सके। उससे सम्बंधित कहानियों का संकलन किया है। प्रत्येक कहानी आपको एक अच्छा प्रबन्धक बनने की प्रेरणा देगी और सटीक तरीका सुझायेगी। कई कहानियाँ तो आपके दिल में गुदगुदी पैदा

कर देगी और आपको व्यापारिक व औद्योगिक क्षेत्र में सफल बनाने हेतु आपके मस्तिष्क व ह्रदय को तरंगित कर देगी।

इस पुस्तक की शुरूआत में मैं चाहूंगा कि आपकी इस पुस्तक से क्या अपेक्षाए है ? वो आप लिख ले तथा पुस्तक के अंतिम पृष्ठ पर आपने जो कुछ इस पुस्तक से वैज्ञानिक तरकीबे पाई है व उनके आधार पर जो निर्णय लेने की मानसिकता बनाई है। उन निर्णयों को लिख ले। ताकि आपके द्वारा पुस्तक को पढ़ना ना केवल साहित्य को पढ़ने की तरह हो बल्कि एक वर्कशॉप में भाग लेने की तरह हो। ताकि आप उन बातों को क्रियान्वित भी कर सके।

हर भारतीय धनी बने, मिलिनियर बने, मल्टिमिलिनियर बने व बिलिनियर बने। इस हेतु हम इन पुस्तकों का लेखन कर रहे है व प्रकाशन कर रहे है। अतः आप सभी से यह आग्रह है कि पुस्तको को एक बार पढ़कर ना छोड़े। इन्हें कम से कम तीन बार पढ़े ताकि आप इनका पूरा लाभ उठा सके।

इस पुस्तक के लेखन कार्य में मुझें **अंजली अजाड़ीवाल (प्रबंध निदेशक)**, **अंजु जांगिड़ (प्रोजेक्ट डॉयरेक्टर)** व **टीम 360** के अन्य सभी सदस्यों का सहयोग मिला है। तथा राजेश शर्मा ने समय पर पुस्तक के टाईप वर्क को सुन्दर तरीके से किया है। जिसके लिये मैं उन्हें साधुवाद देता हूँ।

आपके सभी के छठी इन्द्री के जागरण से, मिलेनियर बनने हेतु मेरा आर्शीवाद।

देवेन्द्र दत्त

लेखक

प्रस्तावना नं. 2

मुझें अभूतपूर्व खुशी हो रही है कि **'कहानी पढ़े और धनी बने'** के प्रति लोगों ने इतना रूझान दिखाया। कई लोगों ने तो यह निर्णय भी लिया कि यह कहानियॉ नही है बल्कि हमारे लिये जादू है। जिन्होने हमारी सोई हुई चेतना को जगा दिया है। और हमने निर्णय लिया है कि हम मध्यमवर्ग में नही रहकर धनी वर्ग में जाने हेतु दृढ संकल्पित है। अब हम आपको **"कैसे बने मिलेनियर ?"** **(छठी इन्द्री के जागरण से)** प्रस्तुत कर रहे है।

हमे डी.एम.आई.टी. व मिडब्रेन एक्टिवेशन के वर्कशॉप आयोजित करते हुए करीबन 1 दशक हो चुका है। हमने पाया कि डी.एम.आई.टी. मिडब्रेन बहुत प्रभावकारी स्किल है। लेकिन माइंड सैट को बदले बिना लोग इनका पूरा लाभ नही उठा पाते। यद्यपि आगामी अंक में हम डीएमआईटी पर एक पूरी पुस्तक लिखवाने जा रहे है और इसी तरह मिडब्रेन एक्टिवेशन व एडवांस अल्फा माइंड एक्टिवेशन पर भी पुस्तक लिखवा रहे है।

अभी हमने रोचक कहानियों के जरिये लोगों का माइंड सैट धनी कैसे बने? व मिलिनियर कैसे बने ? इस हेतु एक ओर उपरोक्तानुसार नवीन प्रयास किया है।

इस पुस्तक में हमने व्यापार का आरम्भ करने से लेकर व्यापार ऊंचाईयों तक पहुंचे। इस रास्ते में कौन—कौन से पड़ाव आते है ? और उन पर किस तरह से सफलता पाई जा सकती है ? इन बातों को ध्यान में रखते हुए कहानियों का संकलन किया है। यदि आप

बताई गई क्रियाओं को नित्य करेंगे तो छठी इन्द्री का जागरण अवश्य होगा व आपको अभूतपूर्व सफलता मिलेगी।

आशा है कि यह कहानियॉ आपके हृदय को अभिभूत कर देगी। और आपको कुछ नये निर्णय लेने के लिये भी प्रेरित करेगी ताकि आप एक नये माइंड सैट वाले व्यक्ति बन सको। और धनी से आगे मिलिनियर बनने की यात्रा पर आरूढ हो सको।

आप सभी को **आमलकी एकादशी – 13 मार्च, 2022** को अपनी शुभकामनाएं प्रस्तुत करता हूँ ताकि आप मिलेनियर बनने की मुहिम में विजयी हो।

आभार।

विनीत शर्मा
सहलेखक

प्रस्तावना नं. 3

मैनें पूर्व के वर्षो में अनेक स्थानों, विश्वविद्यालयों आदि में आकर्षण के सिद्धांत पर व्याख्यान दिये है। हम गत एक दशक से डी.एम.आई.टी. मिडब्रेन एक्टिवेशन के कार्य को सफलता पूर्वक कर रहे है। पूरे देश में हमारी टीम 360 ने 680 से ज्यादा अधिकृत केन्द्र दे रखे है। कुछ केन्द्र विदेशों में भी काम कर रहे है।

डी.एम.आई.टी. मिडब्रेन के स्किल को हम बड़े मनोयोग से व वैज्ञानिक तरीके से हमारे अधिकृत केन्द्रो को सीखाते है। लेकिन हमे बार–बार यह अहसास होता है कि स्किल के साथ–साथ धनी बनने हेतु माइंड सैट के बदलाव की जरूरत भी होती है। मिलिनियर बनने के लिये तो और ज्यादा माइंड सैट में बदलाव की अपेक्षा की जाती है।

आप सहमत होंगे कि गरीब व्यक्ति व मध्यमवर्गीय व्यक्ति का एक अलग तरह का माइंड सैट होता है। तथा धनी, मिलिनियर, मल्टी मिलिनियर, बिलिनियर के माइंड सैट्स अलग होते है।

मध्यमवर्गीय व्यक्ति सोचता है कि कुछ बचेगा तो कहीं पर इन्वेस्ट करेंगे। कुछ बचेगा तो दान करेंगे। लेकिन दुर्भाग्यवश उनके पास बचत होती ही नही है। जबकि धनी व मिलेनियर व्यक्तियों का माइंड सैट होता है कि जो इन्वेस्टमेन्ट करना है तथा जो दान करना है। उसे पहले ही बजट में रख लो।

देश की टैक्स व्यवस्था भी धनी व मिलिनियर लोगो के पक्ष में रहती है। सारे खर्चे कर लेने के बाद जो बचता है। उस पर उन्हें आयकर देना होता है। जबकि मध्यमवर्गीय वेतनभोगी लोग जो कुछ भी वेतन के रूप में प्राप्त करते है। उसी पर उनको आयकर देना पड़ता है। एक और भी फर्क है कि मध्यमवर्गीय व्यक्ति बचत हेतु बार–बार सौदेबाजी करता है जबकि धनी लोग गुणवत्तापूर्ण चीजें खरीदते है। ताकि अन्ततोगत्वा उन्हें लाभ हो।

इस पुस्तक का मुख्य उद्देश्य आप लोगों को एक सफल बिजनसमैन बनाना, एक उद्योगपति बनाना है। तरीका बड़ा आसान लिया गया है कि आपको ऐसी कहानियाँ सुनाई जाये जो कि सफल उद्योगपतियों/ व्यवसायियों की अपनी जिंदगी पर आधारित है। अथवा आम चलन में जो कहानियाँ जो सटीक नसीहत देती है, वो शामिल की गई है।

आप इन कहानियों को दिल में उतारेंगे तो ये आपको अपने व्यापार में पारंगत बना देगी और आप सफलता के आयाम छूऐंगे।

आपको **आमलकी एकादशी** (13 मार्च, 2022) के पावन अवसर पर **"कैसे बने मिलेनियर ?"** आपके पठन व जीवन में उतारे। इस हेतु प्रस्तुत कर रहे है। आप इस पुस्तक को पढ़कर एक सफल व्यापारी बनने में कामयाब हो। ये मेरी दिली ख्वाइश है।

आभार।

विपुल शर्मा
सहलेखक

(अध्याय – 1)
मेरी अपनी कहानी

———◆◆◆———

(कुछ घटनाएं जो अन्जाने में घटी, क्या वो प्रोएक्टिवली घटाई जा सकती है ?)

मैं यहाँ आपको मेरे जीवन की कुछ रोचक घटनाएं बताना चाहूंगा। जिससे 6ठी इन्द्री व 7वीं इन्द्री की भूमिका का ज्ञान हो पाये। मुझें न तो कभी 6ठी इन्द्री व 7वीं इन्द्री के नाम की जानकारी थी। न ही मैंने इस तरफ कोई प्रयास किया था। अब मैं आपको क्रमवार अपने जीवन की कुछ घटनाएं लिखता हूँ।

घटना नं. 1:–मैं एक बार लेक्चरशिप का इन्टरव्यू देने के लिये जोधपुर से ट्रेन में रवाना हुआ। ट्रेन में बैठा हुआ था। ठण्डी हवा चल रही थी। रात्रि का समय था। झपकी आ गई। मैं झपकी के दौरान देखता हूँ कि मेरे पास एक व्यक्ति आया और कहा कि आपका सलेक्शन हो गया है। आप हमारे साथ आईये, भोजन करके जाइए। विषय

विशेषज्ञ व प्रिंसिपल साहब भी वहां पर बैठे हुए है। आंख खुल गई। बात आई–गई हो गई। दूसरे दिन मैं इन्टरव्यू देने गया। इन्टरव्यू ठीक ठाक हुआ। लेकिन किसी ने भी मेरा चयन हो गया, ऐसा संकेत नही दिया। इन्टरव्यू देने के बाद मैं कुछ देर तक कॉलेज में घूमता रहा। वहां पर लगे पपीते के पेडो को देख रहा था। क्योंकि ट्रेन आने में तीन घंटे की देरी थी। मैं घूम रहा था। तभी एक व्यक्ति आया और मुझें कहा कि आपका सलेक्शन हो गया है। विषय विशेषज्ञ व प्रिंसिपल महोदय खाना खा रहे है। आप भी हमारे साथ खाना खा लीजिये। मैं बरसों तक इस बात को सोचता रहा कि झपकी के समय जो दृश्य दिखा, वह भौतिक स्वरूप में कैसे आ गया ? लेकिन प्रक्रिया को समझ नही पाया।

घटना नं. 2:– मेरा राजस्थान राज्य स्तरीय अधिकारी प्रतियोगी परीक्षा में सलेक्शन हो गया। मुझें 2 फरवरी, 1981 को हरिशचन्द्र माथुर इन्स्टीट्यूट में ज्योईन करने को जाना था। लेकिन 31 जनवरी को ही अखबार में पढ़ा कि कोर्ट से स्टे लग गया है। अतः मुझें रूकना पड़ा। मैं भादरा में हमारे पैतृक निवास पर आकर रहने लगा। करीबन 3 माह गुजर गये लेकिन स्टे हटा नही। मैं इसी सम्बंध में बेरोजगार बैठा रहा कि कब स्टे हटे और मैं नौकरी ज्योईन करू। काफी परेशान था। रास्ता सूझ नही रहा था। स्टे कब हटे कुछ कहा नही जा सकता था।

एक दिन मैं रात्रि में चिंतन, मनन और दुखी भाव से सोया था। कि मुझें एक वृद्ध व्यक्ति स्वप्न में दिखाई दिये। उन्होनें कहा कि स्टे हट गया है। आप जाकर ज्योईन कर ले। ऐसा लगता है कि वो स्वप्न नही था। मैं जाग रहा था। मैनें उनकी बात मानी नही। मुझें लगा कि वो मुझें मूर्ख बना रहे है। यद्यपि सुबह जगने के बाद यह बात मैनें अपनी पत्नी को बताई कि स्टे हट गया है। मेरा

ज्योईनिंग लैटर जारी हो गया है। पत्नी ने कहा कि ऐसे स्वप्न आते रहते है। स्वप्न में उटपटांग बाते होती रहती है। बात आई-गई हो गई।

दूसरे दिन फिर रात्रि में मैं सोया तो वही स्वप्न आया। वही व्यक्ति फिर आया और बोला कि स्टे हट गया है। आप जाकर ज्योईन कर लीजिये। चूंकि वो वृद्ध व्यक्ति हनुमानजी के आकार के लग रहे थे। इसलिये मैनें उन्हें आदर से कहा कि मैं परेशान हूॅं। आप क्यों मुझें बहला रहे हो ? सुबह मैं फिर उठा। मैनें पत्नी को बताया कि आज फिर मुझें वही स्वप्न आया और हनुमानजी नुमा व्यक्ति ने यह बात कही है। पत्नी ने कहा कि सपनों का क्या है ? सपने तो आते रहते है।

तीसरे दिन फिर रात्रि में वही स्वप्न आया। उन्होनें कहा कि स्टे हट गया है। आप जाकर ज्योईन कर लो। मैं झूंझला गया और मैंने कहा आप अगर सही कह रहे है तो फिर मुझें अपोइंटमेन्ट लैटर दिखाईये। तो उन्होनें अपनी जेब में हाथ डाला और अपोइंटमेन्ट लैटर निकाल कर दिखाया। उसमें 15वां नम्बर मेरा था। उन्होने अपोइंटमेन्ट लैटर वापिस ले लिया और कहा कि अब तो चले जाओं।

मैं प्रातःकाल फिर उठा और पत्नी से कहा कि आज रात्रि को तो मुझें अपाइंटमेन्ट लैटर दिखा दिया है। उसमें 15वें नम्बर पर मेरा नाम था। अब तो मैं झूठ नही मान सकता। पत्नी ने कहा कि ठीक है आप चले जाओं। मैं सचिवालय में गया। मैं बड़ी मशक्कत से सचिवालय में घुसा। मुझें ज्यादा जानकारी नही थी इसलिये मैं सीधा कार्मिक विभाग की सचिव जो कि एक महिला थी। उनके पास मिलने पहुंच गया। यद्यपि बाहर खड़े चपरासी ने मुझें रोका। इतने में चपरासी चाय लेने गया और मैं कमरे में

घुस गया। मैनें मैडम से पूछा कि क्या स्टे हट गया है ? उन्होनें मेरा नाम पूछा, कहा कि तुम कैसे लापरवाह व्यक्ति हो ? आज अंतिम दिन है। फिर उसने रैक में से मेरा अपोइंटमेन्ट लैटर निकाल कर दिखाया और कहा कि आपका तो अपोइंटमेन्ट हो गया, जाकर नौकरी ज्योईन करो, मैनें वो लैटर देखना चाहा। लेकिन मैडम ने दिखाया नही। मैडम ने कहा कि ओ.एस. से अपनी कॉपी ले लो और जाकर तत्काल ज्योईन करों, चार तो बज चुकी है। तुम पांच बजे से पहले पहुंच जाओं।

मैं ओ.एस. के पास पहुंचा। उनसे निवेदन किया तो उसने कहा कि आपकी कॉपी तो हमने आपके रिश्तेदार को दे दी। बार—बार क्यों मांगते हो ? फिर पास में बैठे हुए व्यक्ति ने कहा कि बेचारे का आज अपोइंटमेन्ट हुआ है। इसे एक कॉपी दे दो तो उसने मुझें एक अतिरिक्त कॉपी दे दी।

मैंने लैटर लिया और देखा कि 15वें नम्बर पर मेरा नाम था। मैनें ओ.एस. महोदय से कहा कि मैं ज्योइनिंग लिख दू तो वो गुर्राये। ज्योइनिंग यहॉ थोडी होती है। अपोइंटमेन्ट लैटर में देखों की कहा ज्योइनिंग करनी है। मैनें फिर निवेदन किया कि कौनसी जगह है ? मैं जयपुर में नया हूँ। कृपया आप बता दीजिये। उन्होनें बता दिया। मैं सचिवालय से बाहर निकला। टैक्सी की और मैं ज्योइनिंग स्थान पर पहुंच गया। इस भाग—दौड़ में 5 बज गई। ऑफिस बंद होने का समय हो गया। वहां पर एक चपरासी खडा था जिसको मैनें कहा कि मुझें अमुक पोस्ट पर ज्योइन करना है। उन्होने कहा कि आप कल आईये। नही तो एक सीनियर ऑफिसर बैठे है, उनसे मिल लो। मैं उन सीनियर ऑफिस के पास गया और उन्हें अपना मकसद बताया, उन्होनें कहा कि ज्योइनिंग लिखिए। आप मेरे बराबर के अधिकारी है, बैठिये और चाय पीजिये।

मैं आज तक नही समझ पाया कि जो जानकारी स्वप्न में मुझें तीन दिन तक लगातार दी गई। जो बाद में भौतिक स्वरूप में भी सही मिली।

घटना नं. 3:– जब मैं ऑफिसर था तो मुझें ट्रेनिंग में प्रशिक्षण हेतु बुलाया गया। प्रशिक्षण तीन महिने का था जो पूरा होने जा रहा था। शनिवार व रविवार दो दिन की छुट्टी थी। मंगलवार को प्रशिक्षण पूरा होना था। शनिवार, रविवार को छुट्टी थी। इसलिये मैं शुक्रवार को ही एक आध्यात्मिक समारोह जो मथुरा में होने जा रहा था। मैं उसमें चला गया। आध्यात्मिक समारोह तो रविवार को समाप्त हो गया। लेकिन मुझें आने का साधन नही मिल पाया इसलिये मैं सोमवार को जयपुर नही पहुंच पाया। मैं मंगलवार को पहुंचा। जब मैं प्रशिक्षण केन्द्र पर गया तो मेरे साथियों ने बताया कि आप कल आये नही ? कल प्रशिक्षण की परीक्षा थी। अब आपके खिलाफ अनुशासनात्मक कार्यवाही होगी। हो सकता है कि आपको नौकरी से भी निकाल दे। क्योंकि अभी आपको तीन माह भी नौकरी करते नही हुए है, खैर मंगलवार उस प्रशिक्षण का अंतिम दिन था। सांयकाल 4 बजे तक हमें रीलिव कर दिया गया। रीलिविंग लैटर के साथ हमें प्रशिक्षण परीक्षा की अंकतालिका दी गई। जिसमें मुझें न केवल उत्तीर्ण दिखाया गया। बल्कि 85 प्रतिशत मार्क्स बताये गये।

मैं आज तक नही समझ पाया कि जब मैनें परीक्षा दी ही नही तो कैसे मुझें उत्तीर्ण दिखाया गया ? कैसे मुझें 85 प्रतिशत मार्क्स मिले ?

मैं ज्यादा बातें अपने बारे में नही बताउंगा। अब मैं एडिसन की एक कहानी आपको सुनाता हॅू।

जब **एडिसन** ने आवाज रिकॉर्ड करने वाली मशीन की खोज आरम्भ की तो लोगों ने उन्हें कहा कि यह सम्भव नही है। लेकिन बार–बार एडिसन अपने स्टॉफ को यह कहता रहा कि आवाज रिकॉर्ड करने वाली मशीन मैं बनाउंगा। आप मुझें सहयोग कीजिये कि यह कैसे बनाई जाती है ? लेकिन पूरे स्टॉफ ने कहा कि यह असम्भव है। आवाज रिकॉर्ड नही हो सकती। लेकिन एडिसन के दिमाग में बिल्कुल क्लियर कट पिक्चर थी कि यह ऐसी मशीन है जो आवाज को रिकॉर्ड कर रही है। हम आवाज को रिकॉर्ड कर रहे है।

इसलिये एडिसन ने अपने स्टॉफ के लोगों को डांट कर कहा कि आदमी जो सोच लेता है। जिस पर विश्वास करता है, वो काम जीवन में घट कर रहता है। **What a man can think and believe. It can surely be materialized.** तीन साल की मेहनत के बाद एडिसन का स्टॉफ व एडिसन आवाज रिकॉर्ड करने की मशीन बनाने में कामयाब हो गये।

राईट बंधु की मैं आपको कहानी सुनाता हूँ।

दो भाई थे जो लुहारगिरी का काम करते थे। उनके दिमाग में चीलों को आकाश में ऊंचा उड़ते देख कर यह

ख्याल आया कि हम भी कोई ऐसी मशीन बनाये जो चीलों की तरह उड़े। उन्होनें अपने विचार को सोच विचार कर दृढ़ किया और फिर इस दिशा में काम करने लगे। उन्होनें अपनी इस बात को लोगों को बतलाया तो लोगों ने उन्हें मूर्ख बताया। और उस समय के धर्मगुरू पोप को पता चला कि राईट ब्रदर्स इस तरह की कोई प्रकृति विरूद्ध घटना करने जा रहे है। तो उसने फतवा जारी किया कि उड़ना मनुष्य के लिये सम्भव नही है। यह सिर्फ पक्षियों का काम है।

लेकिन राईट बंधुओं के दिमाग में तो क्लियर कट पिक्चर थी कि हम एक मशीन में बैठे हुए है। और मशीन उड़ रही है। अतः उन्होनें प्रयास करना नही छोडा। उन्होने गेलेलियों की पिक्चर अपने घर पर लगा रखी थी जो गैस से भरे हुए गुब्बारे से लटक कर आसमान में जा रहा था। वो अपने कार्य में सतत् लगे रहे। दुनियां को विरोधों को दरकिनार करते हुए। एक दिन उन्होनें ऐसी मशीन बना डाली जो आकाश में पक्षियों की तरह उड़ती थी।

उपरोक्त सभी मामलों में कहीं न कहीं अदृश्य में कुछ घटित होता है। जो बाद में भौतिक जगत में प्रकट होता है, लेकिन मुझें कभी कोई स्पष्ट जवाब प्राप्त नही हुआ।

जब मैं **स्टीफन आर कोवी** से मिला तो उनका वर्कशॉप अटेण्ड किया। तब भी एक विशेष घटना घटी। उसका भी मैं यहॉ उल्लेख करना चाहूंगा। **"सेवन हेबिट्स ऑफ हाईली पिपुल"** का दो दिन का एन.सी.आर. (गुड़गांवा) में

वर्कशॉप था। दूसरे दिन सांयकाल 4 बजे स्टीफन आर कोवी पधारे। हम सभी लोगों से हाथ मिलाया। मुझसें कहा You will be honoured one day in USA. मैं समझ नही पाया, इतने में वो नीचें चले गये। मैं भी तत्काल उनके पीछे नीचे काउंटर पर गया और पूछा I could not follow sir, pardon tell me again. Stephan narrated again the same story. पर मैं अवाक् दृष्टि से उन्हें देखता रहा। तब उन्होनें टूटी फूटी हिन्दी में कहा कि तुम एक दिन यू.एस.ए. में सम्मानित होवोगें। चूंकि वो बांग्लादेश में रहे थे। इसलिये थोडी बहुत हिन्दी सीख गये थे।

करीबन 8 साल बाद उनका कहा सही हुआ। मुझें डेटोना बीच, अटलांटा, यू.एस.ए. में सम्मानित किया गया। यह बात भी मेरी समझ से बाहर रही कि उनको 8 साल पहले ही कैसे पता चल गया कि मैं यू.एस.ए. में सम्मानित होऊंगा?

वर्कशॉप के बाद में मैनें 7 हेबिट्स ऑफ हाईली पीपुल की बातों को बहुत गम्भीरता से सीखना आरम्भ किया। स्टीफन आर कोवी अपनी पुस्तक 7 हेबिट्स ऑफ हाईली पीपुल में दूसरी हेबिट्स के बारे में बतलाते है कि हर वस्तु व घटना की दो स्तरों पर रचना होती है। एक मानसिक स्तर पर व दूसरी भौतिक स्तर पर। यह बात पढ़ते ही मेरे दिमाग में स्पष्टता हुई कि कुछ घटनाएं मानसिक रूप से बन जाती है। हमारे द्वारा अनजाने में और उनका बाद में भौतिक स्वरूप देखने को मिलता है। दूसरी आदत को मैंने जब ध्यानपूर्वक पढ़ा और जीवन में उतारना चाहा, तो **स्टीफन** का यह वाक्य कि **"हम अपने जीवन की सभी प्रथम रचनाओं को खुद नही बनाते है। बल्कि यह जिम्मेदारी परिवेश और दूसरों पर डाल देते है अथवा भूतकाल की घटनाओं पर।"**

यदि हम जिम्मेदारी लेकर के मानसिक रचना (प्रथम रचना) को स्वंय बनाये तो उसी के अनुरूप भौतिक घटना (द्वितीय रचना) की रचना होती है।

अतः मुझें स्पष्ट हो गया कि स्टीफन आर कोवी की द्वितीय हेबिट ही उपरोक्त घटनाओं के पीछे कारण रही है।

इसी को **नेपोलियन हिल** ने 6ठीं इन्द्री कहा है। स्टीफन आर कोवी इसे ब्ल्यू प्रिन्ट बनाना कहते है। स्टीफन कहते है कि सैकिण्ड हेबिट है begin with end in mind. आपको जीवन में क्या घटना है ? उसकी कल्पना कीजिये। फिर उसे कागज पर उतार लीजिये। यह प्रथम रचना  होगी। उसी के अनुरूप जब आप एक्शन करेंगे तो भौतिक रचना बनेगी।

अक्समात जो मेरे जीवन में घटनाएं घटी, एडिसन के जीवन में घटनाएं घटी। लेकिन स्टीफन आर कोवी की सैकिण्ड हेबिट्स यह सूत्र देती है कि आप प्रोएक्टिवली किसी भी प्रथम रचना को बना सकते है। उसी के अनुरूप भौतिक रचना (द्वितीय रचना) घटेगी।

इस तरह से 6ठीं इन्द्री और 7वीं इन्द्री को पूरी तरह से मनोवैज्ञानिक व वैज्ञानिक आधार पर समझाया जा सकता है। इनके पीछे कोई रहस्यवाद नही है। न कोई आध्यात्म वाद है, छठीं इन्द्री व सांतवी इन्द्री को प्रयास पूर्वक व तयशुदा प्रक्रिया से सीखा जाना सम्भव है।

सादर।

(डी.डी. शर्मा)
सी.ई.ओ.
टीम 360
मो.: 9079040362

(अध्याय – 2)
छठी इन्द्री का जागरण

नेपालियन हिल ने अपनी विश्वप्रसिद्ध **पुस्तक 'थिंक एण्ड ग्रो रिच'** में छठी इन्द्रि का विशद विवेचन किया है। उनके अनुसार छठी इन्द्री किसी अध्यात्मिक साधना के जरिये जागृत की जा सकती है। उन्होनें छठी इन्द्री का स्थान कहां पर है, यह भी बताने का प्रयास किया है।

उनके अनुसार मानव के अर्धचेतन मस्तिष्क से सबसे उपर वाला हिस्सा छठी इन्द्री है।

छठी इन्द्री के विचार को ध्वनी के रेडियो कन्सेप्ट से ठीक से समझा जा सकता है। जैसे कि रेडियो दो तरफा कार्य करता है। एक तो वो ध्वनी के वाईब्रेशन्स को रिसिव करने का काम करता है। दूसरा अपनी ओर से ध्वनी के वाईबेशन्स भेजने का काम करता है। ध्वनी के वाईब्रेशन्स परिवेश में चारो और फैलें होते है। आपकी च्यौईस है कि मुकेश के गानों से अपने आपको कनेक्ट करते हो या लता मंगेशकर के गानों से। प्रत्येक गानें की फ्रिक्वेंशी का लेवल अलग–अलग है। जिस फ्रिक्वेंशी को आप कनेक्ट करोगे, वही गाना आपको सुनाई देगा।

प्रथम कार्य को रिसिविंग सैट के नाम से जाना जाता है। दूसरे कार्य को ब्रोडकास्टिंग स्टेशन के नाम से जाना जाता है। इसी तरह से मानव मस्तिष्क भी विचारों के, कल्पनाओं के, भावनाओं के वाईब्रेशन्स को रिसिव करता है, तथा विचारों, कल्पनाओं व भावनाओं के वाईब्रेशन्स को बाहर परिवेश में प्रेषित करता है।

इसी प्रकार से टेलीफोन में कार्यप्रणाली काम करती है। किसी व्यक्ति की आवाज टेलीफोन के जरिये सुनते है तब वह ध्वनी के वाईब्रेशन्स को रिसिव करता है, तथा साथ ही अपनी ओर से ध्वनी के वाईब्रेशन्स को भेजता भी है।

छठी इन्द्री मात्र रिसिविंग सैट नही होकर मस्तिष्क की एक पैनी ग्रहणशीलता की प्रतिभा है

छठी इन्द्री को जागृत करने हेतु अध्यात्मिक क्षेत्र में कई तरीके बताये गये है। कुछ लोग इसे आज्ञा चक्र का जागरण कहते है, तथा बच्चों में इसके जागरण को मिडब्रेन एक्टिवेशन के नाम से जाना जाता है।

छठी इन्द्री से निम्न कार्य सम्पन्न होते है, ऐसा उन लोगों का अनुभव है जिनकी छठी इन्द्री जागृत हो गई है।

1. छठी इन्द्री के जागरण से व्यक्ति को आने वाले संकटो के बारे में पूर्व में जानकारी हो जाती है। जिससे कि वो समय रहते समुचित प्रबन्ध कर सके।

2. छठी इन्द्री के जागरण से उन सुअवसरों को पकडने की क्षमता आ जाती है जो कि सामान्य व्यक्ति नही पकड़ पाता। कारण यह है कि अवसर सदैव किसी न किसी संकट अथवा नकारात्मकता के बीच में प्रकट होता है। एक पश्चिमी दार्शनिक **स्वेट मार्डन** ने लिखा है कि अवसर अपने सिर पर बालों को औढे हुए

रखता है ताकि उसको सामान्य व्यक्ति पहचान ना पाये।

3. छठी इन्द्री जागरण से किसी समस्या का समाधान एक विचार के रूप में दिमाग में कौंध **(Flash)** सकता है। लेकिन महत्वपूर्ण बात यह है कि ऐसी कौंध अनेक बार इंसान को आती है। अन्जाने में उसके कुछ विचार आते है, बाद में वो कहता है कि मैं चूक गया, मुझें ख्याल भी आया, लेकिन मैं कर नही पाया, लेकिन छठी इन्द्री जागरण के पश्चात व्यक्ति अपने इन फलेसेज को पकडने में कामयाब हो जाता है।

4. छठी इन्द्री जागरण के पश्चात परिवेश में कोई भी घटना अथवा अखबार में कोई भी समाचार अथवा किसी अन्य व्यक्ति के मुंह से निकला हुआ शब्द उस व्यक्ति के लिये कोई संदेश हो सकता है। मुख्य बात यह है कि उस संदेश को वो व्यक्ति पकड लेता है और उपयोग में ले लेता है।

5. अल्फा माइंड की स्थिति भी छठी इन्द्री की तरह है। लेकिन इस स्थिति में व्यक्ति उनिन्दा **(Trance Sleep)** रहता है। यानी कि कच्ची नींद में सोया हुआ होता है। जिसे न तो पूरी तरह जगा हुआ कह सकते है और ना ही पूरी तरह सोया हुआ। लेकिन अल्फा माइंड में व्यक्ति अर्ध निद्रा में रहता है। जबकि छठी इन्द्री में व्यक्ति जागृत रहता है।

6. तिब्बत आदि देशों में ऐसे लामाज होते है, जो कि टेलीपेथी के जरिये दूर स्थान के लोगों की बातें भी सुन लेते है, देख लेते है। यह टेलीपेथी भी छठी इन्द्री का ही एक प्रकार है।

7. छठी इन्द्री के जागरण से व्यक्ति भविष्य की घटनाओं के बारे में जानकारी कर सकता है। जो कि अधिकांश बार सत्य साबित होती है।

8. यदि किसी घटना विशेष का ब्ल्यू प्रिन्ट बन गया है। यद्यपि घटना घटी नही है, तो ऐसी घटना को छठी इन्द्री जागृत वाला व्यक्ति पकड़ सकता है। पुलिस आदि महकमों के लिये छठी इन्द्री का लाभ कई प्रकार से हो सकता है। यू.एस.ए. के रक्षा विभाग में छठी इन्द्री के जागरण जैसे ही कन्सेप्ट जोश सिल्वा की अल्फा माइंड टैक्निक **(Alpha Mind Technique)** का प्रयोग किया जाता है।

9. छठी इन्द्री जागृत व्यक्ति दूसरों के सबकोन्सियस के विचारों को पकड सकता है। क्योंकि जब स्वयं के मन में स्थिरता आ गई। विचारों का कम्पन बन्द हो जाता है, तो मन की एक विशेष प्रतिभा जागृत हो उठती है। जो दूसरों के द्वारा किये जाने वालें विचारों को पकड लेती है व ग्रहण कर लेती है। कभी–कभी तो असीम बुद्धिमता के द्वारा बरस रही कृपा को भी छठी इन्द्री जागृत व्यक्ति अनुभव करने लगता है।

महात्मा बुद्ध व उनके शिष्य की छठी इन्द्री के बारे में एक कहानी

महात्मा बुद्ध के पास दीक्षा लेने हेतु एक सम्पन्न परिवार का युवक आया और दीक्षा हेतु आग्रह किया। युवक की चाहत देखकर महात्मा बुद्ध ने उसे दीक्षा देना इस शर्त के साथ स्वीकार किया कि मैं तुम्हे जैसे निर्देश दूंगा तुम्हे वैसा ही करना होगा। क्योंकि अभी तो तुम स्वतंत्र

हो। जो चाहों वो कर सकते हो। लेकिन दीक्षा ले लेने के बाद कुछ नियम है। जिनकी पालना करना जरूरी होता है।

युवक जोशिला था, दृढ़ निश्चयी था, उसने कहा कि मैं नियमों की पालना करने को तैयार हूँ। आप मुझें दीक्षा देने की कृपा करें।

महात्मा बुद्ध ने उस युवक को दीक्षा प्रदान की। कहा कि तुम एक महिने तक भीक्षा हेतु फलां गांव में, फलां घर जाकर प्राप्त करोंगे। युवक शिष्य ने खुशी–खुशी हॉ भर दी।

वो युवक अब सन्यासी हो गया था। क्योंकि उसने दीक्षा धारण कर ली थी। अतः वो भीक्षा के लिये नीयत समय पर बौद्ध मठ से निकला और धीरे–धीरे पैदल चलता हुआ उस गांव पहुंचा। महात्मा बुद्ध के बताये गये घर में भीक्षा हेतु दस्तक दी।

अचानक वो तो अवाक रह गया कि दरवाजा खोला तो एक सुन्दर युवती प्रकट हुई और उसने कहा भन्ते अन्दर आ जाईये। वो सन्यासी अन्दर चला गया। युवती ने एक चटाई बिछाई। थाली लगाई और खाना परोसा। सन्यासी युवक कभी उस युवती को देखता तो कभी खाने की थाली को देखता। उसके दिमाग में विचार आया कि अगर घर पर होता तो आज अवश्य मिठाई खाने को मिलती। फिर उसने सोचा कि ठीक है जो मिल रहा है, ठीक है। अब मैं सन्यासी हो गया हूँ।

इतने में युवती एक प्लेट में मिठाई लेकर आई और बोली कि भन्ते थोडा मीठा खा लों। खाना खा लिया तो उसके दिमाग में विचार आया कि खाना खाकर थोडी देर आराम कर लेते है। थोडी देर में युवती आई और अपने हाथ में एक चटाई लाई और बिछा दी। बोली कि भन्ते

ऐसी भी क्या जल्दी है। कुछ देर आराम कर लो, फिर चले जाना।

सन्यासी चटाई पर आराम करने लगा। तभी उसे ख्याल आया कि घर होता तो कोई चद्दर औढ़ कर भी सो जाता, कोई तकिया भी मिल जाता। तभी वो युवती आई और एक तकिया व चद्दर दे दिया। उसने तकिया लगाया और चद्दर औढ कर सो गया। घन्टे भर बाद उठा तो सोचा कि घर पर तो मैं उष्ण पेय पीकर ही उठता था। लेकिन यहां तो मैं सन्यासी हो गया। इतने में वह युवती आई और एक उष्ण पेय देकर बोली कि इसे पी लो। दूर देश जाना है।

युवक सन्यासी लगातार सोच रहा था कि मैनें मिठाई का विचार किया तो मिठाई दी गई। मैनें तकिया और चद्दर का विचार किया तो दोनों मिल गये। मैनें उष्ण पेय पीने का विचार किया तो मुझें उष्ण पेय मिल गया। मैंने आराम करने को कहा कि मुझें आराम मिल गया।

सन्यासी युवक ने सोचा कि एक आध बार घटना तो संयोग हो सकती है। लेकिन बार–बार मेरे विचारों के अनुसार यह युवती मुझें सभी चीजे प्रदान कर रही है। तो क्या इसे मेरे विचारों का पता चल जाता है ?

युवक सन्यासी ने हिम्मत करके युवती से पूछ ही लिया।

जब मेरे मन में मिठाई खाने की इच्छा हुई तो आपने मुझें मिठाई दी। जब मेरे मन में आराम करने की इच्छा हुई तो आपने चटाई बिछा दी। जब मेरी तकिया, चद्दर की इच्छा हुई तो आपने तकिया

और चद्दर दे दिया। जब मेरी उष्ण पेय पीने की इच्छा हुई तो आपने मुझें उष्ण पेय दे दिया। अब आप मुझें बताईये कि एक बार यदि कोई घटना घट जाये तो मैं उसे संयोग मान लू। लेकिन पिछले दो घन्टे में चार बार मेरे विचारों के अनुसार आपने वही चीजे मुझें दी। जबकि मैनें उनके बारे में आपको बताया भी नही था।

युवती का उत्तर

सुन्दर युवती ने मुस्कराते हुए कहॉ कि हॉ मुझें तुम्हारे विचारों का पता चलता है। मेरी छठी इन्द्री का जागरण हो चुका है। तुम तो भन्ते भगवान बुद्ध की शरण में अभी आये हो। मैं कई बरसों से उनकी शरण में हूँ। उन्होनें मेरे मन पर निगह रखने की तरकीब बताई। जिससे मैं द्रष्टा बनकर अपने मन को देखने लगी। परिणाम यह हुआ कि चौकीदार की उपस्थिति में मेरे मन में कब तक विचार आते है। धीरे-धीरे विचार आने बन्द हो गये। मेरा मन पालतु बैल की तरह वैसे ही बैठ गया जैसे कि भगवान शंकर के मंदिर में नंदी को बैठा दिया जाता है।

जब मेरे विचार बंद हो जाते है तो सामने जो व्यक्ति बैठा होता है, उसके विचार मुझें दिखाई देने लग जाते है व मालूम हो जाते है।

इतना सुनते ही युवक सन्यासी अन्दर से हैरान हो गया और उठकर बोला कि मैं अब चलूंगा और वहां से रवाना हो गया। वो बहुत बैचेन हो गया और मन ही मन में अपने आपको अपराधी महसूस करने लगा। और ये विचार करने लगा कि मैं महात्मा बुद्ध को जाकर कह दूंगा कि मैं अब इस घर में भीक्षा लेने के लिये नही आऊंगा। यद्यपि महात्मा बुद्ध का आदेश है कि मैं एक माह तक लगातार इसी घर से भीक्षा प्राप्त करू।

युवक सन्यासी तेज गति से चला और जहां महात्मा बुद्ध रूके हुए थे उनके आश्रम में पहुंचा। और उनसे निवेदन किया कि कल से मुझें भीक्षा लेने के लिये अन्यंत्र घर में भेजिये। मैं उस घर में नही जा सकता।

महात्मा बुद्ध ने कहा कि यह सब बाते दीक्षा लेने से पहले तो ठीक थी। लेकिन दीक्षा लेने के बाद तुम्हे वही करना होगा जो मेरे निर्देश है।

युवक सन्यासी ने कहा कि मेरा आपसे विनम्र निवेदन है कि आप कृपया मुझें अन्यंत्र भीक्षा के लिये भेजे।

महात्मा बुद्ध ने पूछा कि ऐसा क्या हुआ ? जो तुम वहा पर भीक्षा लेने नही जाना चाहते, तो उस युवक ने कहा कि उस घर में एक सुन्दर नवयुवती रहती है, तो महात्मा बुद्ध ने कहा कि इसमें क्या परेशानी है। घर में सुंदर नवयुवती होगी या वृद्धा। तुम्हे भीक्षा मिली या नही ? तब तो युवक अंदर से छटपटाने लगा और अपनी व्यथा को महात्मा बुद्ध को कह डाला।

वो युवती सुन्दर ही नही है, बल्कि उसे मेरे विचारों का भी पता चल जाता है। जब मैंने मिठाई के बारे में सोचा तो वो मिठाई ले आई। मैनें आराम के बारे में सोचा तो उसने चटाई बिछा दी। मैं उसके घर में नही जा सकता। क्योंकि मेरे दिमाग में तो उसके प्रति कई दूषित विचार भी आये थे। इसका मतलब उसे वो सब भी पता चल गया होगा ? अतः मैं उसके यहां कैसे जा सकता हूॅ?

महात्मा बुद्ध ने कहा, भीक्षा लेने के जिये जाना तो तुम्हे वही पडेगा। लेकिन मैं तुम्हे एक तरकीब बता देता हूॅ। उस तरकीब का प्रयोग करने से शायद तुम्हे कोई लाभ हो जाये।

तरकीब

कल जब तुम भीक्षा लेने के लिये आश्रम से निकलों तो पूरी जानकारी में एक–एक कदम रखना। हर कदम की तुम्हे जानकारी होनी चाहिये। अगर तुम्हारा हाथ हिले तो तुम्हारी जानकारी में हिले। अगर तुम्हारा श्वास चले तो तुम्हारी जानकारी में चले। तुम अपनी हर हरकत को अपनी निगेहबानी में रखोगे, तुम्हारे द्वारा की गई कोई भी हरकत ऐसी ना हो जो तुम्हारी जानकारी में ना हो, तुम पूरी तरह जगे हुए जाओं।

युवक सन्यासी दूसरे दिन उत्साह पूर्वक आश्रम से भीक्षा लेने के लिये निकला। हर कदम को जानकारी से रखता, हाथ हिलाता तो जानकारी से लेता। श्वास लेता तो जानकारी से लेता। धीरे–धीरे अपनी हर गतिविधी को अपनी निगरानी में रखता हुआ चलता जा रहा था।

उस घर पर जाकर दस्तक दी। युवती आई, बोली कि भन्ते अन्दर आईये। युवती खाना लाई। लेकिन युवक हर कौर पर निगह रखे हुए था। पानी पीता तो पूरी निगरानी में पीता। वो सारे काम होश पूर्वक कर रहा था। युवती मुस्कुराई। बोली भन्ते तुम तो एक दिन में ही बदल गये। सन्यासी युवक मुस्कुराया, मगर होश पूर्वक। खाना खाया और वापिस आश्रम के लिये रवाना हुआ। मगर पूरे होश के साथ। जहां कदम रखता होश पूर्वक, जहां भी देखता होश पूर्वक, हाथो की जो भी गतिविधी होती, होश पूर्वक।

युवक को ऐसा लगा जैसे उसने अन्तिम लक्ष्य पा लिया। वो होश पूर्वक चला जा रहा था कि आश्रम आ गया। महात्मा बुद्ध बैठे मुस्कुरा रहे थे।

महात्मा बुद्ध ने कहा युवक सन्यासी कैसा रहा ? युवक सन्यासी महात्मा बुद्ध के चरणों में गिर गया, उसकी

आंखो से अश्रु बह रहे थे। गद्गद हृदय से बोला कि आपने मुझें निहाल कर दिया।

महात्मा बुद्ध ने कहा कि यह जो सामने वृद्ध व्यक्ति है। उसके दिमाग में क्या चल रहा है ? युवक सन्यासी शीघ्र बोला कि इसको अपने पुत्र पर गुस्सा आ रहा है। जिसने इसको इस उम्र में घर से निकाल दिया है, पास में खडे एक कुत्ते के लिये महात्मा बुद्ध ने पूछा कि यह कुत्ता पूर्व जन्म में क्या था ? तो युवक सन्यासी ने जवाब दिया कि यह एक बडे मन्दिर का पुजारी था।

महात्मा बुद्ध बोले कि छठी इन्द्री के जागरण से दूसरों के ख्यालों, दूसरो के पूर्व **जन्मों** का ज्ञान हो जाता है। पर तुम्हे इन चक्करों में नही पड़ना ? तुम अपने ध्येय की और बढ़ते चलों।

उपरोक्त कहानी से छठी इन्द्री का जागरण किस प्रकार होता है कि एक होशपूर्वक दृष्टा विधी बताई गई। लेकिन ऐसी अनेक विधियॉ है। जिनसे छठी इन्द्री का जागरण होना सम्भव है। उपरोक्त कहानी एक आध्यात्मिक पृष्ठभूमि में लिखी गई है।

व्यापारिक जगत के प्रसिद्ध व्यवसायी रतन टाटा, मुकेश अम्बानी आदि के जीवन में भी ऐसी अनेक घटनाएं व कहानियॉ सुनने में आई है। जो छठी इन्द्री के अन्जाने में थोडी देर खुल जाने से घटी है।

आइंस्टिन, ऐडिसन, न्यूटन, आर्कमिडिज आदि वैज्ञानिकों के जीवन में भी छठी इन्द्री के जागरण का कई जगह उल्लेख हुआ है।

इत्तेफाक से किसी घटना विशेष से छठी इन्द्री का जागरण हो जाना और किसी नई चीज का प्रकट हो जाना तो अनेक लोगों के जीवन में देखा गया है। लेकिन एक व्यवस्थित रूप से इसका प्रशिक्षण प्रदान करना अलग बात है। इस हेतु प्रयास टीम 360 के द्वारा किये जा रहे है। टीम 360 ने मिडब्रेन एक्टिवेशन के वर्कशॉप के जरिये बच्चों में छठी इन्द्री के जागरण के अनेको उदाहरण देखे है। बच्चे आंख बंद करके कई चीजों के रंग बतला देते है। नोटो के नम्बर बतला देते है। बंद आंखो से पावों को छुआकर अखबार पढ लेते है, आदि–आदि।

बडे व्यक्तियों में भी छठी इन्द्री के जागरण हेतु बडे प्रयोग टीम 360 द्वारा किये जा रहे है। जिनके परिणाम भी काफी उत्साहजनक है।

सादर।

(डी.डी. शर्मा)

सी.ई.ओ.

टीम 360

मो.: 9079040362

(अध्याय – 3)

कृतज्ञता जागरण (Awaking of Gratitude)

छठी इन्द्री के जागरण हेतु आवश्यक है।

रोण्डा ब्राईन अपनी विश्वप्रसिद्ध पुस्तक **"दी सिक्रेट"** व इसी नाम की फिल्म में लिब्रोवर की एक कहानी लिखती है कि लिब्रोवर का पुत्र बहुत अधिक बीमार हो गया, तथा उसने अनेक प्रकार के चिकित्सकिय उपचार किये। लेकिन लडके को किसी प्रकार का लाभ नही हुआ।

फिर उसे एक मनोवैज्ञानिक द्वारा एक रोक (सुनहरा पत्थर) दिया गया। जिसको कि उसे प्रातःसांय धन्यवाद कहना था, कृतज्ञता प्रकट करनी थी। कुछ महिने उस व्यक्ति ने इस प्रक्रिया को अपनाया। परिणाम यह निकला कि तीन महिने बाद बच्चे में काफी सुधार होने लगा। छः महिने बाद तो बच्चा पूरी तरह स्वस्थ हो गया।

लिब्रोवर को रोक को धन्यवाद कहने से लाभ हुआ, इसके पीछे समय विशेष पर जागृत होने वाली छठी इन्द्री का लाभ ही प्रमाणित होता है।

कृतज्ञता छठी इन्द्री के जागरण में अपनी मुख्य भूमिका निभाती है।

लेखक को कृतज्ञता के बारे में कभी कोई ज्यादा जानकारी नही हुई थी। जब तक कि वो नीदरलैण्ड की एक मोटिवेशनल ट्रेनर **एनिकी रिवाल्ड** के सम्पर्क में नही आये। अनिकी रिवाल्ड विश्व में लॉ ऑफ अट्रेक्शन के वर्कशॉप्स आयोजन करने का कार्य करती थी। इसके अलावा वो मिस्टिक साइंस के वर्कशॉप्स भी आयोजित करती थी।

लेखक ने **अनिकी रिवाल्ड** के द्वारा आयोजित सिल्वा अल्ट्रामाइंड व लॉ ऑफ अट्रेक्शन के दोनो वर्कशॉप्स अटेण्ड किये, तब ही कृतज्ञता का इतना महत्व है, यह जानकारी लेखक को मिली।

इसके पश्चात लॉ ऑफ अट्रेक्शन का मास्टर ट्रेनर बनने हेतु **अनिकी रिवाल्ड** के वर्कशॉप को अटेण्ड किया, लेकिन दुर्भाग्य से वो उस दिन नही पहुंच पाई, उनके दुःखद निधन की सूचना मिली। दो मिनट का मौन रखने के पश्चात उनके मुख्य अनुयायी **श्री अमित** ने वर्कशॉप कन्डेक्ट किया।

अमित ने कई तरकीबे बताई व्यक्ति को सफल होने में सहायक थी। लेकिन सहभागियों के द्वारा एक ही बात कौनसी है जिससे कि सफलता सुनिश्चित हो जाये ? इस पर **अमित** ने कहा कि एक ही काम करना चाहते हो तो वो है, कृतज्ञता के भावों को प्रकट करना।

तब से लेखक ने कृतज्ञता का महत्व इसके प्रभाव व इसको प्राप्त करने के तरीके आदि पर विषद व विस्तृत कार्य करना आरम्भ किया।

The Science of Getting Rich नामक पुस्तक को लेखक के द्वारा पढ़ा गया। जिसमें एक पूरा चेप्टर कृतज्ञता पर लिखा गया था। **वॉल्टर वालस** अपनी इस पुस्तक में लिखते है कि जो व्यक्ति कृतज्ञ रहना सीख लेता है, वो धनाड्य बनता है। उन्होनें इसे और ज्यादा समझाते हुए लिखा है कि जो व्यक्ति अमीर नही होना चाहता, उसकी फितरत में ही कृतज्ञहीनता होती है। कृतज्ञता से नई– नई आशाएं बनती है। कृतज्ञता से अवचेतन मस्तिष्क में सकारात्मक वाक्यों के उच्चारण जाते है, कृतज्ञता प्रकट करने से लोगों के स्वास्थ्य सुधरे है। लोगों की आर्थिक दशाए सुधरी है। लोगों के दाम्पत्य जीवन सुधरे है, तथा लोगों को समाज में प्रतिष्ठाएं प्राप्त हुई है।

कृतज्ञता के सम्बंध में **स्टीफन आर कोवी** ने अपनी पुस्तक **"सेवन हेबिट्स ऑफ हाईली इफेक्टिव पीपूल"** में सीधे तौर पर तो कुछ नही लिखा है। लेकिन उन्होनें पांच प्रकार के भावनात्मक केंसर्स बताए है जो कि समाज में कई प्रकार की बुराईयों को जन्म दे रहे है।

1. शिकायत की आदत
   (Complaining)
2. तुलना की आदत
   (Comparison)
3. प्रतिस्पर्धा की आदत
   (Competition)
4. आलोचना की आदत
   (Criticision)
5. विवाद की आदत
   (Contending)

अधिकांश लोगों में शिकायत करने की आदत पायी जाती है। कोई अपने भाग्य के लिये कोसता है, कोई अपने को दीन-हीन होने से कोसता है, कोई अपने कम पढ़े लिखे होने की शिकायत करता है, कई तो ईश्वर तक की शिकायत कर देते है, ग्रह नक्षत्रों की शिकायत कर देते है। कुछ लोग अपनी तकलीफो के लिये दूसरो पर आरोप लगाते है तथा दूसरों में कमियॉं खोजते है।

इसी तरह से लोग प्रतिस्पर्धा तुलना, आलोचना व विवाद में अपना अधिकांश समय लगाते है। इन पांचो राक्षसों के लिये एक वेक्सिन काम कर सकती है, जिसका नाम है, कृतज्ञता की वेक्सिन। ये लेखक की ओर से विश्व को कोन्ट्रीब्यूशन है।

कृतज्ञता की वेक्सिन का प्रयोग

लेखक स्वंय कृतज्ञता की वेक्सिन का लम्बी अवधि से प्रयोग कर रहे है। और अनेक लोगों को इसके प्रयोग हेतु सलाह भी देते रहे है। जिन्होनें कृतज्ञ रहने का सिद्धान्त अपनाया। उनके जीवन में कई प्रकार के सुधार हुए है। जैसे कि उनके स्वास्थ्य में सुधार हुआ। दूसरा उनका मूंड अच्छा रहने लगा। तीसरा उनके आर्थिक हालात सुधर गये। चौथा उनके परिवार में मधुर सम्बंध रहने लगे। पांचवा वो स्वयं प्रफुल्लित व प्रसन्नचित रहने लगे।

जिस तरह से दुर्गा सप्तसी में वर्णन है कि अनेक राक्षसों का वध दुर्गा ने चण्डी रूप धारण करके किया। उसी तरह से उपरोक्त पांचो भावनात्मक कैंसर रूपी राक्षसों का वध भी कृतज्ञता रूपी वेक्सिन से किया जाना सम्भव है।

कृतज्ञता संजीवनी नामक पुस्तक

यह पुस्तक कृतज्ञता के बारे में लेखक के द्वारा लिखी गई है। जिसमें कृतज्ञता के लाभ, जरूरत व प्रभाव से सम्बंधित 100 प्रश्नों के उत्तर लिखे गये है। इस पुस्तक में कृतज्ञता के बारे में सभी आयामों को कवर किया गया है। कैसे व्यक्ति कृतज्ञता को अपना कर अमीर बन सकता है ? कैसे कृतज्ञता को अपना कर उसके दाम्पत्य जीवन में मधुरता आ सकती है ? कैसे व्यक्ति कृतज्ञता का सिद्धान्त अपनाकर स्वस्थ हो सकता है ? इसी तरह से कोई भी व्यक्ति कृतज्ञता के विचार को अपनाकर सामाजिक प्रतिष्ठा पा सकता है।

उपरोक्त पुस्तक में दी गई एक्सरसाईज

इस पुस्तक में कई एक्सरसाईजेज दी गई है। जिनको की पाठक एक–एक करके रात्रि में सोने से पूर्व कर सकता है। कृतज्ञता को आदत के रूप अपने में विकसित कर सकता है। इस पुस्तक में 90 दिनों तक कृतज्ञता की एक्सरसाईज करने हेतु सलाह दी गई है।

मैजिक नामक पुस्तक

रोण्डा ब्राईन ने कृतज्ञता पर एक विश्वप्रसिद्ध पुस्तक लिखी है। जिसकी विषय वस्तु लेखक के द्वारा लिखी गई कृतज्ञता की संजीवनी से बिल्कुल मिलती जुलती है। लेकिन **रोण्डा ब्राईन** ने कृतज्ञता पर लिखी अपनी पुस्तक का नाम '**मैजिक**' रखा है। क्योंकि कृतज्ञता वाकई में मैजिक की तरह काम करती है। कोई भी व्यक्ति कृतज्ञता के सिद्धान्त को जीवन में अपनाकर इसका जादुई करिश्मा अपनी आर्थिक स्थिति के बारे में, अपनी पारिवारिक स्थिति

के बारे में, अपने स्वास्थ्य के बारें में अथवा अपनी सामाजिक प्रतिष्ठा के बारे में देख सकता है।

मैजिक पुस्तक में कृतज्ञता को प्रतिदिन प्रेक्टिस करने हेतु भी एक्सरसाईज दी गई है। तथा इन एक्ससाईजेज को 28 दिन तक लगातार करने से आमूल चूल परिवर्तन होना बतलाया है।

अल्बर्ट आइंस्टिन के कृतज्ञता के बारे में विचार

अल्बर्ट आइंस्टिन ने विज्ञान के क्षेत्र में क्रान्तिकारी विचार रखे। उनकी थ्योरि ऑफ रिलेटिविटी जगत प्रसिद्ध है। वो प्रतिदिन कम से कम 100 बार उन लोगों को धन्यवाद कहते थे जिन्होनें उनसे पहले विज्ञान के क्षेत्र में उल्लेखनीय कार्य किये थे।

अल्बर्ट आइंस्टिन कृतज्ञता के महत्व को इतना अधिक जरूरी बताते थे। क्योंकि वो स्वयं कहते है कि मेरी कृतज्ञता की आदत से ही मैं संकटो से बाहर निकला और विश्व के प्रमुख वैज्ञानिकों की सूची में मेरा नाम जुड सका।

रेकी एक रूहानी ईल्म है

लेखक ने रेकी विद्या में मास्टर डिग्री की है। रेकी सिखाने वालों को सबसे पहले कृतज्ञता का पाठ पढ़ाया जाता है। प्रतिदिन रेकी हेतु प्रार्थना की जाती है। उसमें नम्बर एक पर कृतज्ञ रहने का अभ्यास किया जाता है।

ओशो का कृतज्ञता पर विचार

रजनीश महान विचारक व सुधारक संत हुए है। जिन्हे कि जापानी शब्द **ओशो** के नाम से जाना जाता है। **ओशो** प्रार्थना के बारे में बतलाते है कि प्रार्थना का अर्थ यह है

कि जो कुछ परमात्मा का दिया हुआ है। उसके प्रति धन्यवाद ज्ञापित करना, मांगना प्रार्थना नही है, वो तो भीक्षावृत्ति है। प्रार्थना तो अहो भाव है। जो कुछ भी मिला है, उसके बारे में धन्यवाद ज्ञापित करना है।

श्री विद्या के उपासकों का कृतज्ञता के बारे में विचार

दक्षिण भारत में एक बहुत बड़े श्री विद्या उपासक हुए है। जिनका नाम **तिरूवरमुलम** है। कहते है कि वो कई सौ वर्ष जीये थे। उनके अनुयायी श्री विद्या के बारे में जब भी अपनी बात करते है तो कृतज्ञता को नम्बर एक पर रखते है। श्री विद्या उपासकों का कहना है कि व्यक्ति गेहूं खाता है अथवा चावल खाता है। जिसका कि उसके शरीर में खून बनता है, मांस–हड्डी बनती है। यह कार्य कौन करता है ? आज तक कोई वैज्ञानिक गेहूं को खून में नही बदल पाया। न ही चावल को खून में बदल पाया। उनका कहना है कि श्री शक्ति ही है जो चावल और गेहूं को इंसान के खाने पर उसको खून में बदलती है। अतः उस शक्ति के प्रति कृतज्ञ रहना लाजमी है।

कृतज्ञता के बारे में इतने उदाहरण मैनें इसलिये देने चाहे है ताकि कृतज्ञता के जरिये लोगों में अदृश्य रूप से जो बदलाव होते है, जो लाभ मिलते है। उनके पीछे मूल कारण क्या होता है ? यह स्पष्ट हो सके। वो मूल कारण है किसी समय विशेष पर कृतज्ञता के कारण से व्यक्ति की छठी इन्द्री का जागृत हो जाना।

छठी इन्द्री का जागरण होने से कृतज्ञता चरम सीमा पर होती है अथवा कृतज्ञता के जागरण से छठी इन्द्री चरम सीमा पर जागृत होती है। यह वैसा ही प्रश्न है, जैसा कि पहले मुर्गी बनी या अण्डा।

इस प्रश्न का उत्तर आध्यात्मिक लोग अपने इस उदाहरण से देते है कि कृतज्ञता से प्रेम विकसित होता है। प्रेम से ईश्वरीय गुण विकसित हो जाता है। छठी इन्द्री का जागरण। मां मीरा में आध्यात्मिकता व भगवतता प्रकट हुई तब उन्होनें कृष्ण के प्रति कृतज्ञता और प्रेम के भजन लिखे, यानी कि कृतज्ञता से छठी इन्द्री जागृत होती है, यह आध्यात्मिक संतो का कहना है।

सूफी संतो का कृतज्ञता के बारे में विचार

सूफियों के यहां तो साधना का तरीका ही शुक्र से आरम्भ होता है। कौन व्यक्ति कितना आध्यात्मिक स्तर पर आ चुका है ? इसकी जांच हेतु वो तो शुक्र की ही परखी लगाते है कि वो व्यक्ति ईश्वर के प्रति कितना शुक्रगुजार है।

मनोवैज्ञानिकों के द्वारा कृतज्ञता और छठी इन्द्री जागरण के बारे में विचार

मनोवैज्ञानिक कहते है कि जब छठी इन्द्री का जागरण हेतु एकाग्रता की क्रियाएं की जाती है तो व्यक्ति में कृतज्ञता के भाव विकसित होते है।

कृतज्ञता से छठी इन्द्री का जागरण होता है। यह उपरोक्त बातों से प्रमाणित होता है।

छठी इन्द्री के जागरण से व्यक्ति में दो प्रकार के परिवर्तन देखने में मिलता है। इसे कृतज्ञता के इर्द–गिर्द ही हम देखना चाहेंगे।

समझ के स्तर पर कृतज्ञता (छठी इन्द्री का जागरण):– तार्किक व्यक्ति जब तक अपने तर्क की कसौटी पर नही कस लेता तब तक कृतज्ञता को न तो

स्वीकार करता है, ना ही छठी इन्द्री के जागरण हेतु कारण मानता है। हम कुछ उदाहरण ले सकते है, जिनसे कृतज्ञता के बारे में किसी भी व्यक्ति की तार्किक बुद्धि सहमत हो सकती है।

1. पृथ्वीः– जिस पृथ्वी पर हम रहते है, उस पृथ्वी ने हमें रहने के लिये स्थान दिया है। खाने–पीने की चीजे इसी पृथ्वी से पैदा होती है। यदि किसी दिन पृथ्वी खाने–पीने  की चीजों को जो कि पौधों, फसलों आदि के द्वारा दी जाती है, देना बंद कर दे तो क्या इंसान का जीवन सम्भव है ? अतः कोई भी तर्कशील व्यक्ति इस बात से आसानी से सहमत हो सकता है कि हमें पृथ्वी के द्वारा दिये जाने वाले रहने के साधन व भोजन आदि के लिये कृतज्ञ होना चाहिये।

2. पानीः– पीने के लिये व्यक्ति को पानी की जरूरत होती है। यदि कुछ दिन पानी ना मिले तो इंसान का जीवन सम्भव  नही है। पानी प्रकृति में सुगमता से उपलब्ध है। और जितना व्यक्ति चाहे, उतना पीये उपलब्ध है। यदि किसी दिन पानी की उपलब्धता नही होगी, तो उस दिन क्या होगा ? अतः कोई भी तर्कशील व्यक्ति पानी के लिये कृतज्ञ रहने हेतु सहमत हो सकता है।

3. वायुः– हमारे चारों ओर वायुमण्डल है। हमें निःशुल्क वायु उपलब्ध है। यदि किसी दिन  वायु ना मिले तो कुछ घंटो में ही जीवन संकट में पड सकता है।

इस बात को दूसरी लहर के समय जो लोग कोरोना से ग्रसित हुए थे, उनके ऑक्सिजन लेवल कम हो गये थे। वो वायु के महत्व को समझ सकते है। अतः वायु के प्रति कृतज्ञता प्रकट करना तर्कशील व्यक्तियों को भी रास आयेगा।

4. अग्निः– इंसान को भोजन पचाने के लिये पेट में अग्नि की जरूरत होती है, अग्नि ही प्रकाश देने का साधन बनती है। अग्नि का बड़ा स्त्रोत सूर्य है। उससे ही प्राणियों का जीवन चलता  है। यदि कुछ दिन सूर्य छुट्टी पर चला जाये तो शायद जीवन मुश्किल में पड जाये। अतः सूर्य के प्रति भी तर्कशील से तर्कशील व्यक्ति भी कृतज्ञ होना चाहेगा।

5. आकाशः– परिवेश में जो खाली स्थान है। वहा हम लोग विचरते है। यदि खाली स्थान ना हो तो इंसान का चलना फिरना ही मुश्किल हो जाये। यानी कि आकाश तत्व (रिक्त स्थान) ही है। जिसके कारण से व्यक्ति घूम–फिर सकता है। किसी कमरे का महत्व भी इसी कारण से है कि उसमें खाली जगह है। आकाश तत्व है। फ्रिज में भी खाली स्थान रहता है। यानी कि हर जगह खाली स्थान का महत्व है। अगर मैं आध्यात्मिक भाषा में कहूं तो इसी खाली स्थान को अध्यात्मिकों ने शून्य कहा है। इसी शून्य में से सारा जगत निकलता है। इसी शून्य में वापिस समा जाता है। जितना–जितना शून्य के नजदीक व्यक्ति जाता है। उतनी ही उसकी छठी इन्द्री जागृत हो जाती है। पूर्ण शून्य का अर्थ है कि

पूर्ण रूप से छठी इन्द्री का जागृत होना। शून्य और पूर्ण एक ही सिक्के के दो पहलू है।

उपरोक्त पाचों तत्वों से ही मिलकर यह प्रकृति बनी हुई है। अतः प्रकृति जो कुछ भी हमें प्रदान करती है, वो सब कुछ लगभग निःशुल्क मिलता है। अतः कृतज्ञता के भाव प्रकट करना लाजमी हो जाता है।

लेखक के द्वारा कृतज्ञता की संजीवनी में कृतज्ञता की वृद्धि (छठी इन्द्री जागरण) हेतु जो एक्सरसाईजेज दी गई है। उनमें प्रमुख रूप से निम्न है:–

वर्तमान जीवन काल में जो कुछ खुशियॉ मिली है, उनकी एक सूची बनाई जाये। जिनके लिये कि कृतज्ञता व्यक्त की जा सकती है। वर्कशॉप में जब कृतज्ञता की बात बताई जाती है तो लेखक के द्वारा दोनों सूचियॉ बनवाई जाती है। परेशानियों की सूची व खुशियों की सूची। लोग परेशानियों की सूची तो सैकडो तक पहुंचा देते है। और खुशियों की सूची बनाने में बहुत कंजूस रहते है।

भूतकाल में अनेक प्रिय घटनाएं जीवन में घटी है। उनकी सूची बनाई जाये। जिनके लिये कि कृतज्ञ रहा जा सकता है। कृतज्ञता के वर्कशॉप में तो प्रिय व अप्रिय दोनों घटनाओं की सूचियॉ बनवाई जाती है। लोग अप्रिय घटनाओं की सूची को सैकड़ो में पहुंचा देते है। जबकि प्रिय घटनाओं की संख्या गिनती की होती है।

भविष्य काल में जो कल्पनाएं कर रखी है, जो लक्ष्य बना रखे है, जो मिशन ले रखा है। उसकी सूची बनाना। व उनके लिये कृतज्ञता प्रकट करना।

उपरोक्त तीनों प्रकार की सूचियों को प्रतिदिन बनाये जाने का अभ्यास किया जाना उचित है।यह अभ्यास 90

दिन तक करें तो जीवन में क्रान्तिकारी बदलाव सुनिश्चित होगा।

लेखक ने स्वयं इस क्रिया को लम्बी अवधि तक किया है और अपने लम्बे अनुभव के आधार पर कहते है कि जबरदस्त क्रान्तिकारी लाभ हुआ है तथा जिन लोगों को वर्कशॉप के जरिये कृतज्ञता के कन्सेप्ट को समझाया गया है। उन लोगों को भी बेजोड़ लाभ मिले है।

कुछ लोगों के तो आर्थिक हालात इतने सुधरे कि वो अपनी बात सुनाते हुए भावविह्वल हो जाते है। कुछ लोग लगभग अपनी पत्नी से तलाक लेने वाले थे लेकिन जब उन्होनें अपनी पत्नी के द्वारा दी गई खुशियों की सूची बनाई तो उनके हृदय परिवर्तन हो गये। कृतज्ञता के भाव विकसित हो गये, तथा उन्होनें अपने अहम को परे रखकर तलाक की अर्जी वापिस ले ली और अपने दाम्पत्य जीवन को पुनः मधुर बना लिया।

जिस तरह से कृतज्ञता का समझ के स्तर पर महत्व बताया गया है, उसी तरह से कृतज्ञता अनुभवगम्य है। यानी बुद्धि भी कृतज्ञता को स्वीकार करें और हृदय भी कृतज्ञता को अंगीकार करें तो पूर्ण रूप से कृतज्ञ होना माना जा सकता है।

मन और कृतज्ञता के बीच टकराव

मन का स्वभाव है, तुलनाएं करना। जहां तुलना है वहां कृतज्ञता नही रह सकती, कृतज्ञता दोनों पक्षों को स्वीकारती है। कृतज्ञता विहंगम दृष्टि प्रदान करती है। मन का स्वभाव है कि वो भूतकाल की बातों में रमण करता है, तथा वर्तमान काल की घटनाओं को भी भूतकाल के चश्में से देखता है, जबकि कृतज्ञता सिर्फ वर्तमान काल की बात करती है। मन का स्वभाव है। जीवन में स्थिरता

को देखना। जैसे कि आर्थिक स्थिति स्थिर बनी रहे, जैसे कि पारिवारिक दशा यथास्थिति बनी रहे, जबकि प्रकृति में कोई चीज स्थिर नही रह सकती। बदलाव प्रकृति का नियम है।

जो बच्चा जवान हुआ है। वो बूढ़ा भी होगा। वो मृत्यु को भी प्राप्त होगा। मन कहता है, बूढ़ा न होना पडे, बूढे हो गये तो मरना नही पडे। लेकिन कृतज्ञता भाव पूर्ण तरीके से दृष्टा होकर देखती है, तथा जो भी घटना अच्छी या बुरी हो, उसके प्रति भी अहोभाव रखती है।

अप्रिय घटनाएं भी कृतज्ञता हेतु विचारणीय है।

जब व्यक्ति कृतज्ञता की आदत अपने में विकसित करता है तो वो पाता है कि जो अप्रिय घटनाएं जीवन में आती है। ऐसे ही समझों जैसे कि खेल में बाधा दौड़ होती है। संकट आपको और अधिक मजबूत करने के लिये आते है। और संकट नही आये तो व्यक्ति आराम तलब हो जाता है। कम्फर्ट जोन में आ जाता है। संकट ही उसे प्रोएक्टिव बनाते है।

आज आपकी जो वर्तमान स्थिति है। चाहे वो आर्थिक हो या पारिवारिक। आपके जीवन में अनेक अप्रिय घटनाएं घटी होंगी। लेकिन आज आप उन पर पुनर्विचार करें तो पायेंगे कि यदि वो अप्रिय घटनाएं नही घटती तो जो उपलब्धियॉ है वो आप नही प्राप्त कर पाते। इसलिये मैं यह कहना चाहता हूॅ कि जब प्रिय घटनाओं के प्रति कृतज्ञता की आदत विकसित हो जाये तो अप्रिय घटनाओं पर भी विचार करें और उनके लिये भी कृतज्ञ रहना स्वीकार करें।

कृतज्ञता की ज्यों–ज्यों आदत बढ़ती जायेगी, त्यों–त्यों छठी इन्द्री का जागरण होता जायेगा। यदि अच्छी खासी

कृतज्ञता महसूस करने की, समझने की आदत विकसित हो गई तो व्यक्ति को परमात्मा के द्वारा बरसने वाली कृपा का भी अनुभव होने लगता है, तथा हर घटना, हर व्यक्ति, वस्तु, प्राणी सब कृपा के रूप में लाभकारी दिखाई देने लगते है।

अंत में मैं कहना चाहूंगा कि छठी इन्द्री जागरण का अर्थ ही है कि कृपा का समझ में आना और अनुभव में आना। सर्वत्र परमात्मा की कृपा बरस रही है। लेकिन जिन व्यक्तियों में कृतज्ञता की विकसित होती आदत ग्रहणशीलता को बढा देती है, जो व्यक्ति को परमात्मा की कृपा की समझ व अनुभव दोनों प्राप्त करता है। जहां परमात्मा की कृपा है। वहां परम शान्ति है, परम उत्साह है। परम बुद्धिमता है। परम जोश जुनून है। परम सम्पत्ति है। परम धन है। परम सौन्दर्य है। परम माधुर्य है। यह कृतज्ञता के कारण विकसित हुई ग्रहणशीलता के कारण ही सम्भव होता है। इसी से छठी इन्द्री का जागरण भी होता है।

सादर।
(डी.डी. शर्मा)
सी.ई.ओ.
टीम 360
मो.: 9079040362

(अध्याय – 4)
आईजक न्यूटन की छठीं इन्द्री जागृत होने की कहानी

***

(छठीं इन्द्री जागृत होती है तो साधारण व्यक्ति भी जीनियस बन जाता है)

आईजक न्यूटन बहुत बड़े गणितज्ञ व वैज्ञानिक हुए है, उनके बारे में उनके युवा वर्षों की एक कहानी बतलाता हूँ।

एक बार उनकी मां ने घर में गाय पाली। न्यूटन के पड़ौस में कुछ बच्चे भी रहते थे। बच्चे थोड़े उत्पाती भी थे। न्यूटन अपने कार्य से बाहर जाता तो पीछे से बच्चे न्यूटन के घर में आ जाते। उसकी मां से बातचीत करते और गाय के बछड़े से खेलते। एक बार खेल–खेल में एक बच्चे ने गाय के गोबर को उठाया और ऊपर की तरफ फेंका और वो दीवार पर चिपक गया। थोड़ी देर में न्यूटन घर आये। बच्चे न्यूटन को देखकर दुबक गये।

न्यूटन ने दीवार पर गोबर चिपका हुआ देखा। फिर अपनी लेबोरेटी में गये और फिता और स्केल लेकर आये। जमीन की गोबर तक की लम्बाई को नापा। फिर गाय के पास गये। गाय की लम्बाई को नापा, गाय की ऊंचाई को नापा। इन सब नापों को अपनी नोटबुक में लिखा और

इसे एक गणित की समस्या व समीकरण बना लिया जिसको हल करने के लिये दत्तचित्त होकर लग गये।

तीन बजने को आ गई, मां ने कहा बेटा खाना खालों। बेटा बोला नही मां, नई समीकरण बनी हैं। मैं जब तक इसका हल नही खोज लूंगा। तब तक खाना कैसे खा सकता हूँ। मां ने कहा कि तू यहां क्यों बैठा है ? और यहा कौनसी खोज कर रहा है, तो न्यूटन ने कहा कि गांय ने किस स्पीड से उछाल मारी होगी कि गोबर इतनाऊंचा गया। अथवा दीवार ने गोबर को आकर्षण के कितने बल से खींचा है ? मुझें तो यह बहुत कठिन सवाल लग रहा है कि इतनी ऊंची दीवार पर गांय कैसे गोबर कर सकती है ? क्या गाय दीवार पर चढी है?

मां समझ गई कि बेटे की बुद्धि कमजोर है। मां ने पास में पडे हुए गोबर को उठाया और दीवार पर फेंका। और कहा कि इस गोबर को बच्चे ने फेंका था। गाय ने नही किया। बेटा बोला कि मैं अच्छा मूर्ख रहा, बिना मतलब के दिमाग लगाने लग गया, यह छोटी बात भी मेरे समझ में नही आती।

न्यूटन ने दो बिल्लियॉ पा ली, उनके लिये दो दरवाजे लगाने कि कहानी

इस कहानी को न्यूटन अपनी विश्वप्रसिद्ध पुस्तक **"प्रिन्सिपियॉ"** में लिखते है कि उसने एक बार दो बिल्लियां पा ली जिनमें एक छोटी थी और एक बडी। एक बड़ा पिंजरा लाया और पिंजरे के अंदर दोनों बिल्लियों को रखा। उस पिंजरे के एक ही दरवाजा था, अतः वो लुहार को बुलाकर लाया और एक छोटा दरवाजा छोटी बिल्ली के लिये और बनवाया।

जब लुहार दरवाजा बना गया तो मां ने अपने बेटे न्यूटन से पूछा कि बेटा यह छोटा दरवाजा क्यों बनवाया ? तो बेटा बोला कि मां बडी बिल्ली तो बडे दरवाजे से निकल जायेगी, लेकिन यह छोटी बिल्ली कहां से निकलेगी। इसलिये मैंने यह छोटा दरवाजा बनवाया है। मां ने कहा कि छोटी बिल्ली भी तो बडे दरवाजे से निकल सकती है, तो न्यूटन ने कहा कि मां मेरे यह बात ध्यान में ही नही आई।

न्यूटन के बारे में इस तरह की कहानियों से यह तो जाहिर है कि न्यूटन भी सामान्य बुद्धि के व्यक्ति ही रहे थे। फिर क्या कुछ ऐसा हुआ कि वो इतने बडे वैज्ञानिक बने ?

अपनी जवानी के दिनों में न्यूटन एक विचारक के सम्पर्क में आये। उस विचारक ने न्यूटन को कुछ ऐसी क्रियाऐं सींखाई, कुछ ऐसे सिद्धांत बतलाये। जिनके अभ्यास से न्यूटन की छठीं इन्द्री एक्टिवेट हो गई। छठीं इन्द्री जब एक्टिवेट होती है तो सामान्य घटनाओं के पीछे अदृश्य क्या कारण होते है, उनको पकड लेती है।

एक पेड़ से सेब का गिरना – एक कहानी

न्यूटन एक सेब के बडे पेड के नीचे बैठे थे और विचारक की बताई हुई क्रियाओं को कर रहे थे कि अचानक एक सेब उनके सिर पर आकर गिरा। त्योही उनकी छठीं इन्द्री अज्ञात कारणों को ग्रहण करना आरम्भ किया। सेब नीचे ही आकर क्यों गिरा ? इसके पीछे के कारण को जानने का विचार करने लगा। न्यूटन ने सोचा कि जो भी सेब गिरता है वो नीचे ही क्यो गिरता है ? इनमें क्या समानता है। अवश्य ही जमीन इन्हें नीचे की तरफ खिंचती है। वो गुरूत्वाकर्षण की खोज करने में कामयाब हुए।

अल्बर्ट आइंस्टिन और कम्पास की कहानी

विश्व प्रसिद्ध आधुनिक **वैज्ञानिक अल्बर्ट आइंस्टिन** जब चार साल के थे, तभी उन्होनें कम्पास देखा। उनकी छठीं इन्द्री जागृत हो गई। कुतुबनुमा (कम्पास) के अन्दर सुई हिल रही थी। **अल्बर्ट आइंस्टिन** के दिमाग में कौंध हुई कि कोई ना कोई अज्ञात शक्ति है जो इस सुई को हिला रही है।

जब वो बड़े हुए तो उन्होनें वाइलिन जैसे ध्वनी यंत्र को बजाना सींखा, तो उन्हें मालूम चला कि अदृश्य वाईब्रेशन्स उसको कभी हर्षित करते है और कभी दुःखी। यानी अदृश्य शक्तियों को पकड़ने की शक्ति आइंस्टिन में बचपन से ही थी, यानी कि आइंस्टिन की छठीं इन्द्री बचपन से ही जागृत थी।

न्यूटन की एक और कहानी

न्यूटन एक रात्रि में लम्बी देर तक अपने शोध कार्यो को करने में लगे हुए थे। और अपनी टेबिल पर बहुत महत्त्वपूर्ण शोध कार्य रखे हुए थे। वो लेम्प की रोशनी में शोध कार्य कर रहे थे। अचानक उनकी पालतू बिल्ली कमरे में आयी और उनकी टेबिल पर उछली। अपनी प्यारी बिल्ली का आना न्यूटन को बहुत अच्छा लगा। लेकिन उसके उछलने से वो लेम्प गिर गया, उससे आग लग गई और सारे शोध के कागजात जल गये।

न्यूटन बिल्कुल शांत और संयमित रहा। वह बिल्ली को पुचकारने लगा और ईश्वर को धन्यवाद देने लगा कि मेरी बिल्ली को कोई चोट नही आई।

अपने शोध कार्यो को जलता हुआ देखकर भी जो शांत व संयमित रह सकता है। निश्चित ही उसका अपने

मन पर पूरा नियंत्रण रहा होगा। जब मन पर नियंत्रण होता है तो व्यक्ति की छठीं इन्द्री जागृत हो जाती है।

न्यूटन के द्वारा दिया गुरूत्वाकर्षण का सिद्धान्त वर्षों तक विज्ञान के क्षेत्र में एक स्तम्भ की तरह कार्य करता रहा। आज भी पदार्थ विज्ञान के क्षेत्र में उस सिद्धान्त की कोई तुलना नही है। और यह सिद्धान्त छठीं इन्द्री के जरिये ही न्यूटन को अवगत हुआ था।

सादर।

(डी.डी. शर्मा)

सी.ई.ओ.

टीम 360

मो.: 9079040362

(अध्याय – 5)
जगदीश चन्द्र बोस की 6ठी इन्द्री की कहानी

(6ठी इन्द्री इतना विश्वास देती है कि अदृश्य सत्य प्रकट हो जाते है।)

जगदीश चन्द्र बोस भौतिक शास्त्र व जीव विज्ञान के बडे शोध कर्ता थे। उनके द्वारा रेड़ियो सिद्धान्त की खोज की गई, लेकिन वो अपनी बात को दस्तावेजों के आधार पर ठीक से नही समझा पायें। लेकिन उनके रेड़ियों के बारे में जो ओबर्जवेशन्स थे, उन्होनें रेड़ियो की खोज में बुनियाद का काम किया। मार्कोनी ने दस्तावेजी आधार पर जगदीश चन्द्र बोस के ओबर्जवेशन्स को प्रमाणित किया, जबकि रेडियो के आविष्कारक के रूप में मार्कोनी को पहचाना जाता है।

देश पराधीन था, अतः विश्वस्तर पर अपनी बात को **जगदीश चन्द्र बोस** तरीके से पेश नही कर पाये। इस

बात से उन्हें काफी व्यथा हुई और उन्होने अपने आन्तरिक मस्तिष्क को झकझोरा। उन्हें जीव विज्ञान में कुछ नई चीजों की खोज करने की ललक लगी। उनकी छठीं इन्द्री जागृत हो गई। वो वृक्षों और प्राणियों में तुलना करने लगे। अपने प्रयोगों के आधार पर उनको पूरा विश्वास हो गया कि जिस तरह से प्राणियों में जीवन है। उसी तरह से वृक्षों, पेड़–पौधों में भी जीवन है।

अपनी इस खोज की मान्यता के लिये उन्होनें अन्तर्राष्ट्रीय स्तर पर अपने पेपर्स पब्लिश करवाये। लेकिन कहते है कि जब वो अपना प्रयोग वैज्ञानिक मंच पर दिखा रहे थे तब कुछ साजिश के शिकार हो गये तथा पौधों को लगाने वाला इंजेक्शन जिसमें कि पोटेशियम सायनाईड लगाना था, उसने काम नही किया।

पोटेशियम सायनाईड बहुत बड़ा ज़हर है। ज्यों ही यह किसी जीव को छू जाता है, तो तत्काल दो–तीन सैकेण्ड में ही उसकी मृत्यु हो जाती है। जब पोटेशियम सायनाईड का इंजेक्शन देने के बाद भी पौधे मरे नही तो उनकी छठी इन्द्री ने उन्हें कौंध ;थसीमेद्ब दी कि यह पोटेशियम सायनाईड नही है। यदि यह पोटेशियम सायनाईड होता तो पेड–पौधे अवश्य मरते।

मैनें अनेक बार पोटेशियम सायनाईड देकर पौधो को मारने का प्रयोग किया है। छठी इन्द्री ने इस तथ्य को कि पौधे जीवित होते है और पोटेशियम सायनाईड से मरते है। ऊजाले प्रकाश की तरह जगदीश चन्द्र बोस के मस्तिष्क में प्रकट हुआ। और उन्होनें पोटेशियम सायनाईड के इंजेक्शन को उठाया और पी गये। लेकिन उन पर भी कोई असर नही हुआ। अतः दूसरा पोटेशियम सायनाईड का असली इंजेक्शन मंगवाया गया। उसे ज्यो ही लगाया गया पौधे मर गये।

जगदीश चन्द्र बोस का प्रयोग सफल हुआ। प्रयोग ही नही छठीं इन्द्री का अदृश्य कार्य जो कि अथाह विश्वास के रूप में जगदीश चन्द्र बोस के मस्तिष्क में उपजा था, भी प्रमाणित हुआ।

रामानुजन की छठी इन्द्री की कहानी

जब रामानुजन ने गणित के नम्बरों पर कई थ्यौरम को बिना तरीका बताये सीधा सिद्ध कर दिया। अपना एक पत्र जिसमें अनेक ऐसे सवाल जिनके कि विश्व में गणित जगत में हल नही हुए थे, उनको हल करके उस समय के विश्व प्रसिद्ध गणितज्ञ **डॉ. हार्डी** के पास भेजा। **डॉ. हार्डी** उन सवालों के जवाब देखकर चकित रह गये। उन्होने रामानुजन को पूरा खर्चा आदि देकर इंग्लैण्ड बुलवाया।

हार्डी ने ऐसे प्रश्न जो विश्व में गणित के क्षेत्र में हल नही हुए थे। उनके सीधे उत्तर रामानुजन ने लिख दिये तो **रामानुजन** से उनका तरीका पूछा गया कि आपने यह उत्तर किस तरीके से निकाले है ? तो **रामानुजन** ने कहा कि मैं रात्रि में जग जाता हूँ। मेरे दिमाग में प्रश्न होता था, उसका उत्तर दिखाई देता था, जिसे मैं लिख डालता हूँ।

रामानुजन की निश्चित ही छठी इन्द्री जग जाती थी, तब उन्हें बिना किसी प्रोसेस के ही प्रश्नों के उत्तर मिल जाते थे।

रामानुजन ने बजिन गणितीय प्रश्नों के उत्तर बिना तरीका बतायें, सीधे ही लिख दिये थे। उनमें से कई तो

अभी करीब 90 वर्ष बाद हल करने के तरीके खोज पाये है।

जब व्यक्ति की छठी इन्द्री जागृत होती है तो उसकी ग्रहणशीलता बढ़ जाती है। जो यूनिवर्सल लॉज है, उनको पकडने में सक्षम हो जाती है, ऐसे अनेक यूनिवर्सल लॉज है जो अभी खोजे नही जा सके है।

भगवान कृष्ण ने गीता में एक बहुत जबरदस्त वैज्ञानिक सत्य कहा है।

कर्मण्येवाधिकारस्ते मा फलेषु कदाचन ।
मा कर्मफलहेतुर्भुर्मा ते संगोऽस्त्वकर्मणि ॥

इस श्लोक में कहा गया है कि अर्जुन तेरे हाथ में एक्शन्स लेना है। तू एक्शन लिये बिना रह भी नही सकता क्योंकि तेरे सबकोन्सियसनेस के अंदर क्षत्रिय भाव है, इसलिये तू क्षत्रिय परक एक्शन्स लेगा ही। एक्शन्स लेना इंसान के हाथ में है। लेकिन एक्शन्स का परिणाम क्या होगा ? यह इंसान के हाथ में नही है, वो यूनिवर्सल फोर्सेज तय करते है, हो सकता है कि उनमें से कुछ यूनिवर्सल फोर्सेज का अभी ज्ञान ना हुआ हो।

इंसान को इच्छा करने का व चुनाव करने का अधिकार है। वह अपनी इच्छा व चुनाव के अनुसार कर्म कर सकता है, लेकिन परिणाम को चुनने का अधिकार इंसान को नही दिया गया है। परिणाम को युनिवर्सल फोर्सेज तय करते है।

लेकिन जब छठीं इन्द्री जागृत हो जाती है। वह अनन्त बुद्धिमता के सम्पर्क में आकर किसी अदृश्य नियम की जानकारी प्रकट कर देती है।

अनेक वैज्ञानिकों व विचारको की जब–जब छठीं इन्द्री जागृत हुई। अचानक कोई नई बात सुझी, वो नई–नई खोज कर पाये व कई आविष्कार कर पाये।

सादर।
(डी.डी. शर्मा)
सी.ई.ओ.
टीम 360
मो.: 9079040362

(अध्याय – 6)
आर्कमिडीज की 6ठीं इन्द्री की कहानी

(जब तार्किक मस्तिष्क कुछ न कर पाया तो 6ठीं इन्द्री ने किया कमाल)

एक बहुत बड़े वैज्ञानिक हुए है। जिनका नाम **आर्कमिडीज** था। उन्होनें वस्तुओं के घनत्व निकालने के सिद्धान्त की खोज की। **सापेक्षिक घनत्व का सिद्धान्त** उनका बहुत लोकप्रिय हुआ।

वो पेशे से एक सुनार थे और कुछ वैज्ञानिक खोजबीन भी करते थे। जिस जगह वो रहते थे। वहां के राजा ने दूसरे देशों से कुछ सोने के गहने मंगवाये थे। राजा को किसी कारणवश संदेह हो गया कि गहनो का सोना शुद्ध नही है। अतः उसने जांच करवाने के लिये आर्कमिडीज को चुना।

आर्कमिडीज को एक चुनोती दी गई कि तुम गहनों को खराब नही करोंगे, क्योंकि अगर गहना अशुद्ध निकला तो मैं इन्हें वापिस लौटा दूंगा और इनके बदले की रकम वापिस लूंगा। आर्कमिडीज के आपेक्षिक घनत्व के सिद्धान्त से पहले सोने की शुद्धता सोने को घिसकर देखकर ही करने की परम्परा थी, जिससे कि आभूषण खराब हो सकते थे अथवा सोने को पिघला कर अग्नि में तपाकर शुद्धता की जांच की जाती थी। उससे भी आभूषण खराब होने का भय था।

राजा की सख्त हिदायत थी कि सोने के आभूषण बिलकुल भी खराब नही होने चाहिये। राजा ने आर्कमिडीज को आदेश दिया कि वो इस सोने की शुद्धता को मालूम करे। क्योंकि आर्कमिडीज अपने आपको वैज्ञानिक भी कहता था और स्वर्णकारों में सर्वश्रेष्ठ व अपने को गणितज्ञ भी मानता था। अतः राजा ने उससे कहा कि या तो इन गहनों की शुद्धता जांच कर दो अन्यथा तुम्हे जेल में डाल दिया जायेगा। इसके लिये उसे छः महिने का समय दिया।

तार्किक मस्तिष्क का असफल होना

आर्कमिडीज ने अपने अनुभवों के आधार पर, अपने ज्ञान के आधार पर पर्याप्त प्रयास किया कि गहनो की शुद्धता बिना गहनो को खराब किये मालूम हो जाये।

आर्कमिडीज लिखते है कि छः महिने का समय लगभग पूरा होने वाला था। मुझें चिन्ता होने लगी कि अब तो जेल में जाना पड़ेगा। अतः मैनें अपने तार्किक मस्तिष्क को गुडबॉय कहा और अदृश्य शक्ति से कहा कि कोई रास्ता सुझाईये।

पानी के टब में मिला सूत्र—एक कहानी

अदृश्य शक्ति से निवेदन किये हुए दो—तीन दिन ही गुजरे थे कि आर्कमिडीज ने विचार किया कि आज टब में बैठ कर स्नान करते है। टब में पानी भरा हुआ था। उसे कुछ ऐसी सूझी कि जितने भी राजा के दिये हुए आभूषण थे। उनका थैला उठाकर ले आया और आभूषणों को एक—एक करके पानी के अन्दर डाला। एक दो आभूषण पानी में डाले तो कोई आभास नही हुआ, लेकिन जब 15—20 आभूषण पानी में डाले तो पानी का स्तर ऊंचा हो आया।

अदृश्य शक्ति ने आर्कमिडीज की 6ठीं इन्द्री को जागृत कर दिया। आर्कमिडीज ने बात को पकड लिया कि पानी टब में ऊंचा कैसे चढ़ा ? फिर वो टब से बाहर निकला। उसने सारे आभूषण टब से बाहर निकाले तो सारा पानी नीचे चला गया। अब तो उसने टब के पास बैठकर कई बार आभूषण टब में डाले और पानी कितना ऊंचा चढा, उसको नोट किया, फिर आधे आभूषण डाले। पानी कितना ऊंचा चढ़ा उसको नोट किया। उसको समझ में आ गया कि जब आभूषणों को पानी में डाला जाता है तो पानी ऊंचा चढ जाता है। फिर उसने एक लोहे के टूकड़े को पानी में डाला, तब भी टब का पानी ऊंचा चढ़ा। फिर उसने उतने ही भार के गहनों को पानी में डाला। उसके समझ में आ गया कि पानी ऊंचा तो चढ़ता है। लेकिन लोहे का टुकडा डालने पर और सोने के आभूषण डालने पर दोनों पानियों की सतह के ऊंचाईयों में फर्क रहता है। अतः वो समझ गया कि दोनों में कोई ना कोई अदृश्य फर्क है।

शुद्ध व अशुद्ध सोने के गहनों को अलग—अलग बार पानी में डाला। शुद्ध एक किलो सोने के गहनों को पानी

में डाला तो टब में जितने पानी की सतह ऊंची उठी, उसको नोट किया। फिर राजा के दिये हुए एक किलो गहनों को पानी में डाला। इस बार पानी की सतह थोडी कम ऊंची हुई। फिर वो चिल्लाया 'यूरेका–यूरेका' – मिल गया सूत्र मिल गया। सोने के गहनों की शुद्धता की जांच करने में आर्कमिडीज कामयाब हुआ ही, लेकिन दुनिया के लिये एक वैज्ञानिक सिद्धान्त की भी खोज कर डाली, जिसे कि आपेक्षिक घनत्व के नाम से जाना जाता है। आज यह बात लोगों को सामान्य लग सकती है। लेकिन जब तक आपेक्षिक घनत्व की खोज नही हुई थी। तब तक यह रहस्य था।

चुम्बल नामक गडरिये की कहानी

चुम्बल नाम का एक गडरिया था जो भेड़ो को चराता था। कई वर्षो से वो भेडो को चरा रहा था और अपनी गरीबी के दिन काट रहा था। लेकिन उसकी एक ललक थी कि जब वो भेडो को चरा रहा होता तो कोई ना  कोई पुस्तक ले जाता था जिसे वो पढ़ता रहता था। जब भेड़े घास चर कर दोपहर में पेड़ के नीचे बैठ जाती तब भी चुम्बल अपनी किताब को पढ़ता रहता था।

एक दिन पेड के नीचे चुम्बल किताब पढते–पढते सो गया, तो उसने देखा कि वो एक पहाड़ी पर भेड़ो को चराने ले जा रहा है। उसके पांव जमीन के चिपक गये। इतने में उसकी आंख खुल गई। वो बड़ा चिन्तित हुआ कि पहाड़ी पर मेरे तो पांव चिपक गये। फिर उसने सोचा कि यह तो सपना था, छोडो।

एक दिन चुम्बल अपनी भेडो को बेचने के लिये पास के गांव में गया। तो एक व्यक्ति बोला कि मैं दूर देश से आया हूँ, अभी मैं पैसे नही लाया हूँ। पैसे मैं अपने गांव से लाकर ही दूंगा। चुम्बल ने कहा कि ठीक है। मैं आपके साथ आपके गांव चलता हूँ। आप गांव चलकर मुझें पैसे दे देना। दोनों उसके गांव की और चल दिये। रास्ते में एक पहाड़ी आई, जिसे देख कर चुम्बल डर गया। चुम्बल ने कहा कि मैं उस पहाड़ी पर नही चढूंगा। व्यक्ति बोला कि क्यों, क्या बात हो गई ? चुम्बल ने कहा कि मैं पहाडी पर चढा तो मेरे पाव चिपक जायेंगे। उस व्यक्ति ने कहा कि मैं कई बार इस पहाडी पर चढा हूँ, आज तक मेरे पांव तो नही चिपके। चूंकि चुम्बल को अपने पैसे लेने थे और उस व्यक्ति का दबाव भी था तो वह उस पहाडी पर चढा।

चुम्बल के पांव चट्टान पर चिपकने लगे

चुम्बल पहाडी पर चढ रहा था तो उसे ऐसा लग रहा था कि मेरे पांव चिपक रहे है, लेकिन फिर भी वो चढता गया। ज्यो–ज्यो वो ऊपर चढता गया उसके पास ज्यादा चिपक गये। फिर उसने सोचा कि शायद मेरे जूते चिपक रहे होंगे, तो उसने अपने जूते हाथ में ले लिये। अब उसके पांव नही चिपक रहे थे। वो गांव गया और अपनी रकम लेकर आ गया। जब वो वापिस आया तो उससे रहा नही गया। उसने जूते पहने और देखा कि ये वापिस चिपकते है। उसने और दूसरे लोगों के जूतो को चट्टान से छुआ कर देखा तो वो नही चिपके। चुम्बल को महसुस हुआ कि जिन जूतों पर लोहा लगा हुआ है, वही चिपकते है। जिनके लोहे नही है, वो नही चिपकते है। इस तरह से उन्होनें एक वैज्ञानिक सिद्धान्त **'चुम्बकत्व'** को विश्व को दे डाला।

आज चुम्बकत्व के सिद्धान्त के आधार पर अनेकों मशीनें काम कर रही है। यह छठी इन्द्री की ही देन है।

छठी इन्द्री के बारे में अधिक शोध करना अब जरूरी हो गया है। क्योंकि विश्व में बहुत अदृश्य शक्तियाँ काम कर रही है, जो कि छठी इन्द्री के जागृत होने से पकड में आ सकती है।

सादर।

(डी.डी. शर्मा)

सी.ई.ओ.

टीम 360

मो.: 9079040362

(अध्याय – 7)

ऐडिसन व उनकी छठीं इन्द्री का जागृत होना, एक मिसाल

(छठीं इन्द्री जागृत हो तो एक पढ़ाई में फिसद्ढी बच्चा भी विश्वस्तरीय वैज्ञानिक बन सकता है।)

ऐडिसन जब स्कूल में पढ़ते थे तो उनके अध्यापक उनसे इतने परेशान हुए कि उन्होंनें ऐडिसन की मम्मी को फोन करके कहा कि यह बच्चा पढाई के लिये नही बना है। आप इसे घर ले जायें और वही पढ़ाये। आपका बच्चा **Slow Learner** है।

ऐडिसन की फैक्ट्रि अग्नी के हवाले

ऐडिसन एक बार तैयार होकर अपने ऑफिस पहुंचे और अपनी फैक्ट्रि को सम्भालने के लिये गये। साथ में उनका 12 वर्षीय लड़का भी था। उनकी पत्नी भी किसी कार्यवश उनकी फैक्ट्रि को देखने आने वाली थी। अचानक ऐडिसन व उनके पुत्र ने देखा कि फैक्ट्रि में आग लग गई है। देखते–देखते ही आग की लपटो ने पूरा आसमान घेर लिया। बेटे ने पूछा कि पापा क्या हो रहा है ? किस चीज का धुंआ फैला हुआ है। ऐडिसन ने कहा कि बेटा ऐसा मौका फिर देखने को नही मिलेगा। क्या खुबसुरत आग

लगी हुई है, एन्जोय करो। जब उनकी पत्नी ने यह सब देखा तो वह गश खाकर गिर पड़ी।

जब उसे होश में आया तो ऐडिसन ने कहा कि तू क्यों दुःखी होती है ? तुझे तो खुश होना चाहिये कि तेरे पति की जो भी गलतियां थी वो सब की सब आग में जलकर राख हो गई। अब कल से कोई विशुद्ध काम करेंगे।

अपनी गाढ़ी कमाई से खडी की गई फैक्ट्रि व अपनी रातों की नींद को हराम करके किये गये शोध कार्यो को जलते हुए देखने पर भी जो शांत रहा, संयम में रहा और फैक्ट्रि के जलने को एन्जोय किया। पत्नी को फैक्ट्रि जलने हेतु कृतज्ञ रहने को कहा कि उसकी गलतियॉ जल गई, अच्छा ही हुआ।

ऐसे व्यक्ति की छठीं इन्द्री जागृत हुई, तो कौन सी बडी बात है ? जब मन में विचारों की गति कमजोर पड़ जाती है अथवा जब व्यक्ति चाहता है वहीं विचार मन में आता है। मन पालतु व प्रशिक्षित हो जाता है, तब व्यक्ति सामान्य से जीनियस बनता है, यानी कि उसकी बुद्धिमता उच्च स्तर की हो जाती है। और उसकी छठीं इन्द्री जागृत हो जाती है।

छठीं इन्द्री के कन्सेप्ट का ज्ञान ऐडिसन को था

ऐडिसन ने 1000 बार बल्ब बनाने हेतु प्रयोग किये, वो 999 बार असफल रहा। फिर उसने एक बल्ब का चित्र बनाया और उसे अपनी टेबिल पर लगाया। हर उस जगह पर लगा दिया जहां से वो दिखाई दे सके। उसने थोड़ा विचित्र चित्र बनाया, कि जैसे कोई लकड़ी पर उल्टा लौटा लटकाया हुआ हो। यानी कि यह उसने बल्ब का

ब्ल्यू प्रिन्ट बना दिया था। जब कोई ब्ल्यू प्रिन्ट बन जाता है तो छठीं इन्द्री उसे भौतिक स्वरूप में बदल देती है।

999 बार हारने वाला ऐडिसन भी ब्ल्यू प्रिन्ट के जरिये यानी छठीं इन्द्री की क्रियाशीलता के कारण हजारवीं बार बल्ब बनाने में कामयाबी मिली।

ऐडिसन के एक बिजनस पार्टनर की कहानी

एक व्यक्ति की इच्छा थी कि वो ऐडिसन का बिजनस पार्टनर बने, लेकिन वो व्यक्ति ज्यादा पढ़ालिखा नही था और ऐडिसन तो विश्व का सर्वश्रेष्ठ वैज्ञानिक बन चुका था। उस व्यक्ति ने बड़ी मुश्किल से ऐडिसन के मित्र के यहां नौकरी की ताकि वो वहां पर ऐडिसन के बारे में बातें सुन सके। फिर उसने ऐडिसन की एक फोटो भी प्राप्त कर ली। वो फोटो को अपने पास रखता था।

एक दिन ऐडिसन ने एक हेल्पर की वेकेन्सी अखबार में दी। उस व्यक्ति ने उसे पढ़ा। यद्यपि वो पोस्ट उस व्यक्ति के लिये किसी भी तरह से काबिल नही थी। व्यक्ति कम पढ़ालिखा था लेकिन इतना भी कम पढ़ालिखा नही था। वो साइंस में ग्रेज्युऐट था, लेकिन वो ऐडिसन के यहां इन्टरव्यू देने गया। ऐडिसन ने उसकी पढाई लिखाई पूछी तो उसने अपने आपको साइंस में ग्रेज्युऐट बताया। ऐडिसन को हंसी आ गई, लेकिन ऐडिसन काफी परिपक्व हो चुके थे। उन्होनें अपनी हंसी छुपाते हुए पूछा कि तुम साइंस ग्रेज्युऐशन होकर भी इतनी छोटी नौकरी करना चाहते तो, जरूर तुम्हारा कोई मकसद है। कृपया अपना मकसद बताईये।

वो व्यक्ति बोला मैं झूंठ नही बोलूंगा। मेरा मकसद है आपका बिजनस पार्टनर बनना। तो ऐडिसन ने कहा कि यह पोस्ट तो हेल्पर की है। इससे तुम बिजनस पार्टनर

कैसे बनोगे ? तो उस व्यक्ति ने कहा पोस्ट छोटी है, लेकिन मैं आपके सम्पर्क में बना रहूंगा। धीरे–धीरे आपके वाईब्रेशन्स मेरे दिमाग में पहुंचेंगे। मैं उन्हें ग्रहण करता रहूंगा। एक दिन ऐसा आयेगा कि आपके वाईब्रेशन्स जैसे ही दिमाग के वाईब्रेशन्स हो जायेंगे।

उस होनहार युवक की बात सुनकर ऐडिसन तो अवाक् रह गया, कि इसे अदृश्य वाईब्रेशन के बारे में इतनी जानकारी व विश्वास है। उसने कहा यंगमैन तुम कल से ही ड्यूटी पर आ जाओं। धीरे–धीरे उस व्यक्ति ने ऐडिसन का विश्वास जीत लिया और उनके काम में हाथ बंटाने लगा।

टॉकिंग मशीन का आविष्कार

जब ऐडिसन ने टॉकिंग मशीन का आविष्कार किया तो उसे बेचने के लिये कोई भी तैयार नही हुआ। सबने कहा कि यह घाटे का सौदा है। लेकिन उस आदमी ने ऐडिसन की टॉकिंग मशीन को बेचने हेतु अपनी इच्छा जाहिर की और 30 प्रतिशत का पार्टनर बनने हेतु प्रस्ताव ऐडिसन को दिया।

ऐडिसन के पास अन्य कोई विकल्प नही था। इसलिये उसने उस व्यक्ति का प्रस्ताव स्वीकार कर लिया। टॉकिंग मशीन ने जबरदस्त मार्केट पाया। उस व्यक्ति और ऐडिसन को जबरदस्त आर्थिक लाभ हुआ।

इस तरह से वो व्यक्ति अपनी छठीं इन्द्री के जरिये ऐडिसन का पार्टनर बनने में कामयाब हुआ।

ऐडिसन की मम्मी की कहानी

ऐडिसन बचपन में पढ़ाई में ज्यादा अच्छे नही थे, लेकिन ऐडिसन की मम्मी की विजुलाईजेशन की पॉवर जबरदस्त

थी। वो अपने बच्चे के बारे में विजुलाईज करती थी कि वो बहुत बडा वैज्ञानिक है। उसने अपनी किचन के अन्दर चौक से एक तस्वीर बना रखी थी, जिसमें अपने बेटे ऐडिसन को वैज्ञानिक की तरह दिखाया था। वो लगातार अपने बेटे को एक वैज्ञानिक के रूप में देखती थी। उसकी इस विजुलाईजेशन की पॉवर ने ऐडिसन के मस्तिष्क के वाईब्रेशन की गति भी तेज की। परिणाम यह हुआ कि ऐडिसन विश्व प्रसिद्ध वैज्ञानिक बनने में कामयाब हुए।

जब ऐडिसन ने अपनी मां के स्वर्गवास होने के बाद अपने मकान की सफाई करते समय मां की संदूक में रखे लिफाफे को देखा और उसे पढ़ा तो उसकी आंखों से आंसू गिरने लगे। यह वही लिफाफा था जिसको ऐडिसन के हाथों उसकी टिचर ने ऐडिसन की मम्मी को भेजा था, जिसमें लिखा था कि तुम्हारा बच्चा पढ़ने में फिसद्ढी है, इसलिये उसे स्कूल से निकाला जाता है।

ऐडिसन ने स्वंय लिखा है कि यह तो मेरी मां की संकल्प शक्ति और रचनात्मक कल्पनाशीलता के वाईब्रेशन्स थे, जिन्होनें मेंरे वाईब्रेशन की गति तेज कर दी और मैं वैज्ञानिक बनने में कामयाब हुआ। वो अपने वैज्ञानिक बनने का पूरा श्रेय अपनी मां को देते थे। वो मां के प्रति अपने कृतज्ञता के भाव प्रकट करते थे।

सादर।

(डी.डी. शर्मा)

सी.ई.ओ.

टीम 360

मो.: 9079040362

(अध्याय – 8)
अब्दुल कलाम साहब की कहानी

(6ठीं इन्द्री बडे लोगों की जगी हुई होती है)

पूर्व राष्ट्रपति **अब्दुल कलाम साहब** ने अपनी जीवनी लिखी है। जिसमें उन्होनें लिखा है कि वो एक साधारण व्यक्ति थे, लेकिन उन्होने अपने आपके चारों आयामों को विकसित किया, यथा शारीरिक आयाम, मानसिक आयाम, भावनात्मक आयाम व आध्यात्मिक आयाम।

उनके आध्यात्मिक आयाम के बारे में यहां पर चर्चा करना श्रेयस्कर है। वो अपनी पुस्तक में लिखते है कि एक बार वो हवाई जहाज से यात्रा पर गये थे और उनका हवाई जहाज का एक्सिडेन्ट हो गया। लगभग सभी लोग मृत्यु को प्राप्त हुए लेकिन कुछ लोग गम्भीर रूप से घायल हुए, लेकिन घायल के साथ ही बेहोश भी हो गये। बेहोश भी ऐसे हुए कि लम्बी अवधि तक होश में नही आये।

अब्दुल कलाम भी उनमें से एक थे। वो कई महिनों तक बेहोश रहे। जब वो बेहोशी से बाहर आ गये तो

डॉक्टर्स ने उन्हें एक्सिडेन्ट आदि के बारे में पूछा तो उस समय तक का उन्होनें पूरा हाल बताया जब तक कि वो बेहोश नही हुए थे। बेहोशी के बाद उन्हें क्या कुछ महसूस हुआ ? उस पर उन्होनें अपने कमेन्ट्स को रिजर्व रखा।

बेहोशी के दरमियान उन्होनें क्या देखा ?

कलाम लिखते है कि एक्सिडेन्ट के बाद तत्काल उन्हें लगा कि एक हवाई जहाज जैसी ही यंत्र आई और उन्हें बैठा कर ले गई, वो कई जगहों पर गये। कई यूनिवर्सिटिज में उन्होने भाषण दिये। कई भाषाएं उन्होनें सीखी। फिर वो हिन्दुस्तान में भी भाषण देने के लिये आये। हिन्दुस्तान की अनेक यूनिवर्सिटिज में उन्होनें व्याख्यान दिये, उन्होनें भारतीय संसद भवन में भी कई बार उद्भोदन दिया। यहां तक कि उन्होनें लाल किले पर झण्डा भी फहराया।

बेहोशी में उन्होनें अपने आपको हिन्दुस्तान का राष्ट्रपति बनते हुए देखा। जब किसी व्यक्ति की 6ठीं इन्द्री जगति है तो उसे भविष्य की घटनाएं दिख जाती है। इससे दो रचनाओं का सिद्धान्त प्रमाणित सिद्ध होता है। पहली घटना मानसिक होती है तथा दूसरी भौतिक।

प्रथम मानसिक घटना आवश्यक नही होती कि वो हमारे द्वारा जानबुझकर प्रोएक्टिवली बनाई गई हो, जब हम जिम्मेदारी नही लेते है तो हमारी इस प्रथम रचना का निर्माण परिवेश की शक्तियां कर देती है अथवा भूतकाल के हमारे निर्णय।

कभी–कभी हमारे विचार जो कि लापरवाही में हमारे अन्दर आये थे। वो भी 6ठीं इन्द्री में चले जाते है और भौतिक रचना का कारण बन जाते है।

कलाम साहेब बड़े वैज्ञानिक थे। उनकी मानसिक एकाग्रता निश्चित रूप से बढ़ी–चढ़ी थी। जब वो बेहोश हुए तो सम्भव है कि उनकी 6ठीं इन्द्री अधिक मात्रा में जागृत हो गई व उनके द्वारा लापरवाही में सोचे गये विचार को भी भौतिक रूप में प्रकट कर दिया।

कलाम साहब लिखते है कि जिस दिन मुझें कर्नाटक के **मुख्यमंत्री के.एस. हेगडे** का फोन आया कि आपकों **प्रधानमंत्री अटल बिहारी वाजपेयी** संदेश भिजवाते है कि अगर आप इजाजत दे तो आपको **राष्ट्रपति पद** के लिये उम्मीदवार बनाया जावें।

कलाम साहब कहते है कि मैं तो हैरान रह गया। मुझें वो बेहोशी के समय की सारी बात पुनः अच्छी तरह याद आ गई। बाद में वहीं सब कुछ घटा जो बेहोशी की अवस्था में मैनें देखा था।

यहां तक कि इतनी छोटी बात भी मैनें उस बेहोशी के समय में देखी थी कि किसी एक बिल को मैनें वापिस लौटा दिया तो **तत्कालीन प्रधानमंत्री वाजपेयी** स्वयं राष्ट्रपति भवन आयें और रूआंसे होकर बोले कि **राष्ट्रपति और प्रधानमंत्री** एक ही सिक्के के दो पहलू है। अतः हमें मिलकर राष्ट्रहित में काम करने है, उनका इशारा मैं समझ गया। भविष्य में फिर मैनें ऐसा मौका नही आने दिया।

6ठीं इन्द्री और कुछ नही है। सबकोन्सियस माइंड की ऊपर वाली परत है। जो कि परिवेश से विचारों को ग्रहण करती है, तथा अनन्त बुद्धिमता जो कि सृष्टि का स्त्रोत है। उससे विचारों को ग्रहण करती है। यह कहना उचित होगा कि हमारे चेतन मस्तिष्क और सृष्टि के स्त्रोत के बीच सबकोन्सियस एक सेतु का काम करता है। मिडब्रेन एक्टिवेशन की प्रक्रिया भी सबकोन्सियस माइंड का सुक्ष्म रूप से जाग्रत हो जाना ही है।

विचार कहां से आते है ?

आइंस्टिन ने बतलाया कि पदार्थ ही सृष्टि का स्त्रोत है। यह बात अब मानी नही जा सकती। पदार्थ के स्थान पर उन्होनें ऊर्जा को सृष्टि का स्त्रोत बताया। और ऊर्जा का उन्होनें विचारों के रूप में अभिव्यक्त करने का प्रयास किया। विचार से वाईब्रेशन्स बनते है। वाईब्रेशन से ऊर्जा बनती है। ऊर्जा से पदार्थ बनता है। इसके विपरीत ऊर्जा से विचार बनते है। विचार से वाईब्रेशन। वाईब्रेशन से ऊर्जा। यह चक्र सृष्टि में चलता रहता है।

दो रचनाओं का सिद्धान्त

चूंकि हर वस्तु अथवा घटना की रचना दो स्तर पर होती है। प्रथम मानसिक स्तर पर द्वितीय भौतिक स्तर पर। इसका अर्थ यह है कि प्रथम मानसिक व वैचारिक रचना ही मुख्य है। उसके आधार पर ही भौतिक रचना होती है। चूंकि व्यक्ति अपने भविष्य का स्वंय रचनाकार है। इसलिये जब वो विवेक पूर्वक प्रोएक्टिवली वैचारिक रचना करता है और उसे कागज पर उतार देता है तो उसे ब्ल्यू प्रिन्ट कहा जाता है। ब्ल्यू प्रिन्ट जैसा होगा वैसी ही भौतिक रचना बनेगी।

ब्ल्यू प्रिन्ट

यदि किसी घटना अथवा वस्तु का कोई ब्ल्यू प्रिन्ट बन गया है। चाहें वो कागज पर बनाया गया हो या ना बनाया गया हो। किसी मस्तिष्क में बन गया है, तो इसकी जानकारी प्राप्त की जा सकती है। जिन लोगों की छठीं इन्द्री एक्टिव है, वो इस ब्ल्यू प्रिन्ट से अपने आपको कनेक्ट कर सकते है और भावीं घटना बतला सकते है।

इस छठीं इन्द्री के सकारात्मक प्रयोग में यह बात देखी जा सकती है कि यदि कोई आतंकवादी गिरोह कहीं पर बम विस्फोट आदि की योजना बनाते है। उनके दिमाग में क्लियरकट पिक्चर बन जाती है और आजकल तो नेट आदि पर गोपनीय ऐप बनाकर ब्ल्यू प्रिन्ट भी बना देते है।

इस गोपनीय ऐप को छठीं इन्द्री जागृत वाला व्यक्ति पकड़ सकता है। इसीलिये पुलिस विभाग आदि में क्रिमिनललोजी की पढ़ाई कराई जाती है, क्योंकि जो भी बडें अपराध होते है, वो प्लान्ड क्राईम होते है। उनका नक्शा लोगों के दिमाग में वैचारिक रूप से बना होता है। अतः उसे पुलिस वाले पकड सकते है। अपराध होने से पहले ही सुरक्षा की जा सकती है।

एल्फा माइंड के जरिये **जॉब सिल्वा** ने छठीं इन्द्री जागृत करने की जो प्रक्रिया अमेरिकी सैन्य विभाग को सौंपी उसके द्वारा कई खतरनाक आतंकवादियों के ठिकाने पकडें गये।

अतः छठीं इन्द्री की विधा पर लगातार टीम 360 के द्वारा शोध किये जा रहे है, ताकि भविष्य में मिडब्रेन एक्टिवेशन के जरिये बच्चों की प्रतिभाएं बढ़ाई जा सके और अन्य व्यक्तियों के तीसरे नेत्र को जागृत किया जा सके।

अब ये काम ज्यादा मुश्किल नही है। क्योंकि हर घटना का ब्ल्यू प्रिन्ट तो बनता ही है। अतः इस ब्ल्यू प्रिन्ट से कनेक्ट होने की तकनीक खोजने की जरूरत है। जैसा कि **मार्कोनी** ने कल्पना की थी कि ध्वनी के वाईब्रेशन्स सब जगह फैले हुए है। बस उन्हें पकडने की जरूरत है।

उन्होनें पकड़ने का तरीका खोज निकाला और रेडियों का आविष्कार हुआ।

सादर।

(डी.डी. शर्मा)
सी.ई.ओ.
टीम 360
मो.: 9079040362

(अध्याय – 9)
पीठ पीछे प्रोटेक्ट करने की – एक कहानी

(टीम बनाने के लिये लीडर्स को पीठ पीछे कर्मचारियों को प्रोटेक्ट करना होता है)

इमोशनल बैंक अकाउंट को जो तीसरा गुण समृद्ध करता है, वो है पीठ पीछे प्रोटेक्ट करना। जो व्यक्ति सफल लीडर बनना चाहता है, चाहे वो अपने परिवार का हो, चाहे कम्पनी का हो, चाहे किसी एन.जी.ओ. का हो, चाहे किसी राजनीतिक पार्टी का हो, इसे इस सिद्धान्त को अमल में लाने हेतु अपने आपको अनुशासित करना ही होगा।

एक बार एक बड़ी कम्पनी के एन्टरप्रेन्योर कुछ व्यापारिक एजेन्ट्स की मिटिंग ले रहे थे व उसकी अध्यक्षता कर रहे थे। मिटिंग शुरू होने में अभी 15–20 मिनट का समय था। सभी लोग आपस में हल्की फुल्की बातें कर रहे थे। मिटिंग के चेयरमैन भी दो–तीन लोगों के साथ में अपने ही किसी साथी की बुराई कर रहे थे। बुराई ही नही कर रहे थे बल्कि छील रहे थे। तभी उनमें से **रमन** नाम के एक व्यक्ति ने कहा कि **सामंत** को मैं पिछले 20 सालों से जानता है। ही इज ए नोबल मैन।

आप लोग जो बाते कह रहे है। मैं उनसे सहमत नही हूँ। मेरा उस व्यक्ति के बारे में बडा सकारात्मक खयाल है। उसने जब भी मुझसे कोई वादा किया है, समय पर पूरा किया है। मैनें उसे सदैव विश्वसनीय पाया है। इतने में सब चुप हो गये और मिटिंग शुरू हो गई।

मिटिंग समाप्त होने के बाद मैं मेरी कार में बैठकर घर जा रहा था। मिटिंग के चेयरमैन दौडते हुए मेरे पास आये। आकर बोले कि रमन आज जिस उद्धेश्य के लिय मिटिंग हुई थी, वो काम मैं आपको देना चाहता हूँ। मैं आप पर पूरा विश्वास कर सकता हूँ, कि आप यह काम समय पर पूरा करके दोगे। वैसा ही करके दोगे जैसा कि मिटिंग में तय हुआ है।

रमन ने कहा कि श्रीमान की ऐसी मेहरबानी क्यों कर हो रही है ? तो चेयरमैन ने बताया कि मैं तुम पर विश्वास कर सकता हूँ। तुम एक साहसी व्यक्ति हो। जब हम लोग सामंत को उसकी अनुपस्थिति में ऊंचा–नीचा कर रहे थे, तो तुमने उसको प्रोटेक्ट किया। इससे मुझें विश्वास हो गया कि कहीं भी अगर चर्चा होगी तो तुम मुझें भी प्रोटेक्ट करोंगे। मैं ऐसे ही विश्वसनीय व्यक्ति को काम देना चाहता हूँ।

संगठनों में चाहे वो परिवार हो, चाहे कम्पनी हो, चाहे एन.जी.ओ. हो, चाहे राजनीतिक पार्टी हो। सभी में लोगो के साथ मिलकर काम करना पडता है। ऐसे में लीडरशीप अपने लोगों को पीठ पीछे प्रोटेक्ट करें तभी वो विश्वसनीय बन पायेंगे।श

इमोशनल बैंक अकाउंट में डिपोजिट डालने का अगर कोई सबसे मुश्किल काम है तो यही है, कि पीठ पीछे बुराई सुनने में बडा आराम आता है। पीठ पीछे कौन देखता है ? इसलिये बुराई करना आसान हो जाता है,

तथा रस भी आने लगता है। कई बार दबाव में आकर भी आदमी पीठ पीछे बुराई करने लगता है। कई बार अपने स्वार्थ में भी पीठ पीछे बुराई करने लग जाता है, लेकिन इस सिद्धान्त की पालना हेतु पीठ पीछे बुराई को भी नकारना है, तथा अपने व्यक्ति को पीठ पीछे प्रोटेक्ट भी करना है, ताकि सुनने वालों को आपकी विश्वसनीयता का भान हो सके।

इससे आपको दोहरे लाभ होंगे। एक तो जब उस व्यक्ति को पता चलेगा कि तुम्हे पीठ पीछे प्रोटेक्ट किया गया है, तो उस व्यक्ति का आप में विश्वास और भी प्रगाढ़ हो जायेगा तथा जिन लोगों के सामने आपने अनुपस्थित व्यक्ति को प्रोटेक्ट किया है, तो उन लोगों के दिल और दिमाग में बात आयेगी कि जब हम अनुपस्थित रहेंगे तो यह हमे भी प्रोटेक्ट करेगा। सभी लोग विश्वसनीयता पसंद करते है। यद्यपि यह मुश्किल काम है, लेकिन विश्वसनीयता बनाने के लिये लीडर को अपने में यह आदत डालनी होगी।

दो भाइयों के बीच में मनमुटाव की एक कहानी

दो भाई थे। बड़े भाई के लडके की शादी हो गई। वो विदेश में रहने लगा। उसकी पत्नी भी उसके पास चली गई। छोटा भाई अपने भतीजे की ससुराल में एकाध बार गया तो ससुराल वालों ने भतीजे के बारे में नाहक बाते कही।

चाचा ने अपने भतीजे को प्रोटेक्ट करने के बजाय वहा सस्ती लोकप्रियता लेने के लिये उनकी हॉ में हॉ मिलाने लगा। इतना ही नही उसने आकर अपने माता–पिता को भी वो बातें बतला दी। माता–पिता दीवाली पर गये। अपने पोते के ससुराल वालों से मिलने। वहाॅ पर

बड़ी आवभगत हुई। पोतें की सास ने फिर नाहक बाते दोहरा दी। दादा—दादी भी हॉ में हॉ मिलाने लगे। परिणाम यह हुआ कि बातें बड़े लडके के पास पहुंच गई। बडा लड़का अपने माता—पिता से नाराज हो गया। एक दिन रक्षा—बन्धन के मौके पर सारा परिवार इकट्ठा हुआ, तब बडे लडके ने अपने माता—पिता को कहा कि आपने अपने पोते की अनुपस्थित में प्रोटेक्ट करना चाहिये था, लेकिन आपने उनकी हॉ में हॉ मिलाई। अनर्गल बातों में रस लिया। इस पर दादा—दादी बोल पड़े, अरे हमने सामने थोडे ही कही थी। पीठ पीछे ही तो बात हुई थी। हमने क्या कहा ? उन्होनें ही कहा था। उनसे तकरार थोडे ही करते। परिणाम यह हुआ कि चाचा, दादा—दादी ने अपने विश्वसनीयता खो दी।

अतः विश्वसनीयता बनाये रखने के लिये पीठ पीछे अपने आदमियों को प्रोटेक्ट करना लाजमी है, नही तो विश्वसनीयता नही रह सकती, दोहरा नुकसान होगा। जिसकी पीठ पीछे बात की है, देर सवेर उसे पता चल जायेगा, जिससे वो नाराज हो जायेगा तथा जिनके सामने बात की है, वो नाराज हो जायेंगे कि ये आदमी विश्वसनीय नही है। उनके लिये भी पीठ पीछे लोगों से यह हमारी भी बुराई कर देगा।

एक बार की बात है। **महात्मा गांधी** के पास एक व्यक्ति पहुंचा। बडी—बडी ज्ञान की बातें कर रहा था। गांधी जी ने उन्हें कहा आप बडे अच्छे विद्वान हो। आप मुझें गीता पढ़ानी आरम्भ कर दो, वो तो आया ही इसीलिये था कि महात्मा गांधी उससे गीता पढे। वो लोगों को कह सके कि मैनें इतने बडे आदमी को गीता पढ़ाई है।

वो **महात्मा गांधी** के पास रोजाना सांय 4 बजे आता और उन्हें गीता पढ़ाता। गीता के श्लोकों का अर्थ समझाते–समझाते वो **जवाहर लाल नेहरू** की कमियाँ बताने लग जाता। एक दिन तो शालीनतावश **गांधीजी** ने सुन ली और कुछ नही बोले। दूसरे दिन फिर उसने **जवाहर लाल नेहरू** की कमियाँ बतानी आरम्भ की, तो **गांधी जी** बोलें क्षमा करें। अपन दोनों चरखा काते तो कैसा रहे? उस व्यक्ति ने देखा कि इनको **जवाहर लाल नेहरू** की निन्दा पसंद नही आ रही है, तो उसने **बल्लभ भाई पटेल** की कमियाँ बतानी आरम्भ कर दी। तब **गांधीजी** ने कहा मान्यवर आप तो बातों का ही चरखा चला सकते हो। आप सूत नही कात सकते। आप इस बात को समझियें कि **जवाहर और सरदार पटेल** दो बैल है मेरे पास। मेरी बैलगाडी यही दोनों मिलकर चलाते है। उनमें से कोई भी किसी से कम नही है। मुझें दोनों ही प्रिय है। उनमें खुबियों ही खुबियाँ है। तुम्हे खुबियाँ खोजनी चाहिये।

यह बाते सुनकर उस व्यक्ति ने गीता की पुस्तक रख दी और कहा कि मैं तो गीता पढ़ाता ही रहा हूँ। आपने तो गीता को जीवन में ही उतार ली है। गांधीजी के पांवो में पड़ गया। वो व्यक्ति और कोई नही **सेठ जमना लाल बजाज** थं, जिन्हें कि **गांधी जी** ने बाद में अपना दत्तक पुत्र स्वीकार किया।

इसी तरह से **गांधी जी** अपने लोगों को पीठ पीछे प्रोटेक्ट करते थे। इस खूबी के कारण ही उन्होनें 40 करोड़ भारतीयों का दिल जीता था। उन्हें प्रेम व आदर से लोगों ने **राष्ट्रपिता** स्वीकार किया।

पीछ पीछे प्रोटेक्शन करना सफल लीडरशीप देने वालें लोगों के लिये मुख्य कार्य है। जो उन्हें अनुशासित तरीके

से सींखना होगा। हो सकता है कई बार आपकों पीठ पीछे प्रोटेक्ट करने पर थोडा बहुत नुकसान भी हो जाये, लेकिन दीर्घकाल में आपको बडा लाभ होगा। आप विश्वसनीय व्यक्ति बन जायेंगे और एक सफल लीडर के रूप में उभरेंगे।

सादर।

(डी.डी. शर्मा)
सी.ई.ओ.
टीम 360
मो.: 9079040362

(अध्याय – 10)
चूहॉ एवं साधु की कहानी

(भयभीत को सफलता नही, साहसी को हार नही)

एक साधु अपनी कुटियॉ में रहता था। एक चूहॉ उसके पास में आने–जाने लगा। साधु को उस पर दया आ गई, क्योंकि ज्योही बिल्ली आती वो डरकर साधु की गोद में आ जाता।

एक दिन चूहॉ बोला साधु बाबा आप तो बहुत तपस्वी हो। चमत्कारी पुरूष हो, मेरे भय को दूर कर दो ना। साधु बाबा बोले, बोल बच्चे कौनसा भय है ? चूहॉ बोला जब बिल्ली आती है तो कंपकंपा जाता हूॅ। भयभीत हो जाता हूॅ। साधु बोला कि तुम मेरी गोद में निर्भीक होकर बैठ जाया करों। चूहॉ बोला, नही–नही मुझें तो आप बिल्ली बना दो, ताकि किसी का डर ना लगे। साधु ने तत्काल आर्शीवाद दिया **'तथास्तु'**। चूहॉ बिल्ली बन गया, अब निर्भय होकर बिल्ली कुटिया के अन्दर घुमने लगी, लेकिन भूख लगी तो बाहर निकली। एक कुत्ता बिल्ली पर झपटा, वो डर कर वापिस कुटिया में चली आई। जब भी बिल्ली कुटिया से बाहर निकलती तो कुत्ता डराता।

बिल्ली ने साधु बाबा से निवेदन किया कि आप मुझें कुत्ता बना दे। साधु बाबा ने आर्शीवाद दिया **'तथास्तु'** और बिल्ली कुत्ता बन गई, अब कुत्ता बनकर, निर्भय

होकर घूम रहा था। अब बिल्ली, चूहाॅ कोई पास नही आता था, मस्त। एक दिन किसी अन्य कुत्ते को उसने देखा। उसके पीछे भागा। थोडा जंगल में आगे तक चला गया। वहाॅ एक शेर था। वो घुर्राया और झपटा। कुत्ता भागकर कुटिया में आकर छुप गया। वह बहुत भयभीत था। अतः साधु बाबा से निवेदन किया कि आज शेर ने मुझें मार ही डाला था। मैं तो बहुत भयभीत हो गया। कृपया करके मुझें शेर बना दो।

साधु बाबा ने आर्शीवाद दिया **'तथास्तु'**। कुत्ता शेर बन गया। अब तो निर्भय होकर शेर पूरे जंगल में घूमने लग गया। जिसका चाहता उसका शिकार करता। कई दिन गुजर गये। एक दिन एक बंदूकधारी शिकारी पीछे पड़ा। गोली चली, लेकिन निशाना चूक गया। लेकिन गोली की आवाज इतनी तेज हुई कि शेर थरथरा गया। भाग कर साधु बाबा की कुटिया में छुप गया। साधु बाबा से बोला कि मुझें शिकारी वो इंसान बना दो। साधु बाबा को भी बार–बार के बनाने–करने से एलर्जी हो गई। इसलिये साधु बाबा ने कहा कि तुम अन्दर से भयभीत चूहें हो, इसलिये मैं तुम्हे कुछ भी बना दू, तुम्हारा भय दूर नही होगा।

बस इंसान भी इसी तरह अन्दर से भयभीत होता है। ऊपर खाल चाहे शेर की ओढ ले, लेकिन भयभीत बना रहता है।

इंसान के मूलरूप में छः प्रकार के भय होते हैं। इन छः प्रकार के भयों का विस्तृत विवरण **नेपोलियन हिल** ने अपनी पुस्तक **'सोचिये और अमीर बनीये'** में किया है।

निम्न प्रकार के छः भय है:–

1. गरीबी का भय

2. आलोचना का भय

3. बुरे स्वास्थ्य का भय

4. प्रेम के बिछोह का भय

5. बुढ़ापे का भय

6. मौत का भय

इन छः मूलभूत भयों के अलावा एक ओर बुराई है, जिससे लोग पीड़ित होते है। ये एक समृद्ध भूमि है, जिसमें असफलता के बीज प्रचुरता में उगते है। ये इतनी सूक्ष्म है कि इसकी उपस्थिति का अक्सर पता ही नही चलता।

अपने आपकों नकारात्मक प्रभावों से कैसे बचाया जाये

नकारात्मक प्रभाव या तो आप खुद बना लेते है, या आस—पास के लोगों की देन हो सकते है। इनसे खुद को बचाने के लिये आपको इच्छा शक्ति का निरंतर प्रयोग करना पडेगा। जिससे आपके मस्तिष्क में नकारात्मक प्रभावों के विरूद्ध एक सुरक्षा चक्र बन जाये।

इसमें कोई संदेह नही कि इंसानों की सबसे बड़ी कमजोर आदत यह होती है कि वो अपने मस्तिष्क को दूसरे लोगों के नकारात्मक प्रभाव के लिये खुला छोड देते है, यानि कि वो नकारात्मक बातों के लिये ग्रहणशील होते है।

अगर अपना अवलोकन कर इस कमजोरी को पहचानना चाहें तो आप अपना आत्म—विश्लेषण निम्न प्रकार कर सकते है।

आत्म–विश्लेषण परीक्षण पत्र

➤ क्या आपको अक्सर **"बुरा अनुभव होने"** की शिकायत है और अगर ऐसा है तो इसका कारण क्या है ?

➤ क्या आप जरा–जरा सी बात पर दूसरों की गलतियॉ निकालते रहते है ?

➤ क्या आप अपने काम में अक्सर गलतियॉ करते है और अगर ऐसा है तो क्यों ?

➤ क्या आप अपनी चर्चा में कटु और आक्रमक है ?

➤ क्या आप किसी के साथ रहने से जान–बूझकर बचते है और अगर ऐसा है तो क्यों ?

➤ क्या आपको अक्सर अपच की शिकायत होती है ? अगर ऐसा है तो इसका कारण क्या है ?

➤ क्या आपको अपना जीवन निरर्थक लगता है और अपना भविष्य निराशाजनक दिखता है ?

➤ क्या आप अपने काम–धंधे को पसंद करते है ? अगर नहीं तो क्यों ?

➤ क्या आपको अक्सर आत्म–दया का अनुभव होता है और अगर ऐसा है तो क्यों ?

➤ क्या आप उन लोगों के प्रति ईर्ष्या रखते हैं जो आपसे आगे निकल गए है?

➤ आप अपना सबसे अधिक समय किस बात में लगाते है। सफलता के बारे में सोचने में या असफलता के बारे में सोचने में ?

➤ आपकी उम्र बढ़ने के साथ क्या आप आत्मविश्वास हासिल कर रहे हैं या इसें गंवा रहे है ?

- ➤ क्या आप अपनी गलतियों से कुछ महत्वपूर्ण सबक सीखते है ?

- ➤ क्या आप अपने किसी रिश्तेदार या परिचित को अपने आपकों चिंता में डालने की अनुमति दे रहे हैं ? अगर ऐसा है तो क्यों ?

- ➤ क्या आप कई बार ''अंधकार के बादलो में'' होते हैं और बाकी समय आप निराशा की गहराइयों में होते है ?

- ➤ आप पर सबसे अधिक प्रेरक प्रभाव किसका है ? इसका कारण क्या है ?

- ➤ क्या आप उन नकारात्मक या हताश करने वाले प्रभावों को सहन करते है, जिनसे आप बच सकते है?

- ➤ क्या आप अपने व्यक्तिगत हुलियें के बारे में लापरवाह हैं ? अगर ऐसा है तो कब और क्यों ?

- ➤ क्या आपने अति-व्यस्तता में अपनी ''मुश्किलों को डुबाना'' सीखा है ताकि आपकों उनसे चिढ़ न हो ?

- ➤ यदि आप दूसरों को अपने लिए चिंतन करने देते हैं तो क्या आप अपने आपको 'रीढ़हीन कमजोर व्यक्ति'' कहेंगे ?

- ➤ क्या आप अपने आंतरिक स्नान को नजर अंदाज कर देते हैं, जब तक कि ऑटो-इन्टॉक्सिकेशन आपके बुरे स्वभाव को और चिड़चिड़ा नहीं बना देता?

- ➤ ऐसे कितने डिस्टर्बेंस आपको चिढ़ाते हैं जिनसे आप बच सकते है और आप उन्हें सहन क्यों करते है ?

- ➤ क्या आप ''अपनी नर्व्ज को शांत करने'' के लिए शराब, मादक द्रव्यों या सिगरेट का सहारा लेते हैं ?

अगर ऐसा है तो आप इसके बजाय इच्छाशक्ति का प्रयोग क्यों नही करते ?

➢ क्या कोई आपको लगातार टोकता रहता है या आपका सिर खाता रहता है ? और अगर ऐसा है तो इसका कारण क्या है ?

➢ क्या आपका कोई निश्चित प्रमुख लक्ष्य है और अगर ऐसा है तो यह क्या है और इसे हासिल करने की आपकी योजना क्या है ?

➢ क्या आप छह मूलभूत डरों में से किसी से पीड़ित है? अगर ऐसा है तो किनसे ?

➢ क्या आपके पास ऐसा कोई तरीका है, जिससे आप दूसरों के नकारात्मक प्रभाव से खुद की सुरक्षा कर सकते है ?

➢ क्या आप अपने मस्तिष्क को सकारात्मक बनाने के लिए जान–बुझकर आत्म सुझाव का प्रयोग करते है?

➢ आप किस चीज को सबसे अधिक महत्व देते है ? अपनी भौतिक सम्पदा को या अपनी विचारों की शक्ति को?

➢ क्या आप दूसरों से आसानी से प्रभावित हो जाते है जबकि आपके विचार से वे गलत हों ?

➢ क्या आज के दिन ने आपके ज्ञान के स्टॉक या आपकी मानसिक अवस्था में कुछ मूल्यवान जोड़ा है?

➢ क्या आप उन परिस्थितियों का सीधे सामना करते है जो आपकों दुखी बनाती हैं या आप जिम्मेदारी से बचते है?

➢ क्या आप सभी गलतियों और असफलताओं का विश्लेषण करते है और उनसे लाभ उठाने की

कोशिश करते हैं या आप इस तरह का नजरिया अपनाते है कि यह आपका कर्तव्य नही है ?

➤ क्या आप अपनी सबसे अधिक विनाशकारी तीन कमजोरियों का नाम बता सकते हैं ? आप इन्हे सुधारने के लिए क्या कर रहे हैं ?

➤ क्या आप दूसरे लोगों को प्रोत्साहित करते हैं कि वे आपके पास सहानुभूति की तलाश में अपनी चिंता लेकर आऍ ?

➤ क्या आप अपने दैनिक अनुभवों से एसे सबक या प्रभाव चुनते है जो आपकी व्यक्तिगत प्रगति में आपकी सहायता कर सकें ?

➤ क्या आपकी उपस्थिति से दूसरे लोगों पर हमेशा नकारात्मक प्रभाव पड़ता है ?

➤ दूसरे लोगों की किन आदतों से आपको सबसे अधिक चिढ़ होती है ?

➤ क्या आप अपने खुद के विचार बनाते हैं या आप दूसरे लोगों को खुद को प्रभावित करने की अनुमति देते है ?

➤ क्या आपने यह सीखा है कि किस तरह मानसिक अवस्था बनाई जाए जो सभी हताश करने वालें प्रभावों के विरूद्ध कवच का काम कर सके ?

➤ क्या आपका काम धंधा आपको आस्था और आशा से प्रेरित करता है ?

➤ क्या आपको लगता है कि आपमें पर्याप्त आध्यात्मिक शक्तियाँ हैं जिनके द्वारा आप अपने मन को सभी तरह के डरों से मुक्त रख सकते है ?

➤ क्या आपका धर्म आपके मस्तिष्क को सकारात्मक रखने में मदद करता है।

➤ क्या आपको अनुभव होता है कि दूसरों की चिंताओं को बॉटना आपका कर्तव्य है ? अगर ऐसा है, तो क्यों ?

➤ अगर आपको विश्वास है कि "एक जैसे पक्षी एक साथ उड़ते हैं" तो आपने अपने दोस्तों के अध्ययन से क्या यह सीखा है कि आप किस तरह के दोस्तों को आकर्षित करते है ?

➤ जिन लोगों के साथ आप सबसे करीबी सम्पर्क में रहते है, उनमे और आपके दुख में क्या आपको कोई सम्बंध नजर आता है ?

➤ क्या यह संभव है कि जिसे आप अपना मित्र समझ रहे है, दरअसल वह व्यक्ति आपका सबसे बड़ा शत्रु हो क्योंकि वह आपके मस्तिष्क पर नकारात्मक प्रभाव डालता है ?

➤ क्या आपके सबसे अंतरंग सहयोगी मानसिक रूप से आपके सुपीरियर है या आपसे इन्फीरियर है ?

➤ क्या आप चौबीस घंटो में से इन चीजों को कितना समय देते है:–

1. आपका काम–धंधा ?

2. नींद ?

3. खेल और मनोरंजन ?

4. उपयोगी ज्ञान हांसिल करना ?

5. सिर्फ समय की बर्बादी ?

6. आपके परिचितों में से कौन आपको:–

7. सबसे अधिक प्रोत्साहन देता है ?

8. सबसे अधिक सावधान करता है ?

9. सबसे अधिक हताश करता है ?

➤ आपकी सबसे बड़ी चिंता कौन सी है ? आप इसे सहन क्यों करते है ?

➤ जब दूसरे आपकों मुफ्त की, बिना मांगी सलाह देते है तो क्या आप कोई सवाल किए बिना या उनके उद्देश्य का विश्लेषण किए बिना उसे स्वीकार करते हैं ?

➤ वह सबसे बड़ी चीज क्या है जिसकी आपको इच्छा है ? क्या आप इसे हासिल करने का इरादा रखते हैं ? क्या आप अपनी बाकी सभी इच्छाओं को इस बडी इच्छा के सामने दबाने के इच्छुक है ? इसे हासिल करने के लिए आप हर दिन कितना समय देते है ?

➤ क्या आपका मन अक्सर बदल जाता है ? अगर ऐसा है तो क्यों ?

➤ क्या आप आम तौर पर वह हर काम खत्म करते हैं जिसे आपने शुरू किया है ?

➤ क्या आप दूसरे लोगों के बिजनेस या प्रोफेशनल टाइटल्स, कॉलेज डिग्रीज या दौलत से आसानी से प्रभावित हो जाते है ?

➤ क्या आप इस बात से आसानी से प्रभावित होते है कि दूसरे लोग आपके बारे में क्या सोचते या कहते हैं ?

➤ क्या आप लोगों से उनकी सामाजिक या आर्थिक स्टेटस के हिसाब से व्यवहार करते है ?

➤ आपकी नजर में दुनिया का महानतम आदमी कौन है ? किस लिहाज से वह व्यक्ति आपसे सुपीरियर है ?

➢ आपने इन प्रश्नों के अध्ययन करने और इनका जवाब देने में कितना समय लगाया ? (इस पूरी सूची के विश्लेषण और इसका जवाब देने के लिए कम से कम एक दिन आवश्यक है।)

अगर आपने इन सारे सवालों का जवाब ईमानदारी से दिए हैं तो आप अपने बारे में अधिकांश लोगों से अधिक जान गए हैं। प्रश्नों का सावधानी से अध्ययन करें, हर सप्ताह एक बार कई महीनों तक इन प्रश्नों पर लौटते रहें और आप आश्चर्यचकित रह जाएंगे, कि आपने इन प्रश्नों का ईमानदारी से जवाब देने के आसान तरीके से कितना अतिरिक्त महत्त्वपूर्ण ज्ञान हासिल कर लिया है। इगर आपको किन्ही सवालों के जवाब के बारे में कोई शंका है तो उन लोगों की सलाह ले जो आपको अच्छी तरह से जानते है, खास तौर पर उन लोगों की जिनके पास आपकी चापलूसी करने का कोई कारण न हो और अपने आपको उनकी निगाह से देखें। इस अनुभव से आप हैरान रह जाएंगे।

सादर।

(डी.डी. शर्मा)

सी.ई.ओ.

टीम 360

मो.: 9079040362

(अध्याय – 11)
खरगोश ने लोमडी से सर्टिफिकेट मांगा – एक कहानी

(संगठन में लोग दूसरे क्या कहेंगे, दूसरे मान्यता दे कि मानसिकता से दूर हटे)

एक बार एक लोमडी ने शिकार हेतु खरगोश को पकडा। प्रातःकाल का समय था। लोमड़ी नाश्ता करना चाह रही थी। खरगोश ने कहा कि रूकों, आप लोमड़ी हो, इसका कोई प्रमाण–पत्र आपके पास है। लोमड़ी सकपका गई। आज से पहले किसी ने ऐसा प्रश्न नही किया। किसी ने प्रमाण–पत्र नहीं मांगा। यदि तुम्हारे पास प्रमाण–पत्र नही है, तो तुम मेरा शिकार नही कर सकती।

लोमड़ी ने कहा कि अभी तुम यहीं बैठो, भाग मत जाना। मैं जंगल के राजा से मिलकर व प्रमाण–पत्र लेकर आती हूँ। खरगोश ने कहा कि ठीक है, तुम जाओं।

लोमडी जंगल के राजा शेर के पास गई और अपनी असंमजस की स्थिति शेर को बताया। शेर ने बताया कि प्रमाण पत्र लेना तो इंसानों की बीमारी है। यह जंगल में पशुओं को कैसे लग गई ? लेकिन लोमड़ी ने कहा कि अब तो प्रमाण पत्र दिखाना ही होगा। नही तो खरगोश काबू में नही आयेगा। फिर शेर ने कहा कि कागज व पेन

लाओं। फिर शेर ने प्रमाण पत्र बनाकर लोमडी को दे दिया। लोमडी ने प्रमाण पत्र ले लिया और सोचा कि खरगोश भाग गया होगा। लेकिन खरगोश वहीं बैठा था। लोमडी ने प्रमाण पत्र खरगोश को पकडा दिया। खरगोश ने पढ़ा और लोमडी को बधाई दी और वापिस प्रमाण पत्र लोमडी को पकडाया। लोमडी प्रमाण पत्र के लेन–देन में उलझी। खरगोश वहा से भाग गया और बिल में घुस गया।

लोमडी वापिस शेर के पास गई और पूंछा कि खरगोश तो भाग गया। मैं इस सर्टिफिकेट का क्या करू ? क्या आप भी सर्टिफिकेट रखते है ? तो शेर ने कहा कि मैं शेर हूँ। मेरा कही कोई शपथ ग्रहण समारोह नही होता है। मेरी कोई राष्ट्रपति या राज्यपाल नियुक्ति नही करता है। मैं तो गर्जना करता हूँ और लोग मुझें राजा मान लेते है।

मैं जब नाश्ता करता हूँ तो सर्टिफिकेट की बात नही करता और नाश्ता करने के बाद मुझें किसी सर्टिफिकेट की जरूरत नही रहती। मुझें अपना बल याद रहता है। इसलिये मुझें किसी प्रमाण पत्र की जरूरत नही है। जो अपने बल व हूनर को भूल जाते है। जो अपनी अहमियत को भूल जाते है। उन्हें प्रमाण पत्र की जरूरत पडती है।

इंसानों की बीमारी कि कोई यहाँ पर यूनिवर्सिटी का प्रमाण पत्र लेकर घूमता है। कोई लोगों से प्रमाण लेने में लगा रहता है। कोई भीड कितनी है ? इसको अपनी लोकप्रियता का प्रमाण मानता है। इंसानों को दूसरे लोगों से प्रमाण पत्र चाहियें। ये बीमारी इंसानो की है। अतः जंगल को इस बीमारी से बचाये रखना चाहिये।

अन्तर विवेक व सामाजिक विवेक

समाज में प्रायःकर लोग दूसरे से वेलिडेशन प्राप्त करना चाहते है। दूसरों से मान्यता मिले। दूसरे लोग तारीफ करें। दूसरे लोग सम्मान दे अथवा कितने लोग उस व्यक्ति को मानते है, कितने लोग उस व्यक्ति को महत्व देते है। आम आदमी इन्ही सब बातों से अपनी कीमत लगाता है, यह सामाजिक विवेक है।

सामाजिक विवेक का एक और उदाहरण है, कि कोई देखे नहीं ? अगर कोई देखें तो ईमानदार रहा जाये। अगर कोई नही देखे तो ईमानदारी से काम करना बंद कर दिया जाये और मौका मिले तो बेईमानी भी कर ली जाये।

एक कवि ने सामाजिक विवेक पर अच्छा तंज कसा है– **'लोग नैतिकता पर भाषण देते रहे, मौका मिलते ही मुर्गियॉं फंसाते रहे।'** यह सामाजिक विवेक है। कोई देखे नही तो गड़बड कर लो।

एक अन्य कवि ने तंज किया है– **'राजनीतिक मूल्य कुछ इस कदर गिरे, कि जेबकतरे भी विधायक बन गये।'**

एक अन्य कवि ने भी इसी तरह का तंज किया है– **'जब डाकू ने खादी पहनी तो संसद में सम्मान मिला।'**

यानि कि लोग बाहर से सफेदपोश होते है। और मौका मिलते ही गड़बड़ करते है। यह सामाजिक विवेक है। समाज में वे बुरा नही बनना चाहते, लेकिन समस्त बुरे कार्य करते रहना चाहते है।

अन्तर विवेक

इससे तात्पर्य है कि व्यक्ति अपना अवलोकन करता है। अपनी जो खुबियॉ है, उनको पहचानता है, उस पर विचार

करता है, फिर उसके अनुसार काम करता है। ऐसा व्यक्तियदि किसी जॉब में लगा हुआ है, तो उस पर निगरानी रखने की आवश्यकता नही होती। वह अपना कार्य ईमानदारी से करता है। उसको सुरक्षा भी उसके अन्दर से प्राप्त होती है। उसको मार्गदर्शन भी उसके अन्दर से प्राप्त होती है। उसको शक्ति भी अन्दर से प्राप्त होती है।

अन्तर विवेक से कार्य करने वाले व्यक्ति को **स्टीफन ऑर कोवी** ने प्रोएक्टिव व्यक्ति कहा है। प्रोएक्टिव व्यक्ति अपने मूल्यों को विचारपूर्वक तय करता है। सिद्धान्त पूर्वक मूल्य अपनाता है। वो फिर इन मूल्यों के द्वारा चालित होता है। **Proactive Person is Driven by values based on Principles.**

प्रोएक्टिव व्यक्ति अपना अवलोकन करके अपने मिशन को तय करता है। उस मिशन में वो सारी बातें लिख लेता है जो उसे जीवन में प्राप्त करनी है। इसी तरह से संगठन भी जो–जो कार्यो को करना चाहता है। उनको लिखकर अपना एक मिशन स्टेटमेन्ट बनाता है।

संगठन के लिये मिशन स्टेटमेन्ट का बहुत महत्व है। मिशन स्टेटमेन्ट संगठन के लिये कुतुबनुमा की तरह काम करता है। जिसके पास मिशन स्टेटमेन्ट है उसे निम्न लाभ प्राप्त होते है:–

मूल्य सिद्धान्तों पर आधारित होते है।

दीर्घावधि, मध्यावधि व अल्पावधि के गोल्स तय करके मिशन स्टेटमेन्ट में लिखे जाते है।

जिस संगठन के पास मिशन स्टेटमेन्ट है वो अन्य संगठनों से तुलना नही करता। बल्कि अपनी गत वर्ष की प्रगति से इस वर्ष की प्रगति की तुलना करता है।

जिस संगठन के पास मिशन स्टेटमेन्ट है। वो बजट बनाकर कार्य करता है, ताकि संगठन का हाथ कभी तंग नही होता।

मिशन स्टेटमेन्ट वाला संगठन महत्वपूर्ण कार्य और तत्काल कार्यो में उचित समन्वय रखता है, ताकि कही संगठन का पूरा समय और ऊर्जा तत्काल कार्यो पर ही न लग जाये। क्योंकि दीर्घकाल में महत्वपूर्ण कार्यो पर समय देने से ही संगठन बुलंदियों को छू पायेगा।

मिशन स्टेटमेन्ट वाले संगठन विश्वस्तरीय मानको को ध्यान में रखकर अपना कार्य करते है।

मिशन स्टेटमेन्ट संगठन का विजन डोक्यूमेन्ट है। अतः इस विजन डोक्यूमेन्ट को पूरा करने का डिसिजन लेना है। फिर उन पर एक्शंस करना, संगठन के मुख्य कार्यकारी का दायित्व है।

संगठन में इमोशनल बैंक अकाउंट को समृद्ध करने हेतु

निम्न छः गुण और भी आवश्यक है।

ईमानदारी और अखण्डताः– संगठन में संगठन के उद्धेश्यों के प्रति निष्ठा रखकर जो कार्य किये जाते है, उन्हें ईमानदारी कहते है। जो संगठन के द्वारा वादें किये जायें व उन्हें पूर्ण किये जायें, उसे अखण्डता कहते है।

दयालुता और शिष्टाचारः– संगठन में भावनात्मक बैंक अकाउंट समृद्ध रहे। इसलिये लोगों में शालीन व्यवहार एवं सौहार्दपूर्ण वातावरण की आवश्यकता रहती है। लोग अपने व्यवहार में शिष्टाचार बरते व संसदीय भाषा का प्रयोग करें।

जीत-जीत या कोई सौदा नहीः- प्रायःकर संगठन में लोग अपने ही लाभ की बात पर केन्द्रित रहते है। जबकि स्वयं को भी लाभ हो तथा दूसरों को भी लाभ हो। इस मानसिकता के साथ कार्य किया जाना उचित है। इस मानसिकता के लिये निष्कपट व दृढ चरित्र की जहां आवश्यकता है। वही प्रचुरता की मानसिकता की आवश्यकता है। जिन लोगों में इस मानसिकता का अभाव होता है, वे तुलनाएं करते रहते है। ऐसे व्यक्ति पूरक टीम के सदस्य नही बन सकते है, क्योंकि इनमें टीम भावना विकसित नही हो पाती।

अपेक्षाओं को स्पष्ट करनाः- सम्बंधों को अच्छा रखने के लिये संगठन में किसको क्या कार्य करना है ? तथा किससे क्या अपेक्षा है ? यह सुस्पष्ट होना चाहिये। जहाँ अपेक्षाऐं स्पष्ट नही होती, वहां विवाद बनने की सम्भावना रहती है। अतः संगठन के कार्य को सुचारू रूप से चलाने के लिये प्रत्येक व्यक्ति के दायित्व व अधिकारों को लिखित में स्पष्ट करना उचित है।

माफी मांगनाः- जहाँ संगठन में कई लोग एक साथ काम करते है व ठेस व ठोकर लगना वाजिब है। अतः बजाय आर्ग्यूमेन्ट करने के अथवा सॉरी कहकर बात को खत्म करना उचित है। माफी मांगने से बडी-बडी समस्याओं का हल हो जाता है। लेकिन माफी मांगने में ईमानदारी और गलती को महसूस करने की भावना होनी जरूरी है।

माफ करनाः- संगठन व्यक्तियों से मिलकर बनता है और हर व्यक्ति के अर्धचेतन मस्तिष्क में अनेको प्रकार के विचार व विश्वास रहते है। जिन्हें कि आध्यात्मिक भाषा में संस्कार कहा जाता है। अधिकांश व्यक्ति अपने इन संस्कारों से ही प्रेरित होकर कार्य करते है। संगठन में हो

सकता है कि अलग—अलग व्यक्तियों के अलग—अलग संस्कार हो। अतः नेगेटिव संस्कारों का व्यक्ति को अवलोकन करना चाहिये और यदि किसी अपराध बोध से स्वयं ग्रसित हुआ हो तो उसे अपने आपकों माफ कर देना चाहिये। इसी तरह से अगर दूसरे लोगों ने ठेस व ठोकर लगाई हो तो उन्हें भी माफ कर देना चाहिये। माफ करना व माफी मांग लेना। उच्चस्तरीय आध्यात्मिक उपाय है, जिनसे संगठन में सौहार्दपूर्ण वातावरण कायम रहे।

सादर।

(डी.डी. शर्मा)

सी.ई.ओ.

टीम 360

मो.: 9079040362

(अध्याय – 12)
बुढिया का मुर्गा बांग दे तो सूरज निकले – एक कहानी

(व्यक्ति नही संगठन महत्वपूर्ण है)

एक बार एक बुढिया अपने गांव के लोगों को कह रही थी कि मेरा मुर्गा जब बांग देता है तो सूरज निकलता है। तुम मुझें समय पर खाना आदि पहुंचा दिया करों। अन्यथा मैं नाराज होकर यह गांव छोडकर दूसरे गांव चली जाऊंगी। और अपने साथ मुर्गे को भी ले जाऊंगी, फिर तुम्हारे गांव में सूरज नही उगेगा। गांव के लोगो ने इस बात को मजाक समझा कि बुढिया तो सठिया गई है।

बुढिया नाराज होकर दूसरे दिन अपने मुर्गे को अपने साथ लेकर दूसरे गांव में चली गई। उस गांव में मुर्गे ने बांग दी और सूरज उगा। बुढिया ने कहा कि अब आयेगा उस गांव वालों को मजा। मेरा मुर्गा तो यहाॅ पर है। इसलिये उनके गांव में तो सूरज उगेगा ही नही।

कुछ लीडर्स का यह हाल हो जाता है कि अगर वो नही होंगे, तो संगठन चलेगा ही नही, जबकि जब सूर्य उदय होता है तब मुर्गा बांग देता है, न कि मुर्गा बांग देता है तब सूर्य उगता है। अतः संगठन होगा तो व्यक्ति को नेतृत्व करने का मौका मिलेगा।

संगठन सक्षम होगा तो लीडर उचित ढंग से काम कर पायेगा। महत्वपूर्ण संगठन है। कहा भी है कि **'संघे शक्ति कलयुगे'** कलयुग में संगठन में ही शक्ति हैं। वर्तमान में प्रजातन्त्र का समय है। विश्व के अधिकांश देशों में प्रजातांत्रिक सरकारे है। जो लोग संगठित होकर वोट डालते है, उन्ही की सरकारे बनती है।

संगठन वाकई में ईश्वर के विराट स्वरूप का छोटा रूप है। और व्यक्ति का बड़ा स्वरूप है। अतः बडे—बडे कार्य जो विश्व में होते है, वो संगठनों के द्वारा ही पूरे किये जाते है।

छिपकली को खाने पर बुलाया – एक कहानी

एक छिपकली महल के कमरे की दीवार पर ऊंची चिपकी हुई थी। उसको किसी महिला ने खाने पर आमंत्रित किया, तो छिपकली बहुत खुश हुई। लेकिन छिपकली ने खाने पर आने में अपनी असमर्थता व्यक्त की। क्योंकि यदि वो दीवार छोड कर जायेगी तो महल की छत गिरने का डर है।

इसी तरह से कई लीडर्स छिपकली की तरह यह सोचते रहते है कि संगठन उन्ही के भरोसें चल रहा है, जबकि महत्वपूर्ण संगठन है। संगठन व्यक्ति को प्रतिष्ठा देता है, नेतृत्व करने का मौका देता है। परिवार, एन.जी. ओ., कम्पनियॉ, राजनीतिक पार्टी, सामाजिक संस्थाएं सभी लोगों के साथ मिलकर काम करते है। इसलिये सभी संगठन की श्रेणी में आते है।

संगठन को चलाने के लिये आवश्यक बातें

संगठन में नीति बनाने वाली बॉडीः– अच्छे संगठनों में एक नीति बनाने वाला संचालक मंडल होता है, जो कि सर्वोपरी होता है।

चीफ एक्जिक्यूटिव ऑफिसर:— संगठन में संचालक मण्डल द्वारा लिये गये निर्णयों के क्रियान्वयन की जिम्मेदारी चीफ एक्जिक्यूटिव ऑफिसर की होती है।

प्रबन्धक:— किसी भी संगठन में अलग—अलग विभाग होते है। प्रत्येक विभाग का एक मुखिया होता है, जिसे कि प्रबन्धक कहते है।

कर्मचारीगण:— कार्य में सहयोग करने के लिये कर्मचारियों की नियुक्ति की जाती है। जो कि प्रबन्धकों को कार्य करने में सहयोग प्रदान करते है।

बॉयलाज:— प्रत्येक संगठन के कुछ बॉयलाज होते है। जैसे कि कम्पनी में एम.ओ.यू. एंव ए.ओ.ए. होते है। इसी तरह से प्रत्येक संस्था पर अपनी बॉयलोज रखती है, जिसमें काम करने के नियम लिखे रहते है। अतः जो भी संगठन हो उसके कुछ न कुछ बॉयलोज बनाने चाहिये ताकि उन नियमों के तहत संगठन काम कर सके।

एक्जिक्यूटिव कमेटी:— चूंकि संचालक मण्डल के सदस्यों की संख्या अधिक होती है व रूटिन कार्य करने के लिये तत्काल निर्णय लेने होते है। अतः एक तीन आदमियों की कार्यकारी कमेटी बनाई जाती है, जो कि रूटिन के निर्णय ले सके व त्रैमासिक रूप से संचालक मण्डल को अवगत करा सके।

एक संगठन को वी.डी.ए.डी. फोर्मूले के अनुसार काम करना अधिक लाभकारी होगा।

विजन:— इस का तात्पर्य यह है कि संगठन को अपने 5 साल, 10 साल व आगामी 25 साल का विजन तैयार करना चाहिये ताकि संगठन को क्या काम करना है ? यह सुनिश्चित रहें। जितना संगठन का गोल व विजन क्लियर

रहेगा, उतना ही उन लक्ष्यों को प्राप्त करने में सरलता रहेगी।

डिसिजनः– विजन एक काल्पनिक योजना है, जिसे **स्टीफन ऑर कोवी** प्रथम रचना कहते है। क्योंकि कोई भी कार्य करने से पहले वो कार्य विचारों में ही किया जाता है। यानि कि उसकी मानसिक रचना तैयार की जाती है। बाद में उसे पेपर पर उतार लिया जाता है जो ब्ल्यू प्रिन्ट कहलाता है। जब ब्ल्यू प्रिंट बन जाता है तो संगठन एक संकल्प लेता है। कि अब इस कार्य को आरम्भ करके पूर्ण किया जायेगा। संगठन को संकल्प पुस्तिका में इस संकल्प को लिख लेना चाहिये। ओर्गेनाईजेशन संकल्पों के आधार पर काम करता है। संकल्प, संकल्प पुस्तिका में लिखे जाते है। ताकि सभी सम्बंधित व्यक्तियों को संकल्प के बारे में ठीक से जानकारी हो जाये।

एक्शनः– जब संकल्प संगठन के द्वारा संकल्प पुस्तिका में लिख लिया जाता है तो उसके बाद चीफ एक्जिक्यूटिव की ड्यूटी होती है कि वो संकल्प को संकल्प पुस्तिका के अनुसार पूरा करें। प्रबन्धकों का सहयोग लेकर आवश्यक कार्य करें। जब कार्य किये जायेंगे तो संकल्प भौतिक स्वरूप ले लेगा।

डिजायर (ईच्छा)ः– जब एक संकल्प के बारे में कार्य पूरा हो जाये। तब दूसरी इच्छा पूरी की जानी चाहिये और एक नया संकल्प किया जाना चाहिये।

यह वी.डी.ए.डी. फोर्मूला संगठनों के काम करने की सार्थक प्रक्रिया है। यानि कि विजन, डिसिजन, एक्शन एवं डिजायर इन चार चरणों के तहत संगठन काम करेगा तो उसे सफलता अवश्य प्राप्त होगी।

संगठन खुशियाँ प्राप्त करें अथवा खुश होकर कार्य करें

इसके बारे में मुझे एक पुराना दोहा याद आ रहा है—

दुख में सुमिरन सब करे, सुख में करें न कोय।

जो सुख में सुमिरन करें, तो दुख काये को होय ।।

इसमें कवि इस स्थिति को बतलाना चाहते है कि दुख के समय लोग ईश्वर का स्मरण करते है। इसी तरह संगठन के लोग कष्ट के समय विशेषज्ञों से राय लेते है। लेकिन जो प्रार्थनाएं दुख के समय की जाती है अथवा जो परामर्श एक्सपर्ट लोगों से लिये जाते है उनमें सफलताए मिलने की सम्भावनाएं बहुत कम होती है। यदि सुख के समय में प्रार्थना की जाये तो वो फलीभूत होती है। ऐसे ही जब संगठन में जब अच्छा समय चल रहा हो तब विशेषज्ञों की राय लेकर। योजना बनाकर काम किया जाये तो अधिक सफलता मिलती है।

उपरोक्त दोहें के पीछे एक बहुत बड़ा मनोवैज्ञानिक सिद्धान्त छिपा हुआ है। जैसी मानसिक व भावनात्मक अवस्था में आप होते हो, वैसे ही परीणाम प्राप्त होते है। यदि व्यक्ति कष्ट में है तो डरा हुआ होगा, चिंता में होगा, तनावग्रस्त होगा, तो ऐसी स्थिति में वो ईश्वर से प्रार्थना भी करेगा तो उसे यही सब चिंता, तनाव व भय मिलना है।

अतः खुशियाँ प्राप्ति हेतु क्रिया की जाये। इससे बेहतर है कि खुश होकर क्रिया की जाये। मनोवैज्ञानिकों को कहना है कि अगर खुश होकर जोश–जुनून के साथ काम किया जाये तो व्यक्ति/संगठन की परफोरमेन्स 10 गुना बढ़ जाती है और इसी अनुपात में आमदनी भी।

अतः संगठन में खुशी का माहौल रखते हुए कार्य सम्पादन किया जाना अपेक्षित है व संगठन मुख्य और व्यक्ति गौण स्थिति में रहे। तभी संगठन उत्तरोत्तर प्रगति कर सकता है।

सादर।
(डी.डी. शर्मा)
सी.ई.ओ.
टीम 360
मो.: 9079040362

(अध्याय – 13)
बंदर बदले तो इंसान बने – एक कहानी

❖❖❖

(बदलाव प्रगति के लिये जरूरी है)

एक बार **डार्विन** ने अपने द्वारा प्रतिपादित किये गये विकासवाद के सिद्धांत की एक कार्यक्रम में व्याख्या कर रहे थे, उन्होनें लोगों को बताया कि इंसान बंदरो की औलाद है, इंसान के पूर्वज बंदर थे।

इस पर उक्त कार्यक्रम में भगदड मच गई। लोगों ने अपनी नाराजगी प्रकट की कि हमारे पूर्वज बंदर कैसे हो सकते है ? तुम बंदर हो, तुम्हारे पूर्वज बंदर है। जूते-चप्पले चली, सडे हुए अण्ड फेंके गए। कुछ लोगों ने **डार्विन** के साथ हाथापाई भी की, लेकिन **डार्विन** अपनी बात धैर्य व दृढता पूर्वक कहते रहे।

सतही सोच के लोग इस कार्यक्रम को छोड कर चले गये, लेकिन गम्भीर प्रकृति के लोग वहाँ बैठे रहे। उनमें से एक व्यक्ति ने गम्भीरता पूर्वक पूछा कि यदि बंदरो से ही इंसान बना है तो अभी तक जंगलों में बंदर मौजूद क्यों है ? सारे बंदर इंसान क्यो नही बन गये ?

इस पर डार्विन ने जवाब दिया कि जिन बंदरों ने बदलने से इंकार कर दिया। वो तो आज भी बंदर ही है।

जिन्होनें बदलना स्वीकार किया और बदले वो इंसान बन गये।

मैं इसी तर्ज पर यह कहना चाहता हूँ कि जो व्यक्ति बदलना चाहते है, वो सब अमीर बन जायेंगे। लेकिन जो बदलना नही चाहते वो मध्यमवर्गीय रहेंगे अथवा गरीब रहेंगे।

आइंस्टीन का मत

उनका कहना है कि '**नई चीजों को स्वीकार करना इंसान के लिये मुश्किल नही है, लेकिन पुरानी चीजों को गुडबॉय करना इंसान को पसंद नही है।**' इंसान पुरानी बातों ये चिपक जाता है, वो उन्हें छोड़ना नही चाहता। कुछ लोग बातें कर लेते है, बदलने की लेकिन वो बातों तक ही सीमित रहते है, क्रियान्वयन नही करते।

सोफें पर बैठा हुआ डॉगी – एक कहानी

एक डॉगी एक ड्राइंग रूम के अन्दर सोफे पर बांयी तरफ बैठता था। वो करीबन 2 वर्षो से वही पर बैठता था। एक दिन मकान मालिक के मेहमान आये तो मकान मालिक ने सोचा कि आज कुत्ते को दांयी तरफ बैठा देते है। मेहमानों को बांयी तरफ बैठा देते है, लेकिन मेहमान बैठे तो कुत्ता वही आ गया और बार–बार हटाने पर भी कुत्ता वही बैठना चाहता था। एक बार तो डॉगी ने एक मेहमान पर भौंकने व काटने तक को दौड़ा। कारण कि वो डॉगी सोफे की बांयी तरफ बैठने की कण्डिशनिंग हो गई थी। कण्डिशनिंग अभ्यास से अधिक है, अभ्यस्त होना शारीरिक क्रिया है, जबकि कण्डिशनिंग मानसिक एवं भावनात्मक क्रिया है।

कोरोना ने बदलाव का बिगुल ही बजा दिया

अनेक समाज सुधारक हुए जिन्होनें समय–समय पर समाज में व्याप्त कुरीतियों को दूर करने के लिये कार्य किया, लेकिन कोरोना की बीमारी ऐसी आई जिसने अपने समाज में जबरन बदलाव की स्थितियॉ बना दी। क्योंकि अब भीड़ इकट्ठी नही हो सकती। समूह में काम नही हो सकता। तो अब एक ही विकल्प बचता है कि ऑनलाईन काम किये जायें।

लेकिन बदलाव तो सदैव कष्टकारी रहता है, क्योंकि उसमें आराम के दायरे में से बाहर निकलना पड़ता है। बदलाव मात्र बातें करने से नही होता, उसके लिये कुछ कष्ट उठाना पडता है, कुछ करना पडता है। कहने का तात्पर्य यह है कि आराम के दायरे से बाहर निकलना पडता है, जिन चीजों से चिपक गये उनसे निकलना पडता है, जो कि कष्टकारी होता है।

निम्न छः बदलाव अपनी मंजिल को पाने के लिये जरूरी होते है।

न्यू माइंड सैटः– इंसान के जन्म से लेकर के आज की उम्र तक अनेक प्रकार के विश्वास है। अनेक प्रकार की परम्पराएं है, अनेक प्रकार की जीवन शैली है। उनसे वो कण्डिशन्ड होया हुआ है। क्योंकि लगातार एक प्रकार का काम किया जाता है, तो आदमी को वो काम सरल लगने लगता है। चाहें वे विवेकहीन हो। आदमी उन कामों को छोड़ नही पाता। इसीलिये तो वैद्य लोग परहेज की बात करते है, कि औषधियों के साथ कुछ चीजें नही खायी जायेंगी, यह परहेज करना जरूरी है। अध्यात्म में इसे वैराग्य कहा है। यानि पुरानी चीजों को विवेक पूर्वक विचार करके, अगर गलत हो तो उन्हें त्याग देना। और

नई चीजों को यदि उचित हो तो स्वीकार करना। प्रगति के लिये दो आयाम जरूरी है।

सामान्यतः लोगों का विश्वास होता है कि वो मध्यमवर्गीय है। उनके पास पैसे की कमी है। उनकी शिक्षा उचित ढंग से नही हुई है। यदि शिक्षा हुई है तो आमदनी पर्याप्त नही है। यानि कि वो अपनी सम्भावना को सीमित करके देखता है। इस माइंड सेट को बदलने की जरूरत है। लोग ऑनलाईन जाना चाहते है। लेकिन ऑनलाईन में दिक्कत यह है कि एक दूसरे से आमने–सामने बात नही हो सकती। एक दूसरे से मैत्रीपूर्ण सम्बंध नही बन सकते। एक दूसरे को जब तक सशरीर नही देख लेते तब तक विश्वास नही होता। अतः लोग ऑनलाईन के प्रशिक्षण को अधिक पसंद नही करते।

धीरे–धीरे ये आदत विकसित होगी कि लोग ऑनलाईन प्रशिक्षणों को पसंद करें। ऑनलाईन प्रशिक्षणों पर विश्वास करें। अपने देश में चूंकि आपसी भाईचारा और आपसी विश्वास के लिये एक दूसरे से मिलना जरूरी होता है। यह सब ऑनलाईन में नही हो पाता। एक और भी दिक्कत है कि अपने देश में लोग अपनी व्यक्तिगत महत्त्वाकांक्षा एंव महत्व को नही छोड़ना चाहते। अतः ऑनलाईन का पैराडाईम बनने में समय लगेगा।

लेकिन अगर आपने अपनी मंजिल तय कर ली है, तो आपका पैराडाईम बदल सकता है। लेकिन मंजिल आपके पास नही आयेगी। आपकों ही मंजिल के पास जाना पडेगा। माइंड सेट का बदलाव जरूरी है। पुराना माइंड सेट था, बचत का माइंड सेट। पुराना तरीका थ़ा, एक जगह बैठकर व्यापार करना। अब यह सब बदल रहे है। अब व्यापार भी अन्तर्राष्ट्रीय बनता जा रहा है। लोगों को

फुर्सत भी कम है, लेकिन ऑनलाईन में एक कमी रहती है कि वो इमोशनली अटेच नही कर पाता।

1. **न्यू स्किल सैटः–** अल्बर्ट आइंस्टिन का कहना है कि हमारी समस्या जिस स्तर पर बनी है। उस स्तर का हुनर उसका मुकाबला नही कर सकता। यानि कि उच्च स्तर के हुनर की जरूरत होगी, समस्या के समाधान हेतु। जितना आपका स्किल है, उससे जो कुछ आपकों आमदनी होनी थी, जो कुछ प्रतिष्ठा प्राप्त होनी थी, जो कुछ उसके द्वारा आपको समाज को योगदान देना था, वो दे चुके। अब यदि आप कई गुना अपनी आमदनी बढ़ाना चाहते है, तो आपको अपने स्किल को बदलना पड़ेगा। नया स्किल सीखना पड़ेगा। हॉ अगर 10–15 प्रतिशत ही अधिक आमदनी की अपेक्षा रखते है तो शायद अधिक मेहनत करने से व नजरिये को बदलने से 10–15 प्रतिशत आमदनी अधिक हो सकती है। लेकिन अगर 10, 100 गुनी आमदनी करना चाहे तो नये स्किल को सींखना ही पड़ेगा, अथवा पुराने स्किल में कोई ना कोई नया परिवर्तन करना ही पड़ेगा। आज वैज्ञानिक युग है। इसमें बहुत शीघ्र व्यवसायों में परिवर्तन हो रहा है। इसलिये पुरानी तकनीके व्यर्थ हो जाती है। नई तकनीके ज्यादा प्रभावकारी हो जाती है। अतः नई तकनीक व नई स्किल सींखनी जरूरी है, यानि कि स्किल सैट का आधुनिकतम होना जरूरी है।

न्यू टूल सैटः– चाहें तलवारे अपने समय में कितनी ही रक्षा करने के लिये उपयोगी रही हो, वीर व्यक्तियों को तलवार का धनी कहा जाता था। लेकिन आज के समय वो पुराने हथियार प्रभावहीन हो रहे है। आज राफैल का

समय है। इसी तरह से जो लोग सामान्य टाईपराईटरों पर टाईप करते थे। अब कम्प्यूटर पर करते है। जो लोग एस.टी.डी., पी.सी.ओ. पर बातें करते थे, आज उनके हाथ में मोबाईल है। अतः नये टूल्स सीखने पडेंगे व उनसे काम लेना पडेगा। नये टूल्स ही वर्तमान समस्याओं का समाधान कर पायेंगे। आपको आपकी मंजिल तक पहुंचाने में सहायक होंगे।

नई तकनीकी:– इतिहास बतलाता है कि **राणा सांगा** बहुत वीर और प्रतापी राजा हुए। उनके पास में बहुत बड़ी सेना थी। लेकिन जब **बाबर** तोपखाने की नई तकनीक लेकर आया तो राजपूत सेनाएं उनके आगे टिक नही पाई। बाबर के साथ ज्यादा सेना भी नही थी लेकिन तोपखाना था। अतः तोपखाने की तकनीकी ने खनवा के मैदान में **राणा सांगा** की इतनी बडी सेना को भी हरा दिया और **बाबर** भारत का **पहला मुगल सम्राट** बना।

इसी तरह से जब अंग्रेज आये तो वो और ज्यादा विकसित तकनीक लेकर आये। वो बन्दूके लाये। तोपखाने को तो एक जगह रखना पड़ता था। गोला बारूद उसमें डालनी पडती थी। एक विशेष जगह पर ही लडाई लडी जा सकती थी, लेकिन बन्दूके हल्की होती थी, जिन्हें व्यक्ति कही पर भी ले जा सकता था। बन्दूक के अंदर दूरबीन लगी होती थी जिससे दूर से ही देखकर दुश्मन पर निशाना साध सकते थे। इस तकनीक के आगे तोपखाने की तकनीक नही टिक पाई और प्लासी के युद्ध में तोपखाने की तकनीक पर बन्दूक की तकनीक हॉवी हो गइ। यानि कि कौन हारा ? कौन जीता ? मैं इस विवाद में नही पडना चाहता हूँ। मैं इतना ही कहना चाहता हूँ कि पुरानी तकनीक ने नई तकनीक पर विजय प्राप्त की है।

आज के समय में इंटरनेट एक अद्भुत तकनीक के रूप में उभरा है। व्यापार के क्षेत्र में, मार्केटिंग के क्षेत्र में, शिक्षा के क्षेत्र में, बैंकिंग के क्षेत्र में, रेलवे के क्षेत्र आदि में। सभी जगह इंटरनेट की टैक्नोलोजी ने डिजिटल टैक्नोलोजी को सर्वोच्च बना दिया है। अब ऑनलाईन काम करना कोई उद्देश्य नही है। बल्कि अखाडे में उतरने की कीमत भर है। आज बिना ऑनलाईन किसी भी व्यक्ति को बड़ी सफलता प्राप्त कर पाना मुश्किल है।

नई संगतः– आपने अपनी मंजिल तय कर ली और उसकी तरफ पहुंचने के लिये योजना भी बना ली। चलना भी आरम्भ कर दिया, तो आपको अपने साथियों और परिवेश में भी बदलाव की जरूरत है। एक कहावत भी है कि जैसी संगत, वैसी रंगत। अतः आपकों अपनी संगत को महत्वाकांक्षी, उच्च विचारों तथा कर्मो वाले व्यक्तियों के साथ रखनी होगी। क्योंकि प्रगतिशील व्यक्ति ही आपकों प्रोत्साहित कर सकते है। अतः संगत का प्रभाव बहुत होता है। यह बात है कि व्यक्ति अपनी संगत छोड़ना नही चाहता। वो अपने कम्फर्ट के दायरे से बाहर नही आना चाहता, लेकिन प्रगति के लिये यह जरूरी है।

न्यू हाईटेच टैक्नोलोजीः– जिस तरह से हाईटेक टैक्नोलोजी यानि कि डिजिटल मार्केटिंग अब प्रगति के लिये एकमात्र विकल्प बन चुका है। उसी तरह से हाईटेच भी आज की मुख्य आवश्यकता है। क्योंकि बडे कार्य अकेला व्यक्ति नही कर सकता। लोगों को मिलकर करना पडता है। टीम बनाकर, संगठन बनाकर, सिस्टम बनाकर जब ऑनलाईन का काम किया जाता है, तब मंजिल शीघ्र हासिल की जा सकती है।

अभी एक कम्पनी ने विश्व के बडे–बडे देशों की आर्थिक स्थितियों का विवरण प्रकाशित किया है। चाईना

की आर्थिक आमदनी सर्वाधिक बताई है, जो कि अमेरिका से भी ज्यादा है। चाईना ने डिजिटल मार्केटिंग का हर स्तर पर उपयोग किया है। तथा टीम बनाकर काम करना चाईना के लोगों का एक उदाहरण है। अलीबाबा आदि कम्पनी ने तो विश्व में क्रान्ति ला दी है।

मेरा पिछले 40 वर्षो का अनुभव है कि जो लोग अपना माइंड सैट बदलेंगे, स्किल सैट बदलेंगे, टूल सैट आदि बदलेंगे। वही अपनी मंजिल को सफलता पूर्वक यथा समय प्राप्त कर पायेंगे।

सादर।

(डी.डी. शर्मा)

सी.ई.ओ.

टीम 360

मो.: 9079040362

(अध्याय – 14)
निष्ठावान बंदरों ने काम बिगाड दिया – एक कहानी

—— ◆◆◆ ——

(संगठन में निष्ठा के साथ–साथ काबिलियत भी जरूरी है)

एक बार एक व्यक्ति अपने द्वारा लगाये गये बाग की रखवाली व पानी देने आदि जैसे बागवानी का काम स्वयं किया करता था, परन्तु उसे एक बार एक बंदर मिला। जिसे उसने अपने बाग में अपने साथ ले आया। बंदर से उसकी दोस्ती हो गई। दोनों बाग में एक साथ टहलते व घूमते थे। एक दिन कुछ और बदंर आ गये। वो भी बाग में टहलने व घूमने लगे, सभी बाग में मस्ती करते।

एक दिन बाग के मालिक को किसी शादी में बाहर जाना पड गया, तो पीछे से उसने अपने सबसे वफादार बंदर को बुलाया और कहा कि मुझें तीन–चार दिन के लिये शादी में जाना पड़ेगा। पीछे से क्या तुम बाग की रखवाली कर सकते हो ? पौधों को पानी दे सकते हो ? लेकिन ध्यान रखना कि सभी पौधों को बराबर पानी देना।

इस पर बंदर ने कहा कि हम काफी बंदर है। हम सभी पौधों को बराबर पानी देंगे। आप निश्चित होकर जाईये। हमारी वफादारी में आपकों कोई कमी नही

मिलेगी। बाग का मालिक शादी में शामिल होने के लिये दूसरे शहर चला गया। पीछे से बंदरों ने पौधों में पानी आदि देने का काम आरम्भ कर दिया। यह तय हुआ कि एक बंदर एक ही पौधे को पानी देगा। वही यह देखेगा कि आसपास के पौधों को पर्याप्त पानी मिला है या नही।

हर बंदर बडें मनोयोग से पानी देता। पौधों को उखाड कर जडो को देखता कि पौधों में पानी लगा या नही। इस तरह से चार–पांच दिन में सभी पौधों को उखाड दिया, जिससे बाग उजड गया।

जब बाग का मालिक शादी से लौटकर आया तो देखा कि बाग तो पूरा उजडा पडा है। उसने बंदरों से पूछा कि यह क्या हुआ ? क्यों बाग उजडा ? हमे नही मालूम। हमने तो आपके कहे अनुसार सभी पौधों में पानी दिया। सही तरीके से पानी लगे इसके लिये हमने पौधों को उखाड कर देखा। हमारी निष्ठा में कोई कमी नही है।

इस कहानी से यह सीख मिलती है कि निष्ठा अपनी जगह है और अच्छी बात है, लेकिन समझ व काबिलियत का भी काफी महत्व है।

व्यापार व व्यवसाय के शुभारम्भ की प्रथम अवस्था

इस अवस्था में व्यापारी को यह नही मालूम होता कि जिस व्यापार को उसने तय किया है। उसे कैसे करना है ? वो माल को कहां से खरीदेगा ? कहा बेचेगा ? कैसे स्टॉफ को रखेगा ? किस प्रकार से वेतन देगा ? कहां बैंक का खाता खुलवायेगा ? भुगतान ऑनलाईन होगा या एडवांस लेगा ? उसे इन बातों की जानकारी नही होती, वो हिट एण्ड ट्रॉयल मैथड काम में लेता है। धीरे–धीरे अनुभव से व्यापार को सींखता है।

व्यापार की द्वितीय अवस्था

इस अवस्था में व्यापारी को लाभ होने लगता है और इसे हम आरम्भिक सफलता कह सकते है। वो अपने व्यापार को बढ़ाता है। अब उसे काम पर सहयोग हेतु लोगों को रखने की जरूरत महसूस होती है। ऐसे में वो अपने निकट के रिश्तेदारों, विश्वास पात्र व निष्ठावान लोगों को लाता है व रखता है। क्योंकि वो दूसरें लोगों पर विश्वास नही कर सकता। अतः उसे अपने रिश्तेदार, मित्र जिन पर कि वो विश्वास कर सके, उन्ही को रखता है।

व्यापार का प्रसार की तीसरी अवस्था

इस अवस्था में व्यापार किस तरह से किया जाये ? स्केलिंगअप कैसे किया जाये ? व्यापार को बढ़ाया कैसे जाये ? तब ये विश्वासपात्र लोग भयभीत होने लगते है। क्योंकि उनमें काबिलियत तो होती नही है, जो व्यापार को सम्भाल नही सकते। अतः यदि व्यापार का स्केलिंगअप करना है। व्यापार में ग्रोथ लानी है तो मात्र निष्ठावान लोगों से काम नही चलेगा, बल्कि काबिल लोगों को व्यापार में लाना पडेगा। लेकिन यह काबिल लोग आपकों सलाह दे सकते है। ये लोग आपकों व्यापार के नये–नये तरीके बता सकते है। इसलिये इन काबिल लोगों का मैनेजमेन्ट करना भी आपको सीखना पड़ेगा।

निष्ठावान लोग तो आपका सम्मान करते ही है, लेकिन काबिल लोग आपसे सम्मान की उम्मीद करते है, लेकिन अगर व्यापार में प्रगति करनी है, तो काबिल लोगों की संख्या व्यापार में बढ़ानी पडेगी, नही तो बंदर की तरह बिना समझ व काबिलियत के लोग व्यापार को घाटे में पहुंचा देंगे।

सिस्टम बनाना होगा

जब व्यापार में स्केलिंग अप होता है, व्यापार का आकार बढता है तो फिर व्यक्ति विशेष के हाथों से व्यापार छूटने लगता है, छूटकर जमीन पर नही जाता है, बल्कि सिस्टम के हाथ में चला जाता है। जो लोग सिस्टम पसंद नही होते है, वो व्यापार को दीर्घकाल तक नही चला सकते। इस तीसरी अवस्था में व्यापार में सिस्टम व प्रोसेस को डालना जरूरी है। अब व्यक्ति विशेष के बजाय सिस्टम काम करेगा। अतः आपके व्यापारिक संगठन में, एन.जी.ओ. में, राजनीतिक संगठन में सिस्टम व प्रोसेस डालना जरूरी है और यह कार्य काबिल लोगों के द्वारा ही किया जायेगा।

इण्डिविजुअल के हाथों से संगठन की कमान का सिस्टम व प्रोसेस के हाथ जाना

सिस्टम व प्रोसेस डाल तो कोई व्यक्ति देगा। जो कि पहले से सिस्टम व प्रोसेस डालने का अनुभवी रहा है तथा जो सिस्टम पसंद लोग है। संगठन में मुखिया का काम तो सिस्टम के अनुसार संगठन के लोग काम कर रहे है या नही यह देखना भर है।

जब सिस्टम काम करता है तो इण्डिविजुअल व्यक्ति दूर बैठकर भी संगठन को संभाल सकता है। अब संगठन के मुखिया के पास रूटिन के कार्यों के बजाय संस्कृति का विकास, संगठन की नीतियॉ, संगठन की नैतिकता आदि पर ध्यान देना होता है।

जिन व्यापारिक/पारिवारिक/एन.जी.ओ./राजनीतिक संगठनों में सिस्टम नही होता। वहां पर इण्डिविजुअल

अंहकारों का क्लेश होता रहता है, तथा सामुहिक निर्णय लेने में बड़ी अडचने रहती है।

व्यापारिक संस्थान, परिवार, एन.जी.ओ. व राजनीतिक संगठन में सामान्यतः इस तरह का सिस्टम डाला जा सकता हैः–

कार्यो के अनुसार विभागों का निर्धारणः– संगठन की प्रकृति के अनुसार अलग–अलग विभाग बनाये जा सकते है। जैसे कि योजना बनाने वाला विभाग, लेखा रखने वाला विभाग, विक्रय विभाग, कार्मिक विभाग आदि–आदि, तथा प्रत्येक विभाग का एक मुखिया तय किया जाता है। जिसे कि प्रायःकर प्रबन्धक कहा जाता है। यदि कोई प्रबन्धक किसी कारणवश छुट्टी पर चला जाता है अथवा संगठन को छोड जाता है तो दूसरे व्यक्ति को इस पद पर हॉयर किया जा सकता है, अन्यथा अगर कोई व्यक्ति संगठन को छोड जाये तो संगठन को काफी नुकसान हो सकता है।

साप्ताहिक कामकाज की समीक्षा बैठकः– चाहें पारिवारिक संगठन हो, व्यापारिक संगठन हो, एन.जी.ओ. हो, अथवा राजनीतिक संगठन हो। सप्ताह में एक बार सभी प्रबन्धक अपने–अपने विभागों की गत सप्ताह में की गई प्रगति की जानकारी दे एवं आगामी सप्ताह में क्या किया जाना है, उसकी योजना बनाकर प्रस्तुत करें।

मासिक आय व व्यय का विवरणः– किसी भी प्रकार का संगठन हो महिने भर में क्या आय हुई व क्या खर्चे किये गये। इनका हिसाब मासिक रूप से रखा जाना चाहिये, तथा प्रतिमाह इन्कम एक्सेडीचर स्टेटमेंट बनाया जाना चाहिये। मासिक बैठक में इस पर चर्चा होनी चाहिये।

बजटः— किसी भी प्रकार का संगठन हो। उसमें बजट बनाकर ही खर्चे किये जाने की अनुमति होनी चाहिये। किस मद पर क्या खर्च किया जाना है। यह बजट में तय होना चाहिये, ताकि संगठन का विकास संतुलित तरीके से हो सके। यहाँ पर मैं छ: कुओं वाली बात को एक बार पुनः दौहराना चाहूंगा कि जो भी आमदनी हो। उसका 50 प्रतिशत एक कुएं/लिफाफे में रखा जाना चाहिये, तथा शेष 50 प्रतिशत 5 कुओं/लिफाफों में रखा जाना चाहिये। प्रत्येक लिफाफे में 10 प्रतिशत राशि रखी जायें। यानि कि एक लिफाफा शिक्षा के खर्चे हेतु, दूसरा लिफाफा मनोरंजन के खर्चे हेतु, तीसरा लिफाफा बचत हेतु, चौथा लिफाफा निवेश हेतु व पांचवा दान हेतु। कुओं/लिफाफों के स्थान पर बैंक में छ: अकाउंट खुलवाये जा सकते है। इससे बजट के अनुसार खर्च करने की मानसिकता बनेगी और संगठन का स्वास्थ्य संतुलित रहेगा अन्यथा संगठन में या तो बचत नही होती, या शिक्षा पर ज्यादा खर्च हो जाता है, या निवेश नही हो पाता, या लिक्विडिटी की कमी हो जाती है। एक महापुरूष ने अन्तर्राष्ट्रीय ख्याति प्राप्त पुस्तक लिखी है जिन्होंने इस छ: कुओं के सिद्धान्त को बडा महत्व दिया है। कहा है कि 24 महिनो तक ऐसे व्यक्ति/संगठन को धनी होने से कोई नही रोक सकता।

यहाँ धनी होने से तात्पर्य है नेपोलियन हिल के द्वारा बताई गई 12 प्रकार की दौलतों की प्राप्ति। इन दौलतों में आर्थिक दौलत को नेपोलियन ने अंतिम यानि कि 12 वीं दौलत रखा है तथा पहले नम्बर पर च्पेजपअम डमदजंस ।जजपजनकम (सकारात्मक मानसिक रवैया)।

आरी की धार को तेज करनाः— इससे तात्पर्य है कि संगठन में हर तीसरे माह कर्मचारियों, कर्मचारियों की ट्रेनिंग होनी चाहिये ताकि नई बातों की उन्हें जानकारी दी जा सके। तीन महिने में कार्य में जो जडताऐं आ गई,

उनको दूर किया जा सके, कर्मचारियों व अधिकारियों में पुनः एक बार जोश–जुनून भरा जा सके। तीन महिने में एक दिन, पूरे दिन की ट्रेनिंग प्रोग्राम होना चाहिये, ताकि संगठन में गरमाहट बनी रहे।

सादर।

(डी.डी. शर्मा)

सी.ई.ओ.

टीम 360

मो.: 9079040362

(अध्याय – 15)
गंगा और रंगा की कहानी

(संगठन में आउट रिसोर्सिंग का महत्व)

बचपन में एक कहानी पढ़ा करते थे कि एक गंगा नाम का व्यक्ति था। वो अंधा था। एक रंगा नाम का व्यक्ति था जो लंगडा था। दोनो कस्बे में घूमते थे और भीख मांगते थे। एक दिन किसी समझदार व्यक्ति ने गंगा और रंगा को अपने पास बुलाया और कहा कि भीख मांगना ठीक नही है। तुम एक काम करों। इस पर अंधे व्यक्ति ने कहा कि मुझें तो दिखाई ही नही देता। मैं क्या का काम करू ? लंगडे ने कहा कि मैं भी क्या काम करू ? मुझसे तो चला ही नही जाता।

यदि तुम दोनों आपस में मिल जाओं और आउट सोर्सिंग कर लो तो तुम काम कर सकते हो। दोनों ने कहा कि वो कैसे ? समझदार व्यक्ति ने कहा कि रंगा को सबकुछ दिखाई देता है। गंगा चलफिर सकता है। अतः रंगा को गंगा अपने कंधे बैठा ले तो फिर दोनों देख भी सकोगे और चल भी सकोगे, फिर कोई काम भी कर सकोगे। दोनों के बात समझ में आ गई। आऊट सोर्सिंग हो गई। दोनों मिलकर काम करने लगे और भीख मांगना छोड दिया।

इसी तरह से व्यापारिक व गैर व्यापारिक संस्थानों में भी सभी तरह के टैक्निकल नो हाऊ को संगठन में विकसित करने की जरूरत नही है। कुछ टैक्निकल हाऊ आऊट सोर्स भी की जा सकती है। यानि कि एक कम्पनी यदि किसी विशेष सामान को बनाने का काम करती है। स्वंय ही बेचती है और अपने ही स्तर पर नये मार्केट ढूंढती है। पूर्वकाल में यह एक अच्छी परम्परा थी। इससे कम्पनियॉ स्वावलम्बी होती थी।

लेकिन आज के चुनौती भरे समय में मात्र स्वावलम्बन से काम नही चलता, बल्कि पारस्परिक सहयोग (कोलाबोरेशन) आज के समय की मांग है।

कोई भी संगठन निम्न क्षेत्र में आऊट सोर्सिंग करके उच्च प्रतिभाओं व तकनीकी दक्षताओं का लाभ उठा सकता है:—

कार्मिको की नियुक्ति के सम्बंध में:— पहले सभी संगठन अपनी नियुक्तियॉ, अपनी जरूरत के अनुसार स्वंय किया करते थे। बैंको आदि में भी नियुक्तियॉ स्वयं बैंक्स करती थी। लेकिन अब इण्डिपेन्डेन्ट रिक्रूटमेन्ट बोर्ड्स बन गये है। जो नियुक्ति हेतु लिखित परीक्षा आदि करने के बाद केन्डीडेट की शोर्ट लिस्ट करके कम्पनियों / बैंक्स को भिजवा देते है।

प्लेसमेन्ट सर्विसेज:— आजकल हर तरह के कार्मिक प्लेसमेन्ट सर्विसेज से प्राप्त किये जा सकते है, अतः प्लेसमेन्ट सर्विसेज एक अच्छा लाभदायक व्यापार भी हो गया। इससे कम्पनियों को आवश्यक मैन पॉवर भी मिल जाती है।

मार्केटिंग के क्षेत्र में:— पहले तो कम्पनियॉ समस्त मार्केटिंग का कार्य स्वयं ही करती थी, लेकिन अब मार्केटिंग का कार्य करने के लिये आऊट सोर्सिंग की जा

सकती है। मार्केट में रेपुटेड मार्केटिंग कम्पनियॉ आ चुकी है, जैसे कि अमेजोन, फ्लिपकार्ट आदि। मार्केटिंग के फील्ड में ये क्रान्तिकारी सुधार है। कम्पनियों के सामने मार्केटिंग एक चुनौती भरा कार्य हुआ करता था, लेकिन अब अन्तर्राष्ट्रीय स्तर पर अमेजोन आदि मार्केटिंग एक अच्छा आऊट सोर्सिंग विकल्प है।

डिजिटल मार्केटिंग:– पहले कम्प्यूटर आदि से कार्य करना कम्पनी स्वंय के स्तर पर ही होता था, लेकिन अब बाजार में अनेक कम्पनियॉ है जो वेबसाईट बनाने का काम व अन्य डिजिटल कार्य करती है, जिनकी सेवाएं ली जा सकती है।

मैनेजमेन्ट के क्षेत्र में:– आजकल उच्चस्तरीय मैनेजमेन्ट में भी आऊट रिसोर्सिंग हो रही है। सभी बडी कम्पनियॉ अपना मास्टर माइंड ग्रुप रखने लग गई है, जिनमें कि सम्बंधित क्षेत्रों के विशेषज्ञों को रखा जाता है। ताकि त्रैमासिक बैठक करके सभी एक्सपर्ट लोगों की सेवाओं को कम्पनी हेतु लिया जा सके।

आज के समय में आऊट सोर्सिंग वेकल्पिक नही रही। बल्कि आज के समय की जरूरत हो गई है।

स्टीफन ऑर कोवी चौथी, पांचवी, छठी आदतों में बतलाते है कि टीम वर्क, रचनात्मक सहयोग व सीनर्जी से ही संगठन का व्यापक स्वरूप बनता है।

विन–विन की मानसिकता:– आज के समय में अकेले व्यक्ति से तरक्की नही हो पाती। जब वो मिलकर कोलोबोरेट करते है तब ही उनकी बडे स्तर पर तरक्की हो सकती है, लेकिन इसके लिये व्यक्ति को विन–विन की मानसिकता रखनी होगी। स्वंय को भी लाभ हो और दूसरों को भी लाभ हो। यद्यपि इस हेतु उच्च व सुदृढ़ चरित्र की जरूरत महसूस होती है व प्रचुरता की

मानसिकता की भी। अगर दो व्यक्तियों के बीच कोई समझौता नही हो पाता है तो समझौता नही करना भी एक विकल्प है। **स्टीफन आर कोवी** ने इसे थर्ड अल्टरनेटिव कहते है। इसका तात्पर्य है कि हमारा नहीं, तुम्हारा नहीं, बल्कि एक बेहतर विकल्प।

पहले सुने फिर दूसरे को अपनी बात कहें:– स्टीफन ऑर कोवी ने इसे पांचवी आदत कहा है। ये सामान्यतः सबसे अधिक कठिन आदतों में से है। क्योंकि आदमी की भूख होती है कि वो दूसरों को अपनी बात सुनाए। जब दूसरों की बात सुनी नही जाती है तो आपसी सम्बंध बिगड़ जाते है। अतः आपसी सम्बंधों के लिये जरूरी है कि पहले दूसरे व्यक्ति की बात को परानुभूति पूर्वक सुना जाये, फिर अपनी बात को कहा जाये। जो लोग अनुभवी सेल्स एक्जिक्यूटिव होते है, वो कस्टमर्स को किन चीजों की जरूरत है। उनकी जरूरतों को ध्यान में रखकर ही अपनी बात को कहते है। अतः दोनों कार्य जरूरी है कि अपनी बात भी कही जाये, लेकिन पहले दूसरे की सुनी जाये।

सीनर्जीः– इसका तात्पर्य यह है कि दो कम्पनियॉ आपस में कोलाबोरेशन करना चाहे अथवा दो लोग आपस में मिलकर कोई काम करना चाहे तो उनमें मतभेद हो सकते है। क्योंकि हर व्यक्ति के सोचने का अंदाज उसके अपने विश्वासों पर निर्भर करता है। हर व्यक्ति अपने हिसाब से कण्डिसंड है। अतः दो कम्पनियों का अथवा दो व्यक्तियों का किसी एक मुद्दे पर अलग–अलग विचार हो सकता है, लेकिन रचनात्मक सहयोग के जरिये दोनों आपस में मिलकर कार्य कर सकते है। इसमें पहली शर्त यह है कि मतभेद को कोई व्यक्ति अपना निरादर ना समझें, तथा मतभेदों का सम्मान किया जावें, क्योंकि अगर मत अलग–अलग होंगे तभी कम्पनियों में कुछ नई चीजें

बना पायेगी। यदि सभी के एक ही विचार होंगे तो प्रगति की अवस्था वहीं बनी रहेंगी। अगर अलग–अलग विचार होंगे तो जो बेहतर विचार होगा उसे स्वीकार किया जायेगा। अतः मतभेदों को न केवल सम्मान दिया जायें बल्कि सेलिब्रेट किया जाये, यानि कि महोत्सव के रूप में लिया जायें।

सीनर्जी का सिद्धान्त

जब दो कम्पनियॉ आपस में कोलाबोरेट करती है अथवा दो व्यक्ति मिलकर आपस में कोई कार्य करते है। यदि उनमें रचनात्मक सहयोग होता है तो प्रभावकारिता में सीनर्जी बनती है। यानि कि 1 + 1 = 2 की बजाय 11, 111, 1111 हो सकते है। यद्यपि ये अंकगणितीय दृष्टि से सम्भव नही है, लेकिन जब दो व्यक्तियों के दिमाग मिलते है या दो कम्पनियॉ आपस में कोलाबोरेट करती है, तो मनोवैज्ञानिक जुडाव दोनों में पैदा होता है तो सीनर्जी विकसित करता है। सीनर्जी की गणना एक और एक ग्यारह, एक सो ग्यारह, एक हजार ग्यारह आदि होती है।

यदि किसी संगठन को कई गुना अपनी प्रगति करनी है तो उसे सीनर्जी के सिद्धान्त को स्वीकार करना ही होगा।

अभी विश्व में प्रजातांत्रितक सरकारे है। प्रजातांत्रिक ढांचे में विचारों की अभिव्यक्ति की स्वतंत्रता होती है। देश की सरकार वोटो के आधार पर चुनी जाती है। अलग–अलग विचारों के लोग एक साथ मिलकर प्रजातंत्र को चलाते है। संसद आदि में एक पक्ष सरकारी होता है तो दूसरा विपक्ष, दोनों के सहयोग से प्रजातंत्र चलता है। इसी तरह से बडे–बडे संगठनों में भी आजकल भिन्न मतों

को एक साथ लेकर चलना होता है। सीनर्जी वो शक्ति है जो बडे–बडे कोलाबोरेशन की नींव होती है।

बहुत सम्भव है कि अकेला व्यक्ति जल्दी और तेज गति से अपनी मंजिल तक पहुंच सकता है, लेकिन ग्रुप को साथ में लेकर चलने में कई जटिलताएं आती है। प्रायःकर देखने में आता है कि जो व्यक्ति अकेला तीर्थयात्रा पर जाता है तो वो यथासमय तीर्थ पर पहुंच जाता है और तीर्थ करके आ जाता है, लेकिन जो संगठन के साथ चलते है। उन्हे कई बातों पर समझौता करना होता है। संगठन में सभी लोगों की बातों को महत्व देना होता है। इसमें काफी समय लगता है लेकिन कार्य काफी आकर्षक व बडे सुन्दर तरीके से व सभी के लाभ के होते है। इसी तर्ज पर टीम का महत्व है। व्यक्ति विशेष काम को अच्छा कर सकता है, जल्दी कर सकता है। लेकिन जब वही व्यक्ति टीम का पूरक सदस्य होता है तो उसे दिक्कत हो सकती है। टीम में समय भी ज्यादा लग सकता है, लेकिन कार्य अधिक मात्रा में व अधिक गुणवत्ता के साथ टीम ही कर सकती है। यह कहावत भी प्रसिद्ध है कि कलयुग में संगठन में शक्ति है और संगठन की मजबूत बुनियाद है सीनर्जी। सीनर्जी के लिये आजकल सुविधाएं उपलब्ध है आऊट सोर्सिंग की।

अतः एक छोटी कम्पनी भी आऊट सोर्सिंग का सहयोग लेकर कुछ वर्षो में ही विश्वस्तरीय पहचान बना सकती है।

सादर।
(डी.डी. शर्मा)
सी.ई.ओ.
टीम 360
मो.: 9079040362

(अध्याय – 16)
बहू को मिली नई सास – एक कहानी

(मोनेटरिंग पार्टनर का महत्व)

एक हंसता खिलता कृषक परिवार था। उसमें एक लड़का था, पति–पत्नी थे। लेकिन समय चक्र ऐसा चला कि

पत्नी के कैंसर हो गया, ईलाज कराया गया। दो सालों तक ईलाज चला, लेकिन अंत में पत्नी चल बसी, पति की उम्र भी अधेड़ हो चुकी थी। इसलिये उसने सोचा कि साल–दो साल बाद बेटा वयस्क हो जायेगा तो इसकी शादी कर देंगे। साल–दो साल गुजर गये। बेटा 22–23 साल का हो गया। घर में काम भी बढ गया। पति ने सोचा कि बेटे की शादी कर दी जाये। बेटे की शादी कर दी व बहू घर में आ गई। बहू सुबह जल्दी उठती, घर का काम करती, फिर भोजन आदि बनाती। इस तरह उसे रात के 11–12 बज जाती लेकिन उसके घर का काम पूरा नही होता। कई बार तो वह घर के काम में इतना थक

जाती है कि रात्रि में घर का दरवाजा बन्द करना भी भूल जाती।

बहू अपने पति से कहती कि घर में इतना काम है। मैं कैसे कर पाऊ ? वो सारे दिन काम में लगी रहती, लेकिन घर का काम पूरा ही नही होता। लड़के ने देखा कि पत्नी वाकई में घर के काम से दबी जा रही है, तो उसने अपने पिता से कहा कि अपन एक काम करने वाली रख लेते है। पिता ने कहा कि ग्रामीण परिवेश है, अपने यहॉं काम करने वाली मिलती नही है और अपने यहॉं इतना भी काम नही है कि बहू कर नही पायें।

काम की अधिकता को लेकर घर में विवाद होने लगा, झगड़े होने लगे। तब फिर पिता ने सोचा कि बहू इस तरह से कामों को निपटा नही पायेगी। इसकी कोई ना कोई व्यवस्था करनी चाहिये। अतः उसने दूसरी शादी करने की ठान ली। उसने एक अधेड, विधवा महिला से शादी कर ली।

बेटे को तो मां मिल गई और बहू को सास मिल गई। सास चूंकि अधेड उम्र की थी, उसकी पुरानी गृहस्थी चलाई हुई थी। अतः उसने काम शीघ्र ही सम्भाल लिया।

समय प्रबन्धन

सास सुबह 6 बजे उठ जाती। बहू को आवाज देकर उठा देती, फिर कहती की घर में साफ–सफाई कर लो, वो काम हो जाता तो कहती गायों को दूहने आदि का काम कर लो, फिर चाय–नाश्ता बना लो, फिर नहालो–धोलो, फिर खाना बना लो, खाना खाकर थोडी देर आराम कर लो, सो जाओं। यह बात बहू को तो बड़ी आश्चर्यजनक लगी कि वो तो आज तक कभी दिन में सोई ही नही, क्योंकि उसे फुर्सत ही नही मिली। सोकर के बहू सांय 4

बजे उठी तो उससे सास ने फिर कहा कि चाय बनालो। फिर सांयकाल गायें आदि को दूह लो, फिर खाना बना लो। रात के 8 बजे कह दिया कि खाना खालो और 8.30 बजे कह दिया कि जाकर सो जाओ। यह सुनकर बहू को बडा आश्चर्य हुआ कि मैं तो कभी भी रात्रि 11 बजे से पहले सोई ही नही, यह कैसे हुआ ?

यहाँ यह ध्यान देने योग्य बात है कि सास ने अपने हाथ से कोई काम किया ही नही, सारे काम उसने अपनी बहू से करवाये।

यहाँ एक समय प्रबन्धन का सिद्धान्त छीपा हुआ है, जिसको कि मैं आगे चलकर बतलाऊंगा।

एक स्कूल जाने वाले बच्चे की कहानी

बच्चा पांच साल का हो गया लेकिन जब भी उसे स्कूल भेजते तो आनाकानी करता, रोने लग जाता। इस पर मम्मी–डेडी उसे समझातें, पर वो रोने लग जाता। स्कूल नही जाना जाता। वो कहता कि मुझें स्कूल बिलकुल भी पसंद नही है। मैं स्कूल नही जाऊंगा, फिर मम्मी–पापा उसे नई ड्रेस दिलाते। जब वो पहनता तो तारीफ करते कि क्या जंच रहा है। फिर नया बैग देते, नये जूते देतें। बच्चा भी खुश हो जाता।

बच्चा एक–दो दिन तो सकुचाया हुआ स्कूल में रहा। लेकिन धीरे–धीरे वो बच्चों के साथ खेलने लग गया और उसका मन लग गया। अब वो रोजाना नियमित स्कूल जाने लग गया। कई बार तो वो रविवार को भी जिद कर लेता कि मैं स्कूल जाऊंगा जबकि रविवार की छुट्टी होती है।

वो बच्चा नियमित स्कूल जाने लगा, मन लगाकर पढ़ने लगा। यह क्यों हुआ ? इसका एक सिद्धान्त है जिसका मैं बाद में उल्लेख करूंगा।

अल्बर्ट आइंस्टिन व वीणा की कहानी

अल्बर्ट आइंस्टिन जर्मनी में रहते थे और यहुदी थे। जब जर्मनी में हिटलर का शासन हुआ। हिटलर ने यहुदियों को नष्ट करने का मास्टर प्लान बनाया तभी से अल्बर्ट आइंस्टिन चिंतित था। द्वितीय महायुद्ध छिड चुका था। अल्बर्ट आइंस्टिन परमाणु खोज में काफी शोध कार्य कर चुका था। जर्मनी के एक शहर में एक मकान में अकेला ही रहता था। एक नौकर था जो उसका खाना बना देता था तथा घर की सफाई आदि कर देता था।

एक दिन नौकर ने एक गुप्त सूचना दी कि आज रात्रि में आपके घर को जला दिया जायेगा, ऐसी योजना हुई है। विश्वसनीय नौकर था। उसकी बात पर ना भरोसा करें, ऐसा कुछ नही था। इसलिये आइंस्टिन ने रात्रि में ही घर व जर्मनी छोडने का फैसला कर लिया। उसने अपने सारा सामान वहीं छोड दिये। अपने सारे शोध के कागजात भी छोड दिये। सिर्फ एक वीणा थी जिसे लेकर वह रात्रि में घर से भाग गया। छिपते–छिपाते किसी कोयले से लदे जहाज में पोर्टर बनकर अमेरिका पहुंच गया और करीबन 2 साल गुमनामी में रहा।

एक दिन अचानक अमेरिका के कुछ वैज्ञानिकों को परमाणु ऊर्जा के बारे में कोई जानकारी करनी थी। वो आपस में डिसकस कर रहे थे, उसी होटल में आइंस्टिन

भी खाना खाने आया हुआ था, वो भी बातचीत में उनके साथ जुड गया और कुछ परमाणु के बारे में बातें हुई। उसकी बातों को सुनकर अमेरिकी वैज्ञानिकों को आश्चर्य हुआ। उन्होनें कहा कि तुम तो आइंस्टिन की तरह बाते करते हो, लेकिन आइंस्टिन ने कुछ नही कहा। उनके बारे में जानकारी प्राप्त की तो पता चला कि वे वैज्ञानिक व सैन्य अधिकारी है। मिटिंग समाप्त हुई तो उन्होनें कहा कि आइंटिन हम चलते है, आइंस्टिन ने कहा कि मैं और कोई नही आइंस्टिन ही हूँ, जो जर्मन से भाग कर अमेरिका आ गया हूँ।

सैन्य वैज्ञानिकों ने कहा कि अब आप हमारी सुरक्षा में हो इसलिये निर्भय हो जाओं, लेकिन हमें एक बात बताओं। आप एक वैज्ञानिक हो। लेकिन आपने वीणा जैसा यंत्र अपने हाथ में क्यों ले रखा है ? आइंस्टिन ने उत्तर दिया कि तर्कबुद्धि से तो मैं वैज्ञानिक हूँ लेकिन कल्पनाशीलता व भावनात्मक पोषण मैं इस वीणा नुमा यंत्र से पाता हूँ, जिससे मेरे दिमाग का संतुलित विकास हुआ है। और मैं तुलनात्मकता के सिद्धान्त को दे पाया हूँ।

वीणा को रखने के पीछे एक सिद्धान्त छीपा है जिसको कि मैं बाद में बतलाऊंगा।

चार साल की उम्र में आइंस्टिन

आइंस्टिन की उम्र चार वर्ष की थी तभी उन्होनें कुतुबनुमा (कम्पॉस) देखा, और देख कर दंग रह गया कि कुतुबनुमा की सुई हिलती क्यों है ? तब उसके दिमाग में यह बात घूस गई कि कुछ अद्रश्य बल है जो इस सुई को हिला रहे है।

इस सुई के हिलने के पीछे भी एक सिद्धान्त है, जिसका जिक्र मैं बाद में करूंगा।

छोटा बच्चा स्कूल जाने लगा, बहू समय पर काम निपटाने लगी, समय प्रबन्धन होने लगा। इसके पीछे जो सिद्धान्त है वो **"मोनेटरिंग पार्टनर"** का सिद्धान्त है।

आप अपने किसी लक्ष्य को तय करते हो। उस लक्ष्य के अनुसार योजना भी बनाते हो। फिर कार्य भी आरम्भ कर देते हो, लेकिन इतने से सफलता मिले, जरूरी नही है। आपकी सफलता सुनिश्चित हो इसलिये आपको मोनेटरिंग पार्टनर बनाना जरूरी है। कई लोग इसे **'मेन्टर'** भी कह देते है, लेकिन मैं यहाँ मोनेटरिंग पार्टनर कहना ज्यादा उचित समझता हूँ।

इसका अर्थ यह है कि जब आप किसी लक्ष्य की पूर्ति में अपने प्रयास और समय डालते हो तो, हो सकता है कि आपको काम कठिन लगे, हो सकता है कि आपको काम पसंद ना आये, हो सकता है कि कोई और प्रलोभन आ जाये और आप काम को छोड दो। तब ये मोनेटरिंग पार्टनर आपकों सपोर्ट देगा व सलाह देगा। जैसे कि माता—पिता ने बच्चे को सपोर्ट किया व सलाह दी। जैसे कि नई सास ने बहू का निर्देशन किया व सपोर्ट दिया ताकि वो ठीक से समय का प्रबन्धन कर पाई।

मोनेटरिंग पार्टनर का महत्व

जो लोग अपना लक्ष्य तय करके अपनी योजना के साथ प्रयत्नशील होते है, उन्हे मोनिटरिंग पार्टनर रखने से निम्न लाभ होते है:—

जब कभी कार्य ऊबाउ लगेगा तो मोनिटरिंग पार्टनर मोटिवेट करेगा।

जब आप समीक्षा करेंगे तो मोटिवेट पार्टनर आपकों प्रोत्साहित करेगा।

जब आप निराश हो जाओगें तो मोनिटरिंग पार्टनर आपकों सपोर्ट करेगा, प्रेरित करेगा।

जब आप कार्य में अत्यधिक व्यस्त हो जाओंगे तो वो आपके कार्यों की समीक्षा करेगा।

मोनिटरिंग पार्टनर कोई भी हो सकता है जो आपकी उन्नति में दिलचस्पी रखता हो। आपकी पत्नी/पति हो सकते है। आपके पिताजी हो सकते है, कोई निकट का दोस्त हो सकता है।

कई बार लक्ष्य प्राप्ति में रूकावटें आती है, दिशा भी नही दिखाई देती। उस समय मोनिटरिंग पार्टनर काउंसलर का काम करेगा।

मोनिटरिंग पार्टनर आपका सलाहकार भी होगा। आपके मास्टर माइंड ग्रुप का सदस्य भी हो सकता है।

मास्टर माइंड ग्रुप से तात्पर्य है कि अकेला व्यक्ति एक ही दिमाग रखता है। अतः वह अपने हितचिंतको को अपने साथ योजनाओं में संलग्न रखेगा तो उसे कई दिमागों का मार्गदर्शन मिल सकता है। मोनिटरिंग पार्टनर इस सहयोग में महत्वपूर्ण साबित हो सकता है।

मास्टर माइंड ग्रुप का कंसेप्ट और मोनेटरिंग पार्टनर का कंसेप्ट दोनों को जो भी व्यक्ति अपने साथ रखेगा तो व्यक्ति अपनी कठिन से कठिन यात्रा को भी सरलता व सफलता के साथ पूरी कर सकेगा।

सादर।

(डी.डी. शर्मा)

सी.ई.ओ.

टीम 360

मो.: 9079040362

(अध्याय – 17)
कीचड़ से उछलकर निकला हाथी – एक कहानी

**(रंगत बदले, तो रंग बदले, संगत बदले,
तो सीतारें बदले)**

पुराने समय की बात है कि एक हाथी युद्धों में खूब वीरता दिखाता था। लेकिन बादशाह ने अपने उस वीर हाथी को एक साधु को दान कर दिया। साधु के यहाँ हाथी बंधा रहता था। साधु यदा–कदा महिने में एक–दो बार शहर आता था, तो उस पर सवार होकर आता था, धीरे–धीरे हाथी भी साधु के यहाँ सत्संग सुनने लगा, इसी तरह कई वर्ष गुजर गये।

एक दिन साधु हाथी पर सवार होकर किसी शहर में जा रहा था। पास में एक तालाब था, तालाब में साधु ने हाथी को पानी पिलाया। खुद तालाब के किनारे बैठकर भगवान का ध्यान करने लगा। हाथी पानी पीते–पीते थोडा आगे चला गया। तालाब में चिकनी मिट्टी थी, हाथी उस चिकनी मिट्टी में फिसल गया और मिट्टी के कीचड में फंस गया, हाथी ने कीचड से निकलने का बहुत प्रयास किया लेकिन वह कीचड से निकल नही पाया। साधु का भी ध्यान टूटा और देखा कि हाथी कीचड में फंसा हुआ

है। उसने हाथी को बाहर निकालने का काफी प्रयास किया लेकिन हाथी को बाहर नही निकाल पाया।

साधु ने गांव के लोगो को बुलाकर हाथी को बाहर निकालने का प्रयास किया। लेकिन वह सब मिलकर भी हाथी को कीचड से बाहर नही निकाल पाये। साधु ने थक–हारकर हाथी को बाहर निकालने का प्रयास बंद कर दिया। खाने–पीने का सामान हाथी को कीचड में ही पहुंचाते रहे, यह रोज की बात हो गई, लोग आते और हाथी को खाना–पीना देकर चले जाते।

एक बार बादशाह का हाथी मर गया। और तत्काल हाथी की जरूरत महसूस हुई, तो उसने सोचा कि साधु को जो मैनें हाथी दिया था, उसे एक बार मंगवा लेते है। इसलिये उसने साधु के पास संदेश भेजा कि एक बार हाथी को भेज दो।

साधु राजमहल में पहुंचा मगर अकेला। उसने बादशाह से निवेदन किया कि मेरा हाथी तो कीचड में फंस गया है। वहॉ से निकल नही पा रहा है। बादशाह ने अपने मंत्री को बुलाया। समझदार लोगों को बुलाया कि हाथी कीचड में फंस गया है। उसे कैसे निकाले ? सभी ने कोशिश की लेकिन वो हाथी कीचड से नही निकल पाया।

बादशाह ने अपने राज्य में मुनादी करवा दी कि जो कोई भी उस हाथी को कीचड से बाहर निकालेगा। उसे ईनाम दिया जायेगा। एक सैनिक को पैसों की बडी जरूरत थी। उसके कान में भी यह बात पहुंच गई कि अगर कोई हाथी को बाहर निकाल देगा तो उसे ईनाम मिलेगा। यह सोचकर सैनिक बादशाह के महल में गया और कहा कि मैं हाथी को कीचड से बाहर निकाल सकता हूॅ। लेकिन इसके लिये मुझें युद्ध में काम आने वाले गाजे–बाजे, तोपो व सामानों की जरूरत पडेगी। बादशाह ने मंत्री से कहा कि इसे जो सामान चाहिये वह उपलब्ध करवा दो।

सैनिक सारे गाजे–बाजे का सामान लेकर हाथी के पास पहुंचा और बजाने लगा। हाथी ने ज्योंही गाजे–बाजे की आवाज सुनी उसमें जोश आ गया। तोपो की आवाज सुनकर वह पूरे जोश के साथ कीचड के साथ उछलकर बाहर आ गया, बादशाह ने सैनिक को भारी ईनाम दिया।

इस कहानी से तात्पर्य है कि हाथी पहले सेना में था। इसलिये वह युद्ध का संगीत व तोपो की आवाज सुनने का कंडिशन्ड हो चुका था। जिसे सुनकर उसमें जोश आ गया और वह कीचड से बाहर आ गया। क्योंकि उसमे युद्ध के तोपो की आवाज सुनने के संस्कार थे। जो युद्ध की तोपो की आवाज सुनकर जाग्रत हो गये, लेकिन साधु के यहॉ रहें तो संस्कारों पर मिट्टी जम गई थी। मिट्टी भी नही, धूंधलका आ गया था। हाथी भूल बैठा कि मैं युद्ध का हाथी हूॅ।

इसी तरह से इंसान भूल बैठा है कि वो परम सामर्थ्यवान परमात्मा की संतान है। हर इंसान को ईश्वर ने कुछ न कुछ खुबियॉ देकर भेजा है। इन खुबियों की जानकारी भी अब **टीम 360 डी.एम.आई.टी.** के जरिये करने लग गई है।

बच्चों की आंतरिक प्रतिभाओं को विकसित करने का कार्य भी मिड्ब्रेन एक्टिवेशन के जरियें **टीम 360** करने लगी है।

अर्जुन को भगवान कृष्ण ने गीता सुनाई

दुर्योधन को भी गीता सुनाने की जरूरत को नकारा नही जा सकता। अगर कृष्ण ने अपने समय में दुर्योधन को गीता नही सुनाई होगी, तो आज तो अवश्य अर्जुन से ज्यादा दुर्योधनों को गीता सुनने की जरूरत है, अर्जुन चूंकि अवसाद में आ गया था।

अपने गुरूजनों व पूज्यजनों को युद्ध में सामने खड़ा देखकर वह ग्लानी से भर गया था। भगवान कृष्ण ने उसे ग्लानी से दूर किया, अवसाद से बाहर निकाला और वो युद्ध के लिये तैयार हो गया। युद्ध में विजयी पाई। तो जो लोग अवसाद से ग्रसित है या अपराध बोध से पीड़ित है या ग्लानी से किसी कारणवश भर गये है। उनके इन दोषों के निवारण हेतु गीता का संदेश उचित ही है।

लेकिन वर्तमान में दम्भ से भरे हुए लोग, अहंकार से भरे हुए लोग भी अनेक है। इन दोषों को दूर करने के लिये नई गीता की रचना की जानी अपेक्षित है।

दुर्योधन गीता

जिन लोगों में अहंकार ज्यादा होते है, इर्ष्या–द्वेष होता है। वो दुर्योधन की श्रेणी में आते है, अतः अहंकार को किस तरह से कम किया जाये और आत्म–तत्व को विकसित किया जायें। इस पर विचार किया जाना उचित है।

भगवान कृष्ण ने दुर्योधन को भी सलाह दी थी और पूछा था कि तुम अधार्मिक कार्य क्यों करते हों ? क्या तुम्हे ज्ञान नही है। तब दुर्योधन ने कहा कि मुझें सब ज्ञान है। लेकिन गलत काम करने की मेरी आदत पडी हुई है। और मेरा मन अच्छे कामों में नही लगता। मेरा मन जबरन मुझसें गलत काम करवाता है। ठीक यह प्रसंग अर्जुन ने भी उठाया था। कि मेरा मन बड़ा बलवाला है जो मुझें हवा के वेग की तरह ले जाता है। इस पर नियंत्रण नही हो पाता।

श्री कृष्ण ने अर्जुन को कहा कि यह बात सही है। मन अति बलशाली है, चंचल है। इसको एक जगह ठहराना मुश्किल है। लेकिन अभ्यास और वैराग्य के जरिये यानि कि एकाग्रता का अभ्यास और बुरी बातों से परहेज

की प्रक्रिया अपनाकर मन को संयम में लाया जा सकता है। यहीं बात दुर्योधन के दोषों का भी उपचार है।

मैं और मेरा यह अहंकार है। अहंकार का ही विस्तार है जिसे कि मन कहा जाता है। अतः मैं और मेरे के भाव को त्याग कर तू और तेरे के भाव को अपनाने की जरूरत है। अर्जुन में चूंकि संस्कार थे इसलिये भगवान कृष्ण ने थोड़ी हलचल की। गीता सुनाई तो वो संस्कार जाग्रत हो गये और उसका शोक दूर हो गया।

इसी तरह से जिन लोगों में अहंकार ज्यादा है, ईर्ष्या–द्वेष ज्यादा है, उनके लिये भी भगवान कृष्ण की बताई हुई विधि काम करेगी। जिससे मन भी शांत होगा और अहंकार भी संयमित होगा।

तमेव शरणं गच्छ सर्वभावेन भारत।

तत्प्रसादात्परां शान्तिं स्थानं प्राप्स्यसि शाश्वतम्॥

उच्च बुद्धिमता (ईश्वर) की शरण में सब प्रकार से जाने के लिये अर्जुन को कहा गया है। कि **'हे अर्जुन तू जब सब प्रकार से मेरी शरण में आ जायेगा तो मैं तूझ पर कृपा करूंगा। तू मेरी कृपा से परम शान्ति को प्राप्त करेगा और परम पद को भी प्राप्त करेगा।'** यहीं बात दुर्योधन जैसे दोषो वाले व्यक्तियों के लिये भी है कि यदि वो भी उच्च बुद्धिमता की शरण में अपने को रखते है, तो उनमें भी ईश्वरत्व यानि कि सकारात्मक विचारों का स्फुरण होगा व सकारात्मकता की वृद्धि होगी।

आज के समय में ईश्वर से तात्पर्य पूर्ण सकारात्मकता है। पूर्ण सकारात्मकता में वो बातें जो उचित नही है। उनका परहेज भी शामिल है।

जो उचित है, उनको स्वीकार किया जाये। जो अनुचित है, उनको गुडबॉय की जायें, तो व्यक्ति में

सकारात्मक विचार आयेंगे। सकारात्मक शब्द मुंह से निकलेंगे, सकारात्मक भाव होंगे व सकारात्मक कर्म होंगे।

मनोवैज्ञानिक विश्लेषण

जिन इंसानो के सबकोन्सियस माइंड में पोजिटिविटी भरी हुई है। किन्ही कारणों से नेगेविटी आ गई तो जैसे हाथी ने युद्ध के तोपो की गर्जन सुनी थी, तो उसके अंदर का शौर्य जाग उठा था। उसी तरह से किसी सकारात्मक मेंटर की आवाज कानों मे पडेगी तो ऐसा व्यक्ति भी जाग उठेगा। अपने नकारात्मक कामों से बाहर आ जायेगा।

जिन इंसानों के सबकोन्सियस माइंड में नेगेटिविटी ही भरी हुई, तो उनमें निम्न 3 प्रकार की क्रियाएं करके पोजिटिविटी के परमाणु डालने होंगे।

1. सकारात्मक वाक्यों का प्रतिदिन उच्चारण करके (Positive Affirmations)
2. Alpha Mind Meditation
3. शिथिलिकरण (Relaxation)

जोब सिल्वा नामक अमेरिकी महान व्यक्ति ने अल्फा माइंड की टेक्निक बतलाई। जिसके जरिये व्यक्ति के सबकोन्सियस माइंड में सकारात्मक बातें डाली जा सकती है।

अगले अध्याय में **अल्फा माइंड एक्टिवेशन** की सम्पूर्ण विधि बतलाई जायेगी।

सादर।
(डी.डी. शर्मा)
सी.ई.ओ.
टीम 360
मो.: 9079040362

(अध्याय – 18)
दो बाजों की कहानी

———◆◆◆———

(अपने को कम्फर्ट जोन से बाहर निकाले)

एक बार एक बादशाह के दरबार में एक पक्षी बेचने वाला हाजिर हुआ। उसके पास बड़े शानदार दो बाज थे। पक्षी पालक ने दोनों बाज बादशाह को नजराने में भेंट किये। बादशाह बड़ा खुश हुआ। क्योंकि दोनों बाज बडे खूबसूरत थे। छोटे थे, बच्चे थे, मनमोहक थे।

बादशाह ने अपने चिड़ियाघर के इंचार्ज को बुलाया और उससे कहा कि इन दोनों बाजों को ले जाओं। इनको अच्छी तालीम दो। इनको अच्छी तरह से प्रशिक्षित करो। मुझें छः महिने बाद रिपोर्ट करो। सावधान रहे कि इनकी परवरिश में कोई कोताही नही बरती जाये और इनकी ट्रेनिंग में कोई लापरवाही ना हो। अन्यथा राजदण्ड के भागी होवोगें।

चिड़ियाघर के इंचार्ज द्वारा दोनों बाजों को समान रूप से ट्रेनिंग देना

दोनों बाज एक ही नस्ल के थे, लेकिन उनमें से एक आरामतलबी था और दूसरा फुर्तिला। चिड़ियाघर का इंचार्ज दोनों को ट्रेनिंग देता, उड़ाता। महिने–दो महिने के

अभ्यास से एक तो आसमान में ऊंचाई तक उड़ता, दूसरा बाज आराम तलबी था वह पास के पेड पर बैठ जाता।

ज्योंही दाना–पानी का समय होता दोनो बाज आ जाते। चिडियाघर का इंचार्ज जब ट्रेनिंग देता तो पहला बाज तो ऊंचाई पर उड़ता लेकिन दूसरा बाज पेड पर जा बैठता।

बातों ही बातों में छ: माह गुजर गये, बादशाह ने चिडियाघर के इंचार्ज को याद किया कि बाजों की प्रोग्रेस के साथ हाजिर हो, बादशाह का हुकुम मिलते ही चिडियाघर का इंचार्ज बाजों के साथ रिपोर्ट लेकर हाजिर हो गया। उसने कहा कि दोनों ही बाजों को एक ही दाना खिलाता हूँ। एक ही पानी पिलाता हूँ। एक बाज तो उडने में तरक्की कर रहा है, लेकिन दूसरा बाज आराम तलबी है। वह जाकर पेड पर बैठ जाता है।

बादशाह ने सुनते ही पक्षियों के यूनिवर्सिटी के बाजों के प्रोफेसर को बुलाया। कहा कि इस चिडियाघर के इंचार्ज के साथ तुम भी ट्रेनिंग देने का काम करो। मुझें छ: महीने बाद रिजल्ट लाकर दो, पक्षी यूनिवर्सिटी के प्रोफेसर व चिडियाघर के इंचार्ज ने काफी ट्रेनिंग दी, लेकिन तरक्की उसी बाज में हो रही थी जो अच्छा उडता था। दूसरा बाज तो उसी पेड पर बैठ जाता। चिडियाघर के इंचार्ज ने कहा कि यदि यहाँ कुत्ते आदि जानवर नही हो तो यह बाज पेड पर भी नही बैठे, जमीन पर ही बैठे।

समय जाते देर नही लगती, लेकिन एक ही बाज में प्रगति हुई, दूसरे में नही हुई।

नये बाज शिक्षक की नियुक्ति

बादशाह ने अपने राज्य में सब जगह सूचना करवा दी कि जो भी हमारे इस आराम तलबी बाज को उडाने भरनी सीखा देगा उसे काफी बड़ा ईनाम दिया जायेगा।

इस मुनादी को एक किसान ने भी सुना जो अपने खेत में पक्षी उड़ाने का काम करता था। कई वर्षों से वह पक्षी उड़ा रहा था। उसने सोचा कि जब मैं सारे पक्षियों को उड़ाता हूँ, तो इस बाज को भी उड़ा दूंगा। यह सोचकर वह बादशाह के पास चला गया और अपना प्रार्थना पत्र प्रस्तुत किया कि अब वो बाजों को ट्रेनिंग देगा और बाज उड़ेगा। उसने पहले भी कई बाजों को उड़ाया है। बादशाह ने उसे बाजों के प्रशिक्षण का काम दे दिया।

किसान अनुभवी था। इसलिये उसने दोनों बाजों को खिलाया–पिलाया, फिर उड़ाया। एक बाज तो आकाश में ऊंची–ऊंची उड़ाने भरने लग गया। दूसरा पेड पर जाकर बैठ गया। किसान ने अपने पुरानी अनुभवी पुस्तिका को पढ़ा कि उसके यहाँ भी कई बार ऐसे पक्षी आयें जो उड़ते नही थे। तब वो क्या करता था ? कि उस पेड़ को ही काट डालता था, ताकि बैठने की जगह ही नही रहे। या तो उड़ो या कही और जाओं।

नई तरकीब का इस्तेमाल

एक दिन उसने दोनों बाजों को उड़ाया, तो उनमें से एक बाज तो बहुत ऊंचा उड़ा और दूसरा पेड पर जाकर बैठ गया। किसान ने कुल्हाडी उठाई और पेड को ही काट डाला, अब बाज के पास कोई विकल्प ही नही था, जमीन पर बैठता तो जानवर खा जाते। अतः उसने भी उड़ान भरनी शुरू कर दी। धीरे–धीरे आराम तलबी भी फुर्तिला हो गया और तेजी से उड़ाने भरने लगा। किसान ने बादशाह को रिपोर्ट दी कि दोनों बाज साथ–साथ बखूबी उड़ रहे है। बादशाह ने खुश होकर बड़ा ईनाम दिया, फिर किसान से पूछा कि तुमने यह सब किया कैसे?

किसान ने जवाब दिया कि जब मैनें देख लिया कि यह आराम तलबी है। तो इसे आराम के दायरे से बाहर निकालना होगा। अतः मैनें उस पेड़ को ही काट दिया, जिस पर यह बैठता था। अब इसके पास कोई विकल्प ही नही बचा। अगर जमीन पर बैठता तो जानवरों का डर था। अतः यह भी दूसरे बाज के साथ–साथ आसमान में उड़ने लगा।

इस कहानी से यह सीख मिलती है कि जब तक कम्फर्ट जोन से स्वयं बाहर नही निकलेंगे या कोई ऐसी घटना नही घटेगी कि अपना आराम का दायरा छूट जाये। तब तक कोई प्रगति नही कर पायेगा।

सफलता के लिये कम्फर्ट जोन से बाहर आना नितान्त आवश्यक है

अगर किसी की प्रगति में कोई रोड़ा है तो मुख्य रूप से उसका कम्फर्ट जोन ही है।

सुबह–सुबह सर्दियों का मौसम, घूमने जाना शरीर के लिये जरूरी है। लेकिन गरम बिस्तर से बाहर निकलना, मेहनत मांगता है, हिम्मत मांगता है, जोश–जुनून मांगता है।

ऑफिस से थक हार कर घर पहुंचना। फिर अपनी निजी इम्प्रूवमेन्ट हेतु कोई पुस्तक पढ़ना अथवा किसी कोचिंग, इन्स्टीट्यूट में पढ़ने जाना। अतिरिक्त साहस और मेहनत मांगता है।

एक कस्बे में व्यापार करने वाला व्यक्ति जब तक बाहर नही निकले तब तक व्यापार फैल नही सकता। पूरे देश में व्यापार फैंलाने के लिये व अन्तर्राष्ट्रीय स्तर पर व्यापार फैंलाने के लिये अतिरिक्त साहस, मेहनत व

प्रोएक्टिवनेस की जरूरत होती है। यानी कि कम्फर्ट जोन से बाहर निकलना ही पड़ता है।

जो लोग अपने कम्फर्ट का दायरा नही छोड सकते, अथवा नही छोडना चाहते। वह जीवन में कोई उल्लेखनीय काम नही कर सकते। यदि उल्लेखनीय कार्य करने है तो कम्फर्ट को धक्का दे और बाहर निकले। आप नही निकल सकते तो अपने मोनिटरिंग पार्टनर को कहे कि वह ऐसा धक्का दे जैसा कि आराम तलबी बाज के लिये किसान ने किया।

एक तालाब के तले से रतन लाने की कहानी

कुछ लोग स्वीमिंग पूल में मनोरंजन के लिये गये हुए थे। बड़ा ही मनोहारी दृश्य था, तभी स्वीमिंग पूल के इंचार्ज ने कहा कि स्वीमिंग पूल के अंदर एक बहुमूल्य आभूषण रखा गया है। जो लाकर देगा उसे आज का विजेता घोषित किया जायेगा और 51000 रूपये ईनाम में दिये जायेंगे।

लोग अपने आमोद–प्रमोद के लिये स्वीमिंग करते थे। सब अपने–अपने कम्फर्ट के दायरे में थे। तालाब के तले तक जाने की कोई हिम्मत नही जुटा रहा था। सभी लोग देख रहे थे कि, कोई जाये, इसकी इंतिजारी कर रहे थे। एक दूसरे को मोटिवेट कर रहे थे कि आप ले आओं।

इतने में देखा कि एक युवती पानी में छलांग लगा गई और सीधी गई। उसे पूरी तरह तैरना भी नही आता था। वह सीधी तले तक गई और उसने आभूषण को उठाया। लोगों ने तालियाँ बजाई व उसका हौंसला बढ़ाया। जब वह डूबने लगी तो लोग उसे बचाने लग गये। जैसे–तैसे उसने वहां की सांकल पकड ली। युवती बुरी तरह घबरा गई थी, लेकिन तभी अनाउंसमेन्ट हुआ कि इस युवती ने प्रतियोगिता जीत ली है। इसे विजेता

घोषित किया जाता है व 51000 रूपये ईनाम में दिये जाते है।

इतने में एक पत्रकार आ गया वह उसकी फोटो लेने लगा। पत्रकार ने उससे कहा कि जब आपने छलांग लगाई तो कैसा महसूस कर रही थी ? इस पर युवती ने पत्रकार से कहा कि आप चुप रहिये। पहले यह बताईये कि मुझकों धक्का किसने दिया था ? इतने में स्वीमिंग पुल का इंचार्ज आ गया। उसने कहा कि आप तो विजयी हो गई। कहानी की सींख है Blessing in Disguise. यानि कि किसी ने कम्फर्ट के दायरे से बाहर किया और वो विजयी हुई।

Acracia - A Disease

यह बीमारी लगभग 95 प्रतिशत लोगों को है। इस बीमारी में वैसे ही लक्षण होते है जैसे कि कम्फर्ट जोन के व्यक्ति को होते है। इसमें व्यक्ति कहता है मुझें यह करना चाहिये, उसको यह करना चाहिये, प्रधानमंत्री को यह करना चाहिये, **सचिन तेन्दुलकर** को ऐसे खेलना चाहिये था। चाहिये–चाहिये–चाहिये। अगर ऐसा कही देखा तो समझों कि इसे एक्रोशिया की बीमारी है। चाहिये को परे करिए और काम को कर डालियें। कोई प्रोमिज करिये और फिर उसे पूरा कर डालिये। कोई काम करना तय करें फिर पूरा कर डालिये। यानी कि काम को आरम्भ करें और पूरा करे। यह इस अक्रेशिया के अगेंस्ट वेक्सिन है।

जिसके अक्रेशिया की बीमारी लग गई। वह न तो खुद कुछ करेगा और न दूसरों को कुछ करने देगा। जापान में इस अक्रेशिया का यदि कोई रोगी पाया जाता है। तो उसे एक महिने तक अक्रेशिया हॉस्पिटल में भर्ती कराया जाता है। और वहा पर उससे 20–20 घन्टे काम

करवाया जाता है ताकि उसके शरीर से यह बीमारी भाग जाये। इसी तरह रूस में भी अगर इस बीमारी का कोई मरीज मिल जाये तो साल में उसे एक बार ऐसे अक्रेशिया हॉस्पिटल में रखा जाता है जहाँ उसे 18 से 20 घन्टे काम करवाया जाता है।

हिन्दुस्तान में भारतवर्ष में अक्रेशिया का फैंलाव

हिन्दुस्तान में तो बहुत लोग ऐसे है जो दूसरों को क्या करना चाहिये ? कई तो यहाँ तक कह देते है कि प्रधानमंत्री को क्या करना चाहिये ? यानी कि ये ऐसे व्यक्ति है जो यह बताते रहते है कि उसे क्या करना चाहिये।

उपरोक्त दोनों बीमारियों से बचाये रखने के लिये **स्टीफन ऑर कोवी** की 7 आदतें पढ़नी चाहिये। लोगों को पढ़ानी चाहिये, जीवन में उतारनी चाहिये, ताकि व्यक्ति अति प्रभावकारी बने। उसके बाद सतत् प्रयास करता हुआ अति महान बने व कम्फर्ट जोन व अक्रेशिया दोनों की बीमारियों से मुक्त हो जायें।

सादर।

(डी.डी. शर्मा)

सी.ई.ओ.

टीम 360

मो.: 9079040362

(अध्याय – 19)
पॉवर ऑफ स्पोकन वर्ड्स – एक कहानी

(वॉन डायर बिलिनियर बने, आप भी बन सकते है)

एक बार **वॉन डायर** कुछ लोगों को मोटिवेट कर रहे थे। तब उन्होने बताया कि मैं किस प्रकार विश्व के प्रमुख धनी लोगों की गिनती में आया। उन्होनें कहा कि मैं बचपन में बड़ी विषम परिस्थितियों से गुजरा। मेरी बायालोजिकल मदर ने मुझे किसी को गोद दे दिया, जिनको गोद दिया वे लोग ज्यादा पढे लिखे नही थे, लेकिन गोदनामें में यह शर्त रखी गई कि मुझें पूरी शिक्षा दिलाई जायेगी।

इस शर्त की पालना में मेरे दत्तक माता–पिता ने मुझें स्कूली शिक्षा दिलाई और मुझें एक अच्छे कॉलेज में भेजा। लेकिन मेरे दत्तक माता–पिता की आर्थिक स्थिति ठीक नही थी। आप इस बात से अंदाजा लगा ले कि मैं रविवार–रविवार को ईस्कोन टैम्पल में जाता और वहॉ पेट भर कर खाना खाता था। बाकी सप्ताह मुझें भरपेट खाना भी नसीब नही होता था।

यद्यपि मैं ईसाई था, लेकिन 6 दिनों तक लगातार भूखा रहने के कारण हिन्दुओं के ईस्कान मंदिर में खाना खिलाने चला जाता था। वहां पर वो सस्ती दर पर

मजेदार खाना खिलाते थे। मजेदार बात यह थी कि जितना खाना चाहों उतना खाओं।

खैर मैं आपकों एक अलग सिद्धान्त बताना चाह रहा हूँ कि मैं अपनी आर्थिक स्थिति को ज्यादा अच्छी करना चाहता था। उस सिलसिले में मैं डॉ. पिल्लई से मिला। उन्होनें मुझें एक ध्वनी का प्रयोग बताया, जिससे मेरी आर्थिक स्थिति दिनो दिन सुधरती गई और विश्व के धनी लोगों में मेरी गिनती होने लगी।

मैनें उनके पास में एक अन्य व्यक्ति को भेजा जो भारत का ही रहने वाला था। लेकिन अमेरिका में 20 सालों से रह रहा था, वो भी अपनी आर्थिक स्थिति को अच्छी करना चाहता था। अतः वह डॉ. पिल्लई के पास गया। डॉ. पिल्लई ने उसे एक मंत्र दिया जो कि पिल्लई के द्वारा इस प्रकार लिखा गया।

Billionaire, We are.

तब उस व्यक्ति ने कहा कि यह तो अंग्रेजी है। मैं तो संस्कृत जानता हूँ मुझें आप संस्कृत में मंत्र दे दे। पिल्लई ने कहा कि नही यह इंग्लिश में भी काम करेगा। फिर उस व्यक्ति ने उस मंत्र का जब तब समय मिलता उच्चारण करता।

एक दिन तो लगातार 8 घन्टे उसने इस मंत्र का उच्चारण किया। वो व्यक्ति भी बहुत शीघ्र विश्व के धनी लोगों में गिना जाने लगा।

डॉ. पिल्लई ने यह कहानी बताते हुए कहा कि **बिलगेट्स** भी मेरे पास आये थें। जब वो 10 बिलियन डॉलर वर्ष के कमाते थे। 100 बिलियन कैसे कमाये जाये ? इसका तरीका मुझसें पूछा। डॉ. पील्लई बताते है कि उन्होनें **बिलगेट्स** को I am Trillionaire मंत्र दिया।

बिलगेट्स ने इसका प्रयोग किया और विश्व के सबसे धनी व्यक्ति बने।

कहानी में डॉ. पिल्लई बतलाते है कि जिसकों आप आत्मसात कर सकते है। वह आपके जीवन में प्रकट हो सकता है। (What you can perceive, you can achieve).

ध्वनी के शब्द भेदी बाण के बारे में **पृथ्वीराज चौहान और चंद वरदाई** के किस्से मशहूर है। किवंदती है कि पृथ्वीराज चौहान को मोहम्मद गौरी कैद करके अपने साथ गौर देश में ले गया। **पृथ्वीराज चौहान** के साथ उनका विश्वसनीय मंत्री चंद वरदाई था। दोनों कैद में एक साथ रहते थे। **मोहम्मद गौरी** ने एक बार **चंद वरदाई** से कहा कि तुम्हारा **राजा पृथ्वीराज** जबरदस्त धनुष विद्या जानता है। उसने कहा हॉ श्रीमान। उसने कहा कि हम उसका यह हूनर देखना चाहते है।

तय दिन, तय समय पर अंधे **पृथ्वीराज चौहान** को धनुष बाण दिया और महल के बहुत ऊंचे गुम्बद पर मोहम्मद गौरी बैठा था। कपड़े की एक चिड़िया बनाकर लटकाई गई। **मोहम्मद गौरी** ने कहा कि मेरा सैनिक चिड़िया के पास आवाज करेगा और तीर चिडिया के लगना चाहिये।

चंद वरदाई ने राजस्थानी डिंगल भाषा में **पृथ्वीराज** को सम्बोधित करते हुए एक दोहा कहा। तीर साधा गया।

चार बांस चौबीस गज, अंगुल षष्ठ प्रमाण।
ऐते पर सुल्तान है, मत चूके चौहान ।।

पृथ्वीराज चौहान ने ज्योंही गौरी के सैनिक ने आवाज की। तीर चलाया जो चिड़िया के लगा। फिर चिडिया के

लगकर गुम्बद पर बैठे सुल्तान के मस्तक में लगा। तीर लगते ही सुल्तान गुम्बद से गिरा और खत्म हो गया।

राजा दशरथ व श्रवण कुमार की कहानी

राजा दशरथ शब्द भेदी बाण चलाने का अभ्यास कर रहे थे। रात्रि का समय था। सरोवर के पास धर्नुविद्या का अभ्यास करते हुए सरोवर की देख रेख कर रहे थे। इतने में दूर किनारे पर आहट हुई। राजा दशरथ ने सोचा कि शायद कोई जंगली जानवर सरोवर का पानी गन्दा कर रहा है। इसलिये जानवर की आवाज के साथ तीर चलाया। वो तीर जाकर लगा। वहाँ पर मनुष्य की आवाज में चिल्लाहट आई। वो चिल्लाने वाला व्यक्ति, जिसके तीर लगा वो **श्रवण कुमार** था।

शब्द शक्ति के इस प्रकार के चमत्कारिक प्रभाव अनेक बार देखने में आये है। लेकिन डॉ. पील्लई शब्द के उच्चारण के प्रभाव से समृद्धि की बात करते है। यदि डॉ. पील्लई के द्वारा दिये गये मंत्र का उच्चारण बार–बार किया जायें तो व्यक्ति अमीर बन सकता लें

ध्वनी मस्तिष्क के रसायनों को बदल देती है। ध्वनी की तरंगो से मिडब्रेन एक्टिवेट होता है। मिडब्रेन ही बिलिनियर्स ब्रेन है, जबकि कोरटेक्स तो पूअरमेन्स ब्रेन है। यानी कि जो लोग तर्क व गणित आदि का ज्यादा प्रयोग करते है, वो कोरटेक्स ब्रेन को अधिक काम में लेते है। यानी कि लो लेफ्ट ब्रेन डोमिनेटेड होते है। लेकिन जो लोग रचनात्मक होते है, विहंगम दृष्टि से विचारते है, वो राईट ब्रेन ड्रिवन होते है।

तर्क और बुद्धि व्यक्ति को एक सीमा में बांध देती है। वो उस सीमा से आगे नही सोच पाता। वो हर कार्य का कोई न कोई कारण ढूंढता रहता है। इसलिये उसकी

सीमाएं रहती है। जहाँ तक बुद्धि है, तर्क है। वहाँ तक कार्य और कारण का सिद्धान्त उचित है, लेकिन ऐसे भी अनेक परिणाम आयें है जिनके कारणों का इंसान को ज्ञान नही होता या यो समझिऐं कि कारण कोई अदृश्य में बनता है जो दृश्य जगत में दिखाई नही देता।

Soul Genetics

कुछ लोग जेनेटिकली ही गरीब होते है। वो स्वंय भी गरीब है। उनके माता–पिता भी गरीब थे, उनके दादा–दादी भी गरीब थे, उनके पूर्वज भी गरीब थे, यानी कि उनके परिवारों में गरीबी हेरिडिटेरी है, जैसे कुछ परिवारों में डॉयबिटिज हेरिडिटेरी है।

डॉ. पील्लई हेरिडिटेरी से भी आगे अदृश्य जगत में ध्वनात्मक कनेक्शंस की बात कहते है। कोई भी व्यक्ति जब जन्म लेता है तो उसके ध्वनात्मक वाइब्रेशंस उस व्यक्ति के सुपर ब्रेन को बनाते है, जिसे कि अध्यात्म की भाषा में आत्मा कहा जाता है। अतः जिन लोगो की आत्मा में ही अमीरी के वाईब्रेशंस नही है, वो कभी अमीर नही हो सकते।

अपने देश में पिछले 1000 साल से गुलामी रही थी। इस कारण से लोगों को बार–बार अपनी आत्मा का हनन करना पड़ता था। उनकी आत्मा से ही अमीरी की तरगें गायब हो गई। अतः डॉ. पील्लई लिखते है कि जिनकी आत्माओं में से अमीरी की तरगें गायब हो चुकी है उनको निम्न मंत्र के उच्चारण करने से न केवल लाभ होगा बल्कि वो थोडे समय में ही अमीर भी बन सकते है।

उनके द्वारा दिया गया मंत्र बहुत छोटा है, लेकिन है बहुत प्रभावकारी–

Shreem Brazee

इस मंत्र के बार–बार के वाईब्रेशन से समृद्धि पैदा होती है। यह मंत्र डॉ. पील्लई पर **विश्वामित्र** जो कि **भगवान राम** के गुरू होते थे, उनके द्वारा प्रकट हुआ। बृजी शब्द विश्वामित्र द्वारा दिया गया है। श्रीम शब्द डॉ. पील्लई ने जोडा है। इस प्रकार से **Shreem Brazee** बीज मंत्र हुआ। जैसे कि एक छोटे से बीज में पूरा वटवृक्ष समाया हुआ होता है। वैसे ही इस छोटे से बीज में ब्रह्माण्ड की पूरी सम्पदा समाई हुई है।

ऋग्वेद में यह प्रार्थना की गई है कि, हे अग्नि देवता हमें प्रतिदिन रत्न आदि दे। सम्पत्ति दे। भगवद गीता में भी भगवान कृष्ण ने कहा है कि जो लोग देवताओं के लिये यज्ञ करते है। उनको देवता लक्ष्मी व समृद्धि देते है। इंसान देवताओं को यज्ञ का भाग देता है। दोनों के पारस्परिक सहयोग से व्यक्ति की आर्थिक उन्नति होती है व देवताओं को पोषण होता है।

रोण्डा ब्राईन अपनी विश्व प्रसिद्ध पुस्तक **"दी सिक्रेट"** में लिखती है कि अगर आप अपने मुंह से मुद्रा के लिये अच्छे शब्द बोलते हो। मुद्रा का सम्मान करते हों, तो मुद्रा आपके पास में अधिक से अधिक मात्रा में आयेगी। इसे उन्होनें आकर्षण का सिद्धान्त कहा है। आगे उन्होनें यह भी कहा है कि आपको कितनी मुद्रा चाहिये, जो चाहिये वही बोलिये। अगर आप मुद्रा के लिये शिकायत करेंगे, मुद्रा के लिये अमीर अथवा आलोचना करेंगे तो ऐसे में मुद्रा नही आयेगी।

ध्वनी तरगों का प्रयोग

डॉ. पील्लई कहते है कि अगर आप मनोवैज्ञानिक मंत्र Billionaire, We are तथा आध्यात्मिक मंत्र Shreem Brazee दोनों का उच्चारण प्रतिदिन 108 बार करते है तथा रात को सोते समय पर भी कृतज्ञता के साथ इन दोनों का 10 मिनट तक उच्चारण करते है तो आपके मस्तिष्क में वित्तीय चेतना जागृत होने लगेगी। वित्तीय चेतना के स्तर का ऊंचा होना ही आपकों अमीर बनाता है।

एक व्यक्ति ने डॉ. पील्लई से पूंछा कि मेरी उम्र अधिक हो गई है। मेरे पास ऐसा कोई हूनर भी नही है। मेरी शिक्षा भी ज्यादा नही है। क्या ौतममउ ठव्रंमम मंत्र और ठपससपवदंपतमएॅम ंतम मुझें अमीर बना सकते है ?

डॉ. पील्लई ने बड़े विश्वास के साथ उत्तर दिया 'हॉ'। इन मंत्रों का उच्चारण आप लम्बी अवधि तक करेंगे तो आप अमीर हो जायेंगे। क्योंकि आप में वित्तीय चेतना का स्तर बढ़ जायेगा। तब आप कोई वो स्कील ढूंढने के लिये लालायित हो जाओंगे जो आपको अमीर बना दे।

प्रथम वित्तीय चेतना के स्तर को बढाने की जरूरत है। फिर उच्च वित्तीय चेतना का स्तर स्वतः ही हूनर ढूंढ लेगा, सीखि लेगा और आपकों अमीर बना देगा। अगर कोई व्यक्ति गरीब है अथवा अमीर है। उन दोनों के बीच अगर कोई अंतर है तो वो वित्तीय चेतना के स्तर का है। स्कील आदि का नही है। स्कील तो हजारों लोगों का एक जैसा हो सकता है। जैसे कि आई.आई.टी. से जो हजारों इंजीनियर निकलते है। उन सबका स्कील लगभग एक

जैसा हो सकता है, लेकिन वो आर्थिक दृष्टि से एक जैसे नही होते है।

प्प्प्डण में से जो एम.बी.ए. निकलते है। उनका भी प्रबन्धकीय स्तर लगभग बराबर होता है। सभी में लगभग बराबर स्कील होता है, लेकिन जीवन में सभी लोग बराबर आर्थिक रूप से एक जैसे नही होते।

इन आई.आई.टी. में वित्तीय दृष्टि से जो फर्क होता है। उनकी वित्तीय चेतना के स्तर का अलग– अलग होना है।

डॉ. पील्लई ने वॉन डायर को बहुत स्पष्ट निर्देश दिये थे कि यदि तुम मेरे द्वारा बताये गये मंत्रों का लगातार लम्बी अवधि तक उच्चारण नही करोगें, तो तुम कितना ही लोगों को मोटिवेशनल स्पीच देना। लोग तुम्हे तालियॉ बजाकर सत्कार देंगे। हो सकता है कि थोडा बहुत मानदेय भी मिल जाये। लेकिन जब तक तुम्हारी वित्तीय चेतना नही बढ़ेगी, तब तक तुम्हारे पास अमीरी नही आयेगी।

वॉन डायर अपने द्वारा लिखी गई पुस्तक में लिखते है कि मैने डॉ. पील्लई द्वारा दिये गये मंत्र का उच्चारण जब से प्रारम्भ किया तब से मेरे स्कील में क्रान्ति आई और मेरी आर्थिक स्थिति दिनो–दिन बढ़ी। अतः मैं भी साऊण्ड एनर्जी के महत्व को वित्तीय स्थिति को बढाने हेतु स्वीकारता हूँ। मेरा आर्थिक पेराडाईम डॉ. पील्लई के द्वारा दिये गये मंत्र के उच्चारण से ही बढा।

आप भी अगर अपनी आर्थिक स्थिति को सुधारना चाहें तो उपरोक्त मंत्रो का प्रतिदिन 108 बार उच्चारण करें।

डॉ. पील्लई ने 24 महीने का इन दोनों मंत्रों का परिपक्वता का समय बताया है तथा 21 दिन बाद इसका

प्रभाव दिखाई देने लगता है। आप इसका प्रयोग कर, लाभ उठा सकते है। इस मंत्र के दोहराने से छठी इन्द्री का जागरण होता है तथा हमने अनेक लोगो में ऐसे छठे जागरण होने की स्थिति को अनुभव किया है। उन्होनें जीवन में सफलता के कीर्तिमान भी स्थापित किये है।

सादर।

(डी.डी. शर्मा)

सी.ई.ओ.

टीम 360

मो.: 9079040362

(अध्याय – 20)
कव्वें व बुलबुल की कहानी

(परिस्थिती नहीं, मनस्थिति महत्त्वपूर्ण है)
Quantity, Quality and Spirit संगठन के लिये तीनों की जरूरत है

एक बार एक कव्वा अपने मित्र बुलबुल से बोला टाटा बुलबुल। मैं तो पूरब को चला। बैगाने देश में रहूंगा। मैं अब यहॉ रहने वाला नही हूॅ।

बुलबुल बोली क्यों क्या बात हुई ? कव्वे ने उत्तर दिया यहॉ लोगों को मेरी कांव–कांव पसंद नही आती। हर कोई मेरी आवाज को सुनकर मुझें नापसंद करने लगता है। और तो और अपने घर से भी मुझें उड़ा देता है। मैं ऐसे मुल्क में नही रहूंगा। मैं जापान चला जाऊंगा, रूस चला जाऊंगा।

बुलबुल बोली, हे मेरे मित्र कोव्वे, तू जापान चला जायेगा, रूस चला जायेगा। तो वहॉ पर भी लोग तेरी कांव–कांव को पसंद नही करंगे। मैं बुलबुल हूॅ। मीठा

गाती हूँ। तो मुझें यहाँ भी लोग पसंद करते है। मैं जापान व रूस चली जाऊंगी, तो वहाँ भी लोग मुझें पसंद करेंगे।

दोष लोगों में नही है। देशों में नही है। दोष तुम्हारी आवाज में है। अगर तुम आवाज को मीठी कर पाओं तो यहाँ भी तुम्हारा सम्मान होगा और जापान व रूस में भी।

इसी तरह से इंसान की अंदर की कांव—कांव को लोग पसंद नही करते। और अंदर की कांव—कांव इंसान बंद नही करता। लोग ऊपर से क्या बोलते हैं। तुम इसे सुनते ही नही। बल्कि लोग अंदर से क्या बोल रहे हैं। तुम्हारे कानों में वही बात आती है।

एक मोटिवेशनल स्पीकर का कहना है कि तुम जितना भी जोर से बोलों। मुझें सुनाई नही देता। क्योंकि तुम्हारी तेज आवाज से तुम्हारे अन्दर की आवाज का उच्चारण तेज है, जो मुझें तुम्हारे चरित्र के जरिये सुनाई देता है। चरित्र तुम्हारी आवाज से 10 गुना ज्यादा मुखरित होकर बोलता है।

N.L.P. का सिद्धान्त

आजकल अमेरिका व अन्य देशों में एन.एल.पी. बहुत लोकप्रिय हो रही है। एन.एल.पी. का अर्थ है **Neuro Linguistic Programming.** इसमें आपके क्या विचार है ? आपके चित्त के अंदर कौन—कौन की वृतियॉ है ? आपकी भूतकाल की घटनाएं तथा आपके द्वारा किये जाने वाले व्यवहार का विश्लेषण किया जाता है। उसके पश्चात आपको, आपके अवसाद, निराशा, उदासीनता आदि को दूर करने तरीका सुझाया जाता है तथा आपको लक्ष्य तय करने बताये जाते है। और लक्ष्यों को किस प्रकार से पूरा किया जायें, यह बताया जाता है।

न्यूरों लिंग्वेस्टिक प्रोग्रामिंग पूरी तरह से साइंस है तथा बायोलोजिकल व सायकोलोजिकल विश्लेषण के बाद ही आपके अंदर के दोषों को दूर किया जाता है और आपके लक्ष्यों को पूरा करने का तरीका काउन्सलिंग के जरिये सुझाया जाता है।

आपका मन आपके शरीर को नियंत्रित करता है। आपके दिमाग में, मन में व हृदय में जो भावनाएँ होती है। जो विचार होते है, जो आदतें होती है। आपकी बॉडी उन्ही को प्रदर्शित करती है। प्रकट करती है। इस विज्ञान में आपकी बॉडी की मूवमेन्ट्स को देखकर मालूम किया जाता है कि आप कितने सत्य बोल रहे हो, कितने झूंठ बोल रहे हो। आप सफल होंगे अथवा असफल होंगे। आप धोखा देंगे या उपकार करेंगे।

आपकी आंखों के मूवमेन्ट का इस विज्ञान के द्वारा अध्ययन किया जाता है। आपकी आंखों के मूवमेन्ट से बताया जाता है कि आप झूंठ बोल रहे है या सत्य बोल रहे है। आप दीन–हीन है या समर्थ है।

कव्वें का कांव–कांव करना उसके गले में लगी गिटगरी पर निर्भर करता है। अगर सांइस थोडा प्रयास करें तो कोयल के गले की गिटगरी कव्वें के गले में फिट की जा सकती है, तो कव्वा भी मधुर गीत गा सकता है।

इसी तरह इंसान के अंतःकरण में जैसे विचार होतें है। जैसी भावनाएं होती है। वो ही बॉडी के द्वारा प्रकट होती हैख जैसे कि एक व्यक्ति उत्साहित है। उसके अन्दर जोश–जुनून है। वो अपने लक्ष्य को सामने देख रहा है। श्रीमान जी आपनें आज तक एन.एल.पी. नही पढ़ी है। लेकिन आप बता देंगे कि उसकी गर्दन सीधी होगी या सामने ऊपर देखता हुआ मिलेगा।

जिस व्यक्ति के पास कोई लक्ष्य नही है, जेब खाली है। अन्दर दीनता–हीनता की भावना भरी हुई है। अपने घरवालों से भयभीत है। पड़ौसियों से डरा हुआ हैं। तो आप पायेंगे कि उसकी गर्दन की स्थिति क्या है ? उसके कंधों की स्थिति क्या है ? उसकी गर्दन भी झूंकी होगी। उसके कंधे भी झूंके होंगे।

जिस व्यक्ति ने अभी–अभी कुछ उपलब्धियॉ हांसिल की है। ओलम्पिक में उसे स्वर्ण पदक मिला है। क्या आपकों उसकी चाल में कोन्फीडेन्स नही दिखाई देगा ? और यदि कोई बार–बार फेल हो रहा है तो उसकी चाल से आपको पता नही चलेगा कि वह आदतन फेलियर है ?

यदि किसी व्यक्ति ने आपसे अभिभावदन हेतु हाथ मिलाया। तो उसके हाथ मिलाने के तरीके से आपको गर्माहट महसुस हुई। तो आपको क्या पता नही चल जायेगा कि वो आपको पसंद करता है या नही करता है ? उसके मन में आपके लिये कितनी जगह है, कितना आदर है। यानी उसके हाथ मिलाने की स्टाईल हैं। उसकी आंखों की चमक। उसकी बॉडी में होने वाली हरकत, उसकी खुशी को जाहिर कर देगी।

जो लोग अंदर से ईर्ष्या, द्वेष रखते है, बाहर से मीठे बोलते है। गर्माहट के साथ हाथ मिलाते है। लेकिन मेरे मित्रों आंखे आईना है और आईना झूंठ नही बोलता। बॉडी आपके अन्दर के भावों की अभिव्यक्ति है, दर्पण है। सामने वाले व्यक्ति को पता चल जाता है लेकिन उसकी शालिनता है कि वो टोकता नही। अथवा उसकी लापरवाही है कि वो आपकों उलाहना नही देता।

यदि कोई व्यक्ति आपसे बात कर रहा है। उसकी आंखो के कोवें बांई तरफ जा रहे है तो समझ लों कि वो आपको बेवकूफ बना रहा है। उसकी आप में कोई रूचि

नही है। अगर उसकी आंखो के कोवे दांयी तरफ जा रहे है, तो वो आपको अपनी बातों से प्रभावित करना चाहता है। वो आपको ठगना चाह रहा है। यदि उसकी आंखों के कोवें ऊपर की तरफ है, तो वो आपको लाभ देने जा रहा है। आर्शीवाद देने जा रहा है। यदि उसकी आंखों के कोंवे नीचे की तरफ है, तो समझ लो कि वो आपसे भयभीत हो रहा है। उसे आपके द्वारा ठगे जाने का भय है। वो अपनी ईज्जत बचाने में लगा हुआ है।

एन.एल.पी. शरीर के अंगो में होने वाली हरकतों का वर्षों से अध्ययन करके इस निष्कर्ष पर पहुंची है, कि व्यक्ति के अंदर के भावों को काफी हद तक जाना जा सकता है। उनको यदि बाह्य परिस्थितियों से मेल कराया जाये तो किसी सटीक निष्कर्ष पर पहुंचा जा सकता है। इसीलिये आजकल पुलिस, सेना में एन.एल.पी. पढ़ाई व सीखाई जाती है। लाईव डिटेक्टिव टैस्ट एन.एल.पी. के तहत आते है।

इसके विपरीत भी बात सही है कि अगर आपने अपनी ओर से मूवमेंट किया। जैसे कि **डेल कार्निगी** कहते है कि जोश और जुनुन से काम करें। यदि कोई कारणवश जोश नही आता है तो नाटक करें। एक बार एक व्यक्ति ने बतलाया कि उन्होनें **डेल कार्निगी** द्वारा आयोजित वर्कशॉप को अटेण्ड किया। व्याख्यान देते–देते **डेल कार्निगी** ने टेबिल पर इतनी जोर से मुक्का मारा। कि ऐसा लगा जैसे टेबिल टूट जायेगी। जोश यह बतलाता है कि आपके तमाम नर्व्ज किसी कार्य विशेष को करने के लिये उद्यत है। यदि और कोई परिवर्तन नही किया जाये, मात्र एक परिवर्तन किया जाये कि जोश जुनुन के साथ काम किया जाये। और यदि जोश जुनुन न हो तो नाटक किया जायें तो **डेल कार्निगी** के अनुसार परफोरमेन्स 10 गुना बढ

जाती है। इसका अर्थ हुआ कि आमदनी भी 10 गुना बढ जाती है।

बटलर जिन्होनें कि विश्व प्रसिद्ध पुस्तक लिखी कि **"मैं सिलिंग में किस प्रकार असफलता से सर्वाधिक सफल हुआ।"** वे लिखते है कि डेल कार्निगी का जब मैनें वर्कशॉप अटेण्ड किया तो उन्होनें कहा कि बटलर तुम अपनी आवाज में थोडा जोश क्यों नही लाते ? और फिर उन्होनें मेरी टेबिल पर मुक्का मारा कि जोश इसे कहते है। बस उसी दिन मैनें तय कर लिया कि मैं जो भी करूंगा जोश के साथ करूंगा। मैं इंश्योरेन्स बेचा करता था। मैनें अपने इंश्योरेन्स का कोई ज्ञान नही बढ़ाया, न ही अन्य कोई नई बात सींखी। सिर्फ जिससे बात करूंगा, पूरे जोश के साथ करूंगा। यह मैनें अपने आप से प्रोमिज किया।

बटलर लिखते है कि वो एक बहुत बड़े व्यापारी से इंश्योरेन्स बेचने के लिये बातचीत कर रहे थे। बातचीत के दौरान वो इतने जोश में आ गये कि व्यापारी उनका मुंह देखने लगा। एक तो ऐसा क्षण आया कि **बटलर** कहते है कि उन्हें लगा व्यापारी मुझें धक्का देकर दरवाजे से बाहर निकाल देगा। लेकिन ऐसा नही हुआ। इसके विपरीत हुआ। उसने मेरे जोश से प्रभावित होकर इंश्योरेन्स खरीद लिया।

मैनें फिर कभी इंश्योरेन्स को ढीले व ठण्डे तरीके से नही बेचा। परिणाम यह हुआ कि मेरा सालाना बोनस 5000 डॉलर आता था वो जोश के प्रयोग के कारण 52000 डॉलर हो गया। यानी 10 गुना से ज्यादा। इतना ही नही हुआ लोगों ने आगे से आगे मेरी तारीफ करनी आरम्भ कर दी कि इंश्योरेन्स खरीदना है तो **बटलर** से खरीदो। लोग नाहक मेरे प्रसंशक हो गये।

जबकि एक व्यक्ति जिसे इंश्योरेन्स के मामले में बहुत ज्यादा जानकारी थी। उन्होनें बहुत पुस्तके पढ़ रखी थी। मेरी नजर में तो उन्होनें पी.एच.डी. कर रखी थी। लेकिन जब वो इंश्योरेन्स बेचने हेतु प्रजेन्टेशन देते थे तो वो इतने ढीले ढाले रहते थे कि कोई उनकी पॉलिसी ही नही खरीदता था।

मनस्थिति को जोश पूर्ण रखना एक तरीका है। क्योंकि परिस्थिति नही, मनस्थिति महत्वपूर्ण है। लेकिन मनस्थिति को भी परिस्थिति बदलकर बदला जा सकता है। जैसे कि सेल्फ टॉक करके। जो लोग सेल्स में कमजोर होते है। उनको यह कहा जाता है कि वो लोग टेलीफोन पर किसी से बात करें तो पहले अपने आप से सेल्फ टॉक करे। जिसे कि पेप टॉक कहा जाता है। सेल्स की दुनिया में पेप टॉक का अर्थ है **"मैं जिसको भी फोन करता हूँ, वही मेरा फोन उठाता है। मेरी बात को ध्यान से सुनता है। मैं उसको भी बोलने का मौका देता हूँ। वह मेरे जोश, जुनुन व कोन्फिडेन्स से प्रभावित होता है। वह मेरा प्रोडक्ट खरीद लेता है। ऐसा कोन्फिडेन्स लाकर टेलीफोन करने को कहा जाता है।"**

अन्तःकरण में क्या है। वही बाहर अवतरण होगा। इसलियें अपना विश्लेषण करें। अपने आपकों जांचे, अपने आप से बात करें और अपनी अंदर की शक्तियों से परिचित हो। जब अंदर से कोन्फिडेन्स मिलेगा, सुरक्षा मिलेगी व मार्गदर्शन मिलेगा। तो आपके चेहरे पर, आपके हाथों की अंगुलियों पर और आपकी चाल पर जोश, जुनुन झलकेगा। कव्वा चाहें कही चला जाये। उसके अंदर से कांव–कांव निकलती है, तो लोग पसंद नही करते।

यदि आपके मन में बड–बड होती है। यानी कि मन में गडबड है, तो फिर आप अस्थिर रहेंगे और आपकी बात

को लोग स्वीकार नही करेंगे। न ही आप लोगों की बात सुनेंगे, लेकिन यदि आपने प्रयास करके अपने मन की बडबड को बंद कर दिया। तो फिर पूरा यूनिवर्स ही आपका गुरू है। फिर आपको नये–नये आईडियाज यूनिवर्स ही बतला देगा। आपकी समस्याओं का समाधान यूनिवर्स ही बतला देगा। जब सरोवर का पानी शांत हो जाता है, तो उसमें पडा चांदी का सिक्का भी दिखाई देने लगता है। या यो कहे कि रात्रि में जब सरोवर का पानी शांत होता है तो चन्द्रमा का प्रतिबिम्ब स्पष्ट दिखाई देता है।

यहॉ मैं एक साधारण सी बात कहना चाहता हूॅ कि दोष दूसरों में नही है। बाह्य परिस्थितियों में नही है। आप अपने में झांके तो शायद समाधान मिलें। पर जिनके मन स्थिर नही है। वो अपनी गिरेबान में झांकना ही नहीं चाहते। बस ऐसे ही समझों कि चेहरे पर दाग है। और आईने को साबुन से साफ किया जा रहा है। आईने को कितना ही साफ कर लो। चेहरे का दाग तो वही बना रहेगा। यह आईने में है ही नही। आईने में तो प्रतिबिम्ब है। दुनियॉ आईना है। इसलिये दुनियॉ को सुधारने की बजाय खुद को सुधारें।

सादर।

(डी.डी. शर्मा)

सी.ई.ओ.

टीम 360

मो.: 9079040362

(अध्याय – 21)
प्लीज सिगरेट फेंक दो – एक सभ्रान्त महिला की कहानी

— ◆◆◆ —

(लोग बदलना नही चाहते, घूम फिर के वही आ जाते है)

एक बार एक सभ्रान्त महिला ट्रेन के फर्स्ट क्लास डिब्बे में यात्रा कर रही थी। बीच रास्ते में थोडी देर के लिये गाडी रूकी। एक अन्य यात्री उस डिब्बे में चढ़ा। पेसेन्जर लगता था बडा त्यागशील व समाजसेवी। उनकी सीट महिला की सामने वाली सीट

बुक हुई थी, अतः वो महिला के सामने बैठ गयें। अपनी जेब से सिगरेट का पैकेट निकाल कर पीने लगे और धुआं फेंकने लगा।

महिला सभ्रांत थी। नारी जागरण के मंचों पर काम कर चुकी थी। महिला ने कहा आप सिगरेट ना पीए, मेरा दम घुटता है, लेकिन उस पेसेन्जर ने सुनी–अनसुनी कर दी।

महिला एक डॉगी को गोद में लिये हुए थी। पेसेन्जर ने कहा कि डॉगी से मुझें डर लगता है। आप इस डॉगी को डिब्बे से बाहर करिए। इतने में किसी बीच के स्टेशन पर गाडी रूकी, महिला को गुस्सा आया। महिला ने पेसेन्जर के मुंह से सिगरेट छीनी और खिड़की से बाहर फेंक दी। डॉगी को बाथरूम कराने नीचे गई। थोडी देर में देखा कि डॉगी सिगरेट को लिये हुए डिब्बे में आ गया। पेसेन्जर ने डॉगी के मुंह से सिगरेट खींची और खुद कश लगाने लगा। महिला भी अपनी सीट पर बैठकर डॉगी को खिलाने लगी, इतने में गाडी स्टेशन से चल दी।

आम आदमी का यही हाल है, न तो पेसेन्जर ने सिगरेट बंद की, न महिला ने डॉगी को दूर किया। घूम फिर के हम वही आ जाते है। जहॉ से चले थे।

लापरवाह तरीके से प्रोमिज करते है

पहले लोग त्याग करते थे कि अगले जन्म में स्वर्ग मिलेगा, अब लोग अगले जन्म की इंतजारी नही करते है, त्याग करते है। फिर मौका मिलते ही चुनाव लडते है। विधायक बन जाते है, मंत्री बन जाते है। अपने किये गये त्याग का पूरा लाभ उठाते है। यानी जहां से चले थे वही वापस आ जाते है। आम लोगों की यही जीवन चर्या है।

तीन साधुओं की कहानी

पश्चिमी देश की बात है। वहां पर तीन साधु बड़े लोकप्रिय हो गये। लोग उनकी सेवा में अधिक से अधिक संख्या में पहुंचने लगें। भीड होने लगी। लोग दर्शनों के लिये लाईन में लगते। हाल यह हुआ कि सण्डे को चर्च खाली रहने लगे। लोग उन साधुओं के पास जाने लगे।

चर्च में सण्डे को लोगों के नही आने से चर्च के वरिष्ठ पादरी को बडी चिन्ता हुई। उसने सोचा कि वो कौनसे साधु है ? जिनके पास जनता जाने लगी। ईसाईयों के यहां कोई साधु माना ही नही जा सकता, जब तक चर्च उनको सर्टिफिकेट ना दे दे। चर्च ने इन तीनों को सर्टिफिकेट दिया नही था।

चर्च के वरिष्ठ पादरी के दिमाग में विचार आया कि जब देश में ईसाईयों की सरकार है, तो यह तीन साधु कौन है ? जो ईसाई होने के बाद भी चर्च के बजाय साधुओं के पास जाते है, आखिर वरिष्ठ पादरी ने उन तीनों साधुओं को सबक सीखाने की ठान ली, उसने कहा कि यह फर्जी साधु है। इसलिये उन्हें उपदेश देने का कोई अधिकार नही है।

यहॉ यह उल्लेखनीय बात है कि हिन्दुस्तान में संतो को किसी भी सर्टिफिकेट की जरूरत नही होती, अगर उन्होनें खुद ने आत्मा का अनुभव कर लिया है, तो यही उनका प्रमाण पत्र है, लेकिन ईसाईयों के यहॉ ऐसा नही है। वहां चर्च का सर्टिफिकेट होना जरूरी है। तीनों साधुओं ने गुस्ताखी की है। अतः वरिष्ठ पादरी को उन्हें सजा देने की युक्ति खोजने की चाहत लगी।

वरिष्ठ पादरी ने अपना पोप का दिया सोने का मुकुट निकाला, सिर पर लगाया। अपनी ईसाईयत की पहचान छड़ी जिसके कि आगे चांदी की नोक लगी हुई थी, ली और उन तीनों साधुओं को आज छठी का दूध याद

दिलाने के लिये निकला। तीनों साधुओं के बारे में मालूम किया तो पता चला कि वह समुद्र के किनारे बैठे हुए है। वरिष्ठ पादरी ने अपनी शाही गाडी को चालू किया और समुद्र किनारे पहुंचा।

वरिष्ठ पादरी ने उनसे पूछा कि क्या तुम ही वो साधु हो ? जिनके पीछे जनता की इतनी भीड है, उनमें से एक साधु बड़ी विनम्रता से कहा कि हम लोगों को बार—बार मना करते है, लेकिन फिर भी लोग आ जाते है। फिर पूंछा कि तुम्हारे पास बाईबिल कहा है ? उन्होनें कहा कि हम तो अनपढ़ है। हमे बाईबिल पढनी भी नही आती। अब तो उसका हौंसला और बढ़ गया कि यह तो बिलकुल ही निरक्षर है। इनमें तो साधु होने की कोई योग्यता ही नही है। फिर हिम्मत करके वरिष्ठ पादरी ने पूछा कि तुम यहां क्या करते हो ? उन्होनें कहा कि हम तो यहां प्रार्थना करते है। वरिष्ठ पादरी ने पूंछा कि तुमने प्रार्थना किससे सींखी ? साधुओं ने कहा कि हम तो अनपढ लोग है। हमने प्रार्थना खुद ही बना ली।

वरिष्ठ पादरी गुस्से से बोला कि कम्बख्तों प्रार्थना तो ऊपर से उतरती है। अपने आप थोडे ही बनती है। साधु बोला कि हमे तो इस बारें में कोई जानकारी नही है। वरिष्ठ पादरी फिर बोला कि तुम बताओं तो सही कि क्या प्रार्थना करते हों ?

तीनों साधु घबरा गये और बोले कि साहब हमसे हमारी प्रार्थना मत पूंछिए। हम ग्रामीण लोग है। उन्होनें कहा कि डरो मत। मुझें बताओं कि तुम क्या प्रार्थना करते हों ?

जैसे हिन्दुओं के यहां ईश्वर के तीन रूप माने जाते है। ब्रह्मा, विष्णु, महेश। वैसे ही ईसाईयों के यहां भी ईश्वर के तीन रूप माने जाते है। इसलिये हम ईश्वर से

प्रार्थना करते है कि **"हे ईश्वर तुम तीन, हम तीन, कृपा के लिये धन्यवाद"**।

वरिष्ठ पादरी ने बड़ी मजाक उड़ाई कि यह कोई प्रार्थना हुई। मैं तुम्हे बाईबिल की प्रार्थना सींखाता हूँ। उन्होने कहा कि बाईबिल की प्रार्थना कठिन है। तब वरिष्ठ पादरी बोला कि मैं कुशल एवं अभ्यस्त पादरी हूँ। मैं तुम्हे ठीक से सींखाऊंगा। उसने प्रार्थना बोली तथा साथ–साथ उनसे बुलवाई। साधु बोले कि हम तो भूल गये। एक बार फिर दोहरा दो, तो पादरी ने फिर दोहरा दी। साधु बोले कि हम तो अनपढ लोग है। हम तो भूल गये। एक बार फिर दोहरा दो, पादरी बोला कि अब तो याद हो गई।

समुद्र के किनारे पास में ही एक टापू था। जहां पादरी को जाना था। किनारे पर ही नाव थी। पादरी नांव में बैठा। 50–60 किमी. टापू था। वहां के लिये नाव चल दी।

नांव टापू के पास में पहुंचने ही वाली थी कि तीनों साधु पानी पर दौड़ते हुए आये, नांव में बैठे हुए वरिष्ठ पादरी ने देखा कि यह क्या ? पानी पर तैर रहे है। पानी पर तो केवल जीसस ही तैर सकता था। कोई नही तैर सकता? वो हैरत में पड गया कि यह क्या माजरा है ? इतने में वे लोग नांव के पास पहुंच गये और बोले कि श्रीमान जी हम वो प्रार्थना भूल गये है। कृपया दूबारा बता दे। जब वो यह बात कह रहे थे तब तीनों साधु पानी के उपर खडे थे। पादरी तो हक्का–बक्का रह गया और उसने कहा कि तुम्हारी ही प्रार्थना ठीक है। मैं गलत था। तुम ठीक हो। मैं भी वही करूंगा। तुम में इतना विश्वास कि तुम अपनी प्रार्थना के बल पर पानी पर तैरने लगे। इसलिये तुम्हारी प्रार्थना ही सच्ची है।

प्रार्थना में विश्वास, प्रोमिज को पूरा करने की भावना और जो ईश्वर ने दिया है। उसके लिये धन्यवाद ज्ञापन करना ही मुख्य है। जब इंसान का मन बडबड करता रहता है। तो प्रार्थना नही होती। अगर मन बडबड कर दे तो फिर चाहे कोई सिगरेट पीए या कोई कुत्ता रखे।

Take the people, things and situations as they are. Thanks, Thanks, We Accept.

अतः जो कुछ मिला है। उसके लिये धन्यवाद। क्योंकि यदि सुधार ही करना है। यदि तुम सुधर ही गये तो फिर क्या सिगरेट से लेन देन और क्या डॉगी से ?

एक नागा बाबा की कहानी

एक नागा बाबा थे। नाम था उनका **नागार्जुन,** वो किसी शहर में उपदेश के लिये आये थे। वहां एक बड़ा सेठ था। उसने कहा कि आप इतने बड़े नागा साधु हो। आप ये लकडी के पात्र में क्या भीक्षा मांगते हो। आपको मैं एक सोने का पात्र देता हूँ। जिसमें हीरे लगे हुए है। मुझें अच्छा नही लगता कि आप इस लकडी के टूटे हुए पात्र में भीक्षा मांगो। आप हमारे समाज के सम्मानित नागा साधु हो।

कोई आधा अधूरा साधु होता तो मना कर देता कि नही भाई सोने, हीरो के भीक्षा पात्र से हमें क्या लेना देना ? लेकिन वह पहुंचा हुआ साधु था। उसने सोचा कि हमे तो भीक्षा ही मांगनी है। पात्र चाहें सोने का हो या लकडी का हो। हमें क्या है ? हम तो सोने के पात्र में भीक्षा मांग लेंगे।

ये दृश्य उस शहर का बड़ा चोर देख रहा था। जिसने बडी बडी चोरिया की थी, लेकिन आज तक उसे सोने का पात्र चोरी करने का नसीब नही हुआ। वो उस साधु के

पीछे लग गया। साधु चला जा रहा था, वो उसके पीछे चला जा रहा था, चोर सोच रहा था कि रात को साधु सो जायेगा तब उसके डेरे में घूसकर पात्र को चुरा लाऊंगा।

साधु एक छोटी की कुटिया में पहुंचा। चोर भी उस कुटिया के पीछे छुप गया। यह सोचकर कि ज्योहीं साधु को नींद आयेगी। सोने का पात्र चुरा लेंगे। नागा साधु ने सोचा कि रात को तो इस पात्र को यह चोर चुरा ले जायेगा तो अपने पास इसको रखकर क्या करेंगें ? अभी इसे पीछे की तरफ फैंक देते है, ताकि मैं तो भयमुक्त होकर सोऊ। अगर उसे इसकी जरूरत है तो वो इसे ले जायेगा। यह सोचकर उसने पात्र कुटिया के पीछे फेंक दिया।

चोर ने पात्र को उठाया और अपने पास में ले लिया, लेकिन उसके दिमाग में एक बात आई कि इस साधु ने स्वर्ण का पात्र भी फेंक दिया व मुझें भेंट कर दिया, तो क्या इसके पास में इससे भी ज्यादा कीमती चीज है ?

अतः चोर ने आवाज दी कि साधु बाबा आप इजाजत दे तो मैं आपसे मिलने आ जाऊ। क्या मैं आपसे मिलने अन्दर आ सकता हूॅ ? आपने यह स्वर्ण पात्र क्यों फेंक दिया और मुझें भेंट कर दिया ?

साधु ने कहा कि जब रात्रि को तू इसे चुरा कर ले ही जाता तो मैं इसे रख कर क्या करता ? इसलिये तुझें यह पात्र देना ही मैनें उचित समझा। तुम यदि रात को आतें तो एक चोर की तरह आते। पात्र चुरा कर ले जाते। चोरी के बुरे कर्म को करते। अब तुम आ रहे हो तो एक साहूकार व जिज्ञासु की तरह आ रहे हो। मैं भी बिना भयभीत हुए तुमसे बात कर पा रहा हूॅ।

चोर तो उनके चरणों में गिर गया, गजब बात है। आज तक जितने भी साधुओं से मैं मिला उन्होनें कहा कि

चोरी बुरी बात है। चोरी छोड दो। तुमने मुझें चोरी छोड़ने के लिये, कहा ही नही। साधु ने कहा कि जिन साधुओं से तुम मिले वो साधु है ही नही, वरना साधु को चोरी से क्या मतलब ? जब तुम्हारे अन्तःकरण में पवित्रता आयेगी तो चोरी अपने आप ही छूट जायेगी, नही तो कोव्वे के गले जैसे गांठ है और वो कांव–कांव करता रहता है। वो कितनी ही कोशिश करें लेकिन वो मीठा नही बोल सकता। बुलबुल के गले में मिठी गोल गिटगरी है, अतः वो कड़वा बोल ही नही सकती, मीठा ही बोलेगी।

अतः बदलाव अंदर का होना जरूरी है। बाहर का बदलाव ज्यादा मायने नही रखते। जब अंदर प्रेम पनपेगा तो दुर्गण स्वतः ही दूर हो जायेंगे, दूर करने की जरूरत नही पड़ेंगी।

किसी ने एक दोहा ठीक कहा है:–

राम–राम सब कोई कहे, ठग, ठाकुर और चोर ।
प्रेम बीना रीझे नहीं, नटवर नन्द किशोर ।।

सादर।
(डी.डी. शर्मा)
सी.ई.ओ.
टीम 360
मो.: 9079040362

(अध्याय – 22)
एक इंसान अपनी ही छमाही में खाना खाने आ बैठा – एक कहानी

(लीडर को टीम को ऑटोमोड पर ला देना चाहिये)

एक बार एक व्यक्ति को कोई अच्छा गुरू मिल गया। गुरू ने कहा तुम अपनी आत्मा का उत्थान करों। आपके जीवन में कुछ खुशबु आये, कुछ फूल खिले, जरा जीवन पावन बने। कुछ ऐसा सार्थक करों। व्यक्ति बोला मुझें मेरे बच्चों की परवरिश करनी है। मेरी पत्नी अभी जवान है। मुझें घर गृहस्थी के कामों से फुर्सत मिले, तो मैं कुछ करू।

यदि मैं गृहस्थी के प्रति लापरवाही बरतूंगा और अपनी आत्मा की उन्नति करने में लग जाउंगा तो मेरी पत्नी का क्या होगा ? मेरे बच्चों का क्या होगा ?

गुरू ने कहा अभी तो तुम ऐसा करों कि मेरे साथ तीर्थ यात्रा पर चलो। और घरवालों को कह दो कि मैं

तीर्थयात्रा करके आ रहा हूँ। पहले तो व्यक्ति को भी यह बात पसंद नही आई। फिर अपने घर गया और घर पर बताया तो उसकी पत्नी व बच्चों को भी यह बात पसंद नही आई। फिर सबको समझाया, राजी किया और वह अपने गुरू के साथ तीर्थयात्रा पर चल दिया।

एक बार गंगा में बाढ़ आई। लोग मरने लगे। गुरू ने उस शिष्य को एक सुरक्षित स्थान पर भेज दिया। और जो लाशे पानी में बही जा रही थी। उनमें से एक लाश उठाई। उसे शिष्य के कपडे, जूते पहनाये और उस लाश को उसके गांव में ले गया। उसके घर के सामने उस लाश को सुलाया और कहा कि बाढ़ में बह गया। बच्चे रोने लगे, पत्नी रोने लगी। हर की पौड़ी से उस लाश को गांव तक लाये तो लाश बदशक्ल हो गई। सिर्फ कपडो से ही लाश को पहचाना गया कि यह लाश उस व्यक्ति की है।

आस–पडौस के लोगों व रिश्तेदारों ने दाहसंस्कार की तैयारी की कि मुर्दे को उठाओं और दाहसंस्कार के लिये ले चलो। लाश को शमशान घाट ले गये और उसे जला दिया गया। तीसरे दिन तीये की बैठक हो गई। सभी को पता चल गया कि **मोहन प्रसाद** भगवान को प्यारे हो गये। बडा बेटा और मां हरिद्वार गये। गंगा को फूल चढ़ाये। धीरे–धीरे 12 दिन भी पूरे हो गये। पता ही नही चला कि कब छः माह निकल गये। छमाही करेंगे–करेंगे इसी चक्कर में बारह माह निकल गये। आखिल तय हुआ कि छमाही की रस्म पूरी की जायें।

एक समारोह की तरह छमाही का उत्सव आयोजित हुआ। कार्ड बांटे गयें। भोजन प्रसादी हुई। आस–पास के गांवों के लोगों को भोजन कराया गया। गुरू को मालूम चला तो वह शिष्य को साथ लेकर छमाही के दिन भोजन

करने पहुंच गया। शिष्य के चेहरे को नकली दाढी–मूछों से ढक दिया गया। ताकि कोई आसानी से पहचान नही पाये और शिष्य को भी बता दिया कि बाढ चली गई अब अपन घर चलेंगे। उसे यह बात भी बता दी कि मैनें तेरे बदले घर पर एक लाश भेज दी जिसे जला दिया गया। आज तेरी छमाही है।

दृष्टा भाव का प्रकटीकरण

और लोगों के साथ गुरू–शिष्य भी भोजन करने बैठ गये। भोजन करने के बाद गुरू–शिष्य व्यक्ति के पिता से मिले। पिता हसी ठठा कर रहे थे और मस्त हो रहे थे। लोगों को बता रहे थे कि चौबीस गांव के लोगों को भोजन कराया है। बहू की तारीफ कर रहे थे कि बहू तो लक्ष्मी है। इतने में गुरू–शिष्य विधवा औरत के पास पहुंच गये। वह तो एकदम सजीधजी नवयुवती लग रही थी। वहां का कामकाज सम्भाल रही थी। गुरू और चेले ने पूछा कि आपके पति की गमी हुई। आपको उनका बहुत अभाव खटक रहा होगा। यह सुनकर पत्नी मुस्कुराई। छोडो, वो बात तो आई गई हो गई और एक बच्चे को आवाज दी कि साधु महात्मा के लिये एक शॉल लाओं और साधु बाबा को शॉल भेंट करों।

गुरू ने वापिस पूंछा कि थोडा तो बताओं कि जीवन कैसा चल रहा है ? तो वो बोली कि कुछ नही। 10–15 दिन तो तकलीफ रही। बडा दुख हुआ कि पति नही रहे। बाद में पास की ही मिल से पापड़ के लोये लाने लगे। उन्हें बेलकर देने लगे तो कुछ पैसे की कमाई होने लगी। ज्योंहि महिने–दो महिने में पैसे इकट्ठे हुए तो एक साथ काफी पापड के लोये लेकर आये। उनके पापड़ बनाकर अपना ब्रांड बनाकर अमेजन पर डाल दिया। विदेशों तक

में पापड़ जाने लगे। मंगोडिया जाने लगी। विधवा के बैंक अकाउंट में पैसे आने लगे। इतने में किसी ने यह भी ताना दे दिया कि अगर इसका पति रहता तो भी क्या करता ? सदा इसने गरीबी ही देखी है। उसके जाने के बाद ही इसके दिन बदले है। एक बूढी औरत ने तो यहाँ तक कह दिया कि भगवान सभी पतियों को ऐसे ही जल्दी उठा लें।

गुरू शिष्य से बोला क्यों ? यही रहोगें या मेरे साथ चलोगे। व्यक्ति बोला कि अब मेरी यहाँ कहाँ जरूरत है ? और वह व्यक्ति गुरू के साथ ही चल दिया।

ऑटोमोड पर टीम को लाईये

जहाँ तक इस कहानी की सींख का लीडरशीप व संगठन से सम्बंध है कि संगठन के लोगों को अधिक कार्यकुशल व जिम्मेदार बनाईये। ताकि वो आपके संगठन को सुचारू रूप से चला पायें। उचित होगा कि आप महिने–बीस दिन के लिये अपने आत्मविकास हेतु ट्रेनिंग में चले जाये और पीछे से टीम को काम करने दे। आप दृष्टा बनकर टीम के कार्य को देखें। आप कार्यो के साक्षी बने। अपने आपको कर्ता भाव से मुक्त करें। इंसान की अपनी सीमाएं सीमित है। टीम की क्षमता असीमित है। अतः टीम को काम करने दे।

जवाहर लाल नेहरू के बाद कौन – एक कहानी

लोकसभा में कुछ नौजवान सांसद गोहत्या को बंद करने हेतु अपने विचार रख रहे थे। पश्चिमी बंगाल के सांसदो को भी राजस्थान के सांसदो ने मना लिया कि देश में गोहत्या बंद होनी 

चाहियें। लगभग पूरी लोकसभा एकमत हो गई कि गोहत्या बंद होनी चाहिये। लेकिन तभी तात्कालीन प्रधानमंत्री जवाहर लाल नेहरू संसद में पहुंचे और अपना उद्बोधन देना शुरू कि आप भारतीय अर्थ व्यवस्था को समझते नही हो। अगर गोहत्या बंद कर देंगे तो कई प्रान्तो के लोग भूखें मर जायेंगे। कई राज्य तो बीफ पर ही जिन्दा है। लेकिन सबने एकमत में कहा कि गोहत्या बंद होनी चाहिये। फिर जवाहरलाल नेहरू आंखों में आंसू ले आये और कहा कि मैं त्यागपत्र देता हूँ। आपको जो अच्छा लगे करो। अधिकांश सांसदो ने कहा कि अगर आप त्यागपत्र देंगे तो देश कैसे चलेगा ? हम गोहत्या पर बाद में विचार करेंगे लेकिन आप त्यागपत्र ना दे।

फिर एक रात जो होना था हुआ। जवाहरलाल नेहरू का निधन हो गया। आनन—फानन में **गुलजारी लाल नन्दा** को प्रधानमंत्री की शपथ दिला दी गई। दाह संस्कार आदि की रस्म पूरी हुई। उनकी इच्छा थी कि मेरे बाद **लाल बहादुर शास्त्री** को प्रधानमंत्री बनाया जाये। अतः लाल बहादुर शास्त्री को प्रधान मंत्री के पद की शपथ दिला दी गई।

सन् 1965 को पाकिस्तान से युद्ध हुआ। उसी संसद में एक स्वर से यह कहा गया कि देश को एक योग्य प्रधानमंत्री मिला और कुछ सांसदो ने तो जवाहर लाल नेहरू का कद शास्त्री जी के मुकाबले छोटा कर दिया। उसी संसद में फिर प्रधानमंत्री के पद पर इंदिरा गांधी को सुशोभित किया गया। इंदिरा गांधी ने कुछ ऐसे चमत्कारी काम किये कि सांसद ही नही, आम आदमी भी इंदिरा गांधी को रणचण्डी कहने लगा, देवी कहने लगा। काम ही ऐसे थे। मसलन बैंको का राष्ट्रीयकरण, राजाओं का प्रीविपर्स बन्द किया, बांग्लादेश को पाकिस्तान से अलग किया आदि—आदि।

अतः व्यवस्थाऐं अपना विकल्प ढूंढ लेती है। इसलिये लीडर्स को अपने जीवनकाल में ही टीम को सशक्त व जिम्मेदार बना देना चाहिये।

यू.एस.ए. में तो ऐसा नियम है कि एक राष्ट्रपति दो बार से ज्यादा नही रहता। उसके बाद वह दृष्टा बनकर ही देखता है।

परिवारों में बुजुर्गों को साक्षी भाव के साथ रहना ही उचित है

पश्चिमी राजस्थान में एक **रामसुखदास जी** नामक महात्मा हुए है। उन्होनें बुजुर्गों के लिये कहा है कि यदि परिवार में आपको कोई काम हो तो बच्चों को कह दो। बच्चे यदि कोई सलाह मांगे तो दे दो, लेकिन उनके कामों में टांग मत अडाओ।

मंजर भौपाली ने एक शेर कहा है:–

कह दो नीरो गालिब से, हम भी शेर कहते है।

वो सदी तुम्हारी थी, ये सदी हमारी है ।।

अतः जब बच्चें परिपक्व हो जायें तो फिर बुजुर्गों को परिवार के सम्भाल का कार्य नौजवानों के हाथों में सौंप देना चाहिये। भारतीय संस्कृति में यह परम्परा भी थी कि 50 साल की उम्र के बाद में वानप्रस्थ जीवन जीने की व्यवस्था थी, ताकि आप परिवार के कामों में दखल न करें और समाज का कार्य करें।

अपने देश में संगठनों में सैकिण्ड लाईन का अभाव है

जब भी हमारे वर्कशॉप में उपक्रमों के मुखियॉ आते है तो वो यही बात कहते है कि यदि मैं 10 दिनों के लिये बाहर चला जाऊ तो पीछे से फैक्ट्री बंद हो जाये। कुछ कहते है कि हम वहां ना जाये तो स्टॉफ भी बाहर घूमता मिलें। कुछ कहते है कि अगर हम ऑफिस ना जाये तो ऑफिस छः महिने पीछे चला जाये।

ऑटोमोड टीम का महत्व

आप अपने संगठन में टीम को ऑटोमोड पर रखे। शहर में रहते हुए भी महिने में एक आध दिन ऑफिस ना आये। देखे कि काम ठीक हो रहा है या नही हो रहा। एक ऐसी संस्कृति विकसित करें कि आपकी अनुपस्थिति में आपसे बेहतर व अधिक काम हो। कभी–कभी आप अपने ऑफिस में दिनभर बैठे रहे। लेकिन सैकिण्ड लाईन या थर्ड लाईन को ही काम करने दे। आप कोई दखल नही दें, न ही कोई परामर्श दें।

बुरा ना माने तो मैं तो यह कहना चाहूंगा कि टीम लापरवाह नही है। आप अपने वर्चस्व को छोड़ना नही चाहते। अतः टीम के प्रबन्धन से ज्यादा संगठन के मुखियां को आत्म प्रबन्धन करने की ज्यादा जरूरत है। अतः संगठन में सिस्टम और प्रोसेस को विकसित किया जाये। कार्य में व्यक्ति विशेष से ज्यादा सिस्टम व प्रोसेस को महत्व दिया जावे।

अध्यात्म में ही नही व्यापारिक संगठनों में भी साक्षी भाव का जबरदस्त महत्व है। साक्षी भाव विकसित करेंगे तो टीम का सम्बल बढ़ेगा। टीम का सामर्थ्य बैढेगा। टीम के निर्णय लेने की क्षमता बढेगी। और आपकों अन्य बड़े कार्यो, महान कार्यो को करने हेतु समय मिलेगा। आप

अपने अनुभव व प्रतिभा का अन्यंत्र अधिक कारगर उपयोग कर पायेंगे।

सादर।
(डी.डी. शर्मा)
सी.ई.ओ.
टीम 360
मो.: 9079040362

(अध्याय – 23)
मादा बाज की निर्ममता – एक कहानी

(जहाजों को जलाना पड़ेगा, तभी विजय मिलेगी)

एक ऊंचे पेड़ पर एक मादा बाज और नर बाज रहते थे। बसन्त के दिनों में उन्होनें घोंसला बनाया और अण्डे दिये। घोंसला इतना शानदार था कि पहले सुरक्षा के लिय लकडिया लगाई हुई। ऊपर फिर कांटेदार छत बनाई हुई। उसके ऊपर कपडे से आसन बनाया हुआ। उसके ऊपर मुलायम कबूतर के पंखो को बिछाया हुआ। उसके ऊपर मखमली चादर। अण्डे बडी सुरक्षित जगह पर थे। बहुत ही मुलायम घोंसले में थे।

समय गुजरा अण्डे फूंटे। दो छोटे बाज निकले। समय गुजरा। बाजों में थोडे–थोडे पंख आने लगे। मादा बाज दाना–पानी लाने के लिये बाहर जाती। पीछे से दोनों छोटे बाज अकेले घर में रहते थे, लेकिन घोंसला बडा मुलायम वं अच्छा था। मां से बहुत खुश थे, लेकिन एक

दिन देखा कि मां ने मखमल की चद्दर हटाई और नीचे फेंक दी। फिर 10 दिन बाद अन्य गद्दिया भी हटाकर फेंक दी। सिर्फ कांटे रह गये। बच्चों को बडा गुस्सा आया कि यह मां को क्या हो गया है ?

उस समय एक पक्षी प्रेमी ने छोटे बाज की मां के विरूद्ध पक्षियों के ऊपर अत्याचार का केस दर्ज कराया। लेकिन मादा बाज ने बिना किसी की परवाह किये वो काटे जिसकी छत लगी हुई थी। उसे भी तोडकर नीचे डाल दिया। अब सिर्फ लकडियों का आंगन रह गया था। अब तो दोनों बाज सहम गये कि अब क्या होगा ? इतने में बाजों के पंख भी निकल आये थे। अचानक मादा बाज ने लकडियों को थोडा नीचे खिसकाया और एक बाज को घोंसले से नीचे फेंक दिया।

छोटे बाज को तो यह उम्मीद भी नही थी कि हमारी मां यह कर देगी। वो बाज बेचारा नीचे गिर गया और दूब के अंदर पडा रहा। दूसरे दिन मादा बाज ने दूसरे बाज को भी नीचे गिरा दिया, वो भी दूब में पडा रहा। दोनों बच्चे अपनी निर्मम मां को कोस रहे थे। कि ऐसी निर्मम मां किसी को ना दे।

फिर एक बच्चे को चोंच में पकड पर वापिस घोंसले में लाई। वापिस नीचे गिरा दिया। फिर दूसरे को चोंच में पकडा और वापिस घोसले में ले गई। फिर उसे भी गिरा दिया। ऐसा उसने तीन दिन तक किया।

चौथे दिन जब बाजों को घोंसले से गिराया तो दोनों बाज नीचे गिराया तो दोनो बाजों के पंख खुल गये और गिरने के बजाय आसमान में उडने लगे। उडते-उडते वह भी नर बाज व मादा बाज की तरह आसमान की ऊचाईयां छूने लगे।

प्रकृति इस कहानी के अनुसार ही प्रशिक्षण देती है

प्रकृति इस कहानी के अनुसार ही प्रशिक्षण देती है

संगठन में भी नये प्रशिक्षणार्थियों को ट्रेनिंग देते समय संगठन के मुखियां इन बातों का खयाल रखते है। कभी-कभी बहुत जवान व्यक्ति को प्रबंध निदेशक की जिम्मेदारी दे दी जाती है, ताकि वो एम.डी. पोस्ट के जो चैलेंजेज है, उन्हे झेल लें। यदि झेल लिये तो सफल एम.डी.। अगर फेल हो गये तो वापिस वही आ गये।

तिब्बती बच्चों की ठंडक की कहानी

एक तिब्बत के व्यक्ति ने मुझें बताया कि तिब्बत में बहुत सर्दी पड़ती है। वहां की नदियों पर सर्दियों में बर्फ जमी रहती है, या पानी भी बहता है तो बर्फ से ठण्डा। अतः वहां पर ज्योंही कोई बच्चा होता है तो सबसे पहले उसे उस ठण्डी नदी में नहलाया जाता है। यदि वो नहाने के बाद जिन्दा रह जाता है तो उसे घर लाकर पाला-पोसा जाता है। यानी कि उसका वेक्सिनेशन हो गया। जो बच्चा ठण्ड को सहन नही कर पाता वो भगवान को प्यारा हो जाता है।

संगठन में कम्फर्ट जोन से बाहर लाने हेतु लीडर्स को एक निश्चित योजना रखनी चाहिये।

कर्मचारियों में यह मानसिकता होती है कि जिस कार्य को करते है, जहाँ बैठकर करते है, उस जगह को भी छोडना नही चाहते।

एक बैंक मैनेजर की आराम के दायरे की कहानी

मैं एक बैंक में मैनेजिंग डॉयरेक्टर था। मेरे अण्डर में एक ब्रांच में दो मैनेजर्स थे। एक मैनेजर तो ब्रांच मैनेजर का

काम देखता था। दूसरा डवलपमेन्ट का, प्रशासनिक कारणों से डवलपमेन्ट का काम देखने वाले व्यक्ति को प्रधान कार्यालय में लगा दिया। प्रधान कार्यालय उसी शहर में था, लेकिन उस व्यक्ति ने बीमारी का बहाना बनाकर छुट्टियां ले ली। इस पर प्रशासन ने नरम रवैया अपनाते हुए उसे उसी ब्रांच में रिकोंसिलेशन का कार्य करने हेतु लगा दिया।

लेकिन वो मैनेजर खुश नही हुआ। उसे बराबर निराशा बनी रही कि उसको उसकी चेयर से हटा दिया, फिर मुझें किसी ने बताया कि यह आदमी लॉन की रिकवरी अच्छी करता है, तो मैनें उसे जबरन रिकवरी इंचार्ज बना दिया। कुछ दिन तो उसने काफी अनुनय–विनय की कि मुझें वापिस मेरी पोस्ट पर लगा दो, लेकिन फिर वो उस काम को करने लगा। इतने अच्छी तरह से करने लगा कि उसका प्रमोशन कर सीनियर मैनेजर बना दिया गया।

मेरा यहॉ इस कहानी से यह अभिप्राय है कि आराम के दायरे को छोड़ने से ही तरक्की का बिजारोपण होता है।

एक साधु व चूहें की कहानी

एक साधु एक कुटिया में रहता था। वहां एक चूहा भी आने लगा। बार–बार चूहा आता रहता तो साधु का उससे प्रेम हो गया।  साधु नंगा ही रहता था। एक दिन किसी महापुरूष ने कहा कि आप बाहर बस्ती में गांव में आतें हो। एकदम नंगे रहते हो, यहॉ औरते आती है, बच्चे आते है जो ठीक

नही है। मेरे पास एक धोती पडी है, आप उसकी लंगोटी लगा लो।

जैसे संगठन में लोग अपनी–अपनी सलाह देते रहते है और कमजोर मनोबल के व्यक्ति उनकी सलाह को मान लेते है। ऐसे ही साधु ने भी उनकी सलाह मान ली और लंगोटी पहनने लगा।

गर्मियों के दिन थे। कुटिया में गर्मी थी। पसीने की वजह से लंगोटी मैली हो जाती थी। लंगोटी धोने की कोई व्यवस्था नही था। वो उसे धूप में सुला देता। पसीने की आदि की गंध आने से चूहें को खुशबु आने लगी, तो वह लंगोटी को काटने लगा। साधु ने लोगो से कहा कि चूहा लंगोटी को काटने लग गया है। एक व्यक्ति ने कहा कि मेरे यहाॅ एक बिल्ली है। उसे मैं आपकी कुटिया में छोड देता हूॅ। बिल्ली को देखकर चूहा कुटिया से भाग गया, लेकिन साधु बाबा तो बाहर खा पीकर आ जाते थे। कुटिया में कुछ नही रहता था। भूखी बिल्ली सारे दिन म्याऊ–म्याऊ करती रहती।

साधु ने बस्ती में लोगों से कहा कि बिल्ली भूखी रहकर चिल्लाती रहती है, तो एक व्यक्ति ने कहा कि मैं आपको एक कुत्ता ला देता हूॅ। साधु ने कहा कि कुत्ते से तो हिंसा होगी। वह नही चाहिये। दूसरे व्यक्ति ने कहा कि मैं आपको एक गाय ला देता हूॅ। मगर उसके दूध थोडा ही होता है। लेकिन आपको और बिल्ली को पर्याप्त होगा। उसका दूध आप भी पीजिए और बिल्ली को भी पिलाईये। वह एक गाय को कुटिया के पास बांध गया व घास की भरोटी भी छोड गया।

कुछ दिन तो गाय ने चारा खाया। फिर चारा खत्म हो गया। भूखी गाय के आंखों में से आंसू आने लगे। साधु से गाय के आंसू नही देखे गये। साधु ने बस्ती वालों से कहा

घास की भरोटी ला दो। कुछ दिन तो लोग घास की भरोटी लाते रहे। एक दिन कोई भरोटी नही लाया और गाय भूखी थी। आसूं टपकने लगे। रात का समय हो गया। गाय भूंखी हैं। मैं बड़े पाप का भागी बनूंगा। सो साधु ने कुल्हाडी उठाई। रस्सी ली और पास के गांव में घास काटने के लिये चला गया। अच्छी घास थी। काटकर बांधने को तैयार हुआ, लेकिन इतने में लोगों ने देख लिया, चोर–चोर चिल्लायें और साधु को पकड लिया। साधु के धडाधड लट्ठ पडने लगे।

साधु जोर से चिल्लाया कि मेरा कोई दोष नही है। लोगों ने कहा कि एक तो चोरी करते हो फिर कहते हो कि कोई दोष नही है। उसने कहा कि यह सारा दोष लंगोटी का है। लोगों ने कहा कि कैसे ? तो उसने अपनी आपबीती बताई। यहाॅ लंगोटी से तात्पर्य यह है कि एक औसत भारतीय को जो सुविधाऐं मिलती है। उससे अधिक जब वो लेने की कोशिश करता है या गलत काम करके इकट्ठी करता है, तो उसे भी लठो का भागी होना पड़ता है।

कृतज्ञता का सिद्धान्त

मैं यहाॅ पर एक सिद्धान्त का उल्लेख करना चाहूंगा कि आपकों जीवन में बहुत सी वस्तुएं मिली है। बहुत आपके पक्ष में घटनाएं घटी है। कृपया उनके लिये ईश्वर के कृतज्ञ रहें।

एक बार की बात है। अंधेरी रात थी। लेकिन उसमें गजब के तारे चमक रहे थे। एक पाश्चात्य कवि ने उन तारों की गणना स्वर्ग की सुन्दरियों से की और तारो को देखकर प्रसन्न हो रहा था। इतने में एक अन्य आदमी आया। बूढा था, बोला इतने क्या खुश हो रह हों ?

कौनसी गजब की कलाकारी की है, कौनसी यहाँ सुन्दरियाँ है, कैसे पेड़ो से गंध आ रही है। उस आदमी ने कहा कि यहाँ कौनसी गंध आ रही है। तारे भी कभी सुंदर हो सकते है। तारों के चारों ओर तो अंधेरा छाया हुआ है। तारो भरी झिलमिलाती रात में उसे कुछ भी पसंद नही आया। अब जब पसंद नही आया तो शिकायत करने लगा। यानी कि हमारी शिकायत करने की आदत पड गई, कमियाँ ढूंढने की आदत पड गई।

प्रकृति का यह नियम है कि जहां पर आपका फोकस होगा। वही पर आपकी ऊर्जा जायेगी और उसी को मजबूत बनायेगी।

अतः उस झोपड़े की तरह जिसका आधा हिस्सा उड गया और वहा एक व्यक्ति था रोने लगा, दोष देने लगा कि आधा झोपडा उड गया। वहीं पर एक दूसरा व्यक्ति बैठा था। उसने कहा कि क्यों रो रहे हों ? आधा झोपडा तो मौजूद है। हम आधे में ही सबर कर लेंगे। अतः कुछ लोंगो की मानसिकता होती है कि वो निराशा ढूंढ लेते है। जबकि कुछ लोग निराशा में भी आशा ढूंढ लेते है। ईश्वर के कृतज्ञ रहते है। जहां कृतज्ञता है। वहां प्रेम है। जहां प्रेम है वहां समृद्धि है।

किसी ने कहा है:– **"Every cloud has a Silver lining"** यानी कि हर बादल के चारों और चमकदार रेखाएं होती है। किसी को चमकदार रेखाएं दिखती है, किसी को काला बादल। दृष्टि अपनी–अपनी।

संगठन में अनुशासित टीम का विकसित किया जाना

जैसे भगवान कृष्ण को अर्जुन ने कहा है कि मेरा मन बडा चंचल है। वायु के समान वेग वाला है। मैं इसे कैसे काबू में करू ? इस पर श्रीकृष्ण ने उत्तर दिया कि मैं मानता

हूँ कि मन चंचल है। लेकिन अभ्यास व परहेज के जरिये इसे संतुलित किया जा सकता है। इसे पालतु बनाया जा सकता है। जब आप अपने मन को पालतु बना लोगे तो यह आपका स्वामी भक्त सेवक होगा। जब तुम इसको खुला छोड दोगे तो यह मालिक बन बैठेगा या काम बिगाड देगा।

संगठन में स्टॉफ भी ऐसा ही होता है। जैसे मन को सम्भालना मुश्किल है। लेकिन नामुमकिन नही है। ऐसे ही स्टॉफ को भी अगर अभ्यास कराया जाये या प्रशिक्षण दिया जाये व अनुशासन सींखाया जायें तो स्टॉफ भी वफादार बन जाता है। स्टॉफ की चार चीजें पूरी होती रहनी चाहिये।

1. उसको समय पर तनख्वाह मिलती रहनी चाहिये।

2. उसके ज्ञान व कौशल की कद्र होनी चाहिये।

3. उसकी तारीफ होनी चाहिये व उसकी हैसीयत को स्वीकार किया जाना चाहिये।

4. उससे सिद्धान्तहीन व व्यर्थ के काम ना कराया जाये।

इन चारों बातों को **स्टीफन आर कोवी** ने चार प्रकार की बुद्धिमताएं कही है:–

1. शारीरिक बुद्धिमता (**Physical Intelligence**)

2. मानसिक बुद्धिमता (**Mental Intelligence**)

3. भावनात्मक बुद्धिमता (**Emotional Intelligence**)

4. आध्यात्मिक बुद्धिमता (**Spiritual Intelligence**)

एक टीम को भी आरामदायक दायरे से बाहर निकालने हेतु इन्ही चार बुद्धिमताओं को अभ्यास के जरिये विकसित किये जाने की जरूरत है।

टीम के सदस्यों का आपस में अलाइनमेन्ट होना अपेक्षित है।

टीम के सदस्यों की वैचारिक स्थितियों को देखकर उनके साथ व्यवहार किया जाना चाहिये।

उनको सुनना चाहिये। उनके वजूद को स्वीकार करना चाहिये। यानी कि उनकी ईमोशनल इन्टेलिजेन्स को बढ़ाया जाना चाहिये, जो कि बढकर एम्पॉवरमेन्ट का रूप ले लेती है।

किसी भी संगठन में कर्मचारियों के लिये तीन प्रकार की बुद्धिमताएं बढाने हेतु प्रशिक्षण की व्यवस्था है व अभ्यास कराया जाता है, तो वो संगठन सर्वाधिक गुणवत्तापूर्ण विश्वस्तरीय संगठन होगा।

चौथा आयाम आध्यात्मिक बुद्धिमता का है, उसे भी अगर विकसित कर लिया जाये तो विश्व को नया **गांधी, मार्टिन लूथर** मिल सकते है।

सादर।

(डी.डी. शर्मा)

सी.ई.ओ.

टीम 360

मो.: 9079040362

(अध्याय – 24)
दो बहुओं की कहानी

(संगठन में ईश्वर सिर्फ तथास्तु कहने का काम करता है)

परिवार में पति–पत्नी व बच्चों के बीच संगठन हो, या कम्पनी का संगठन हो, या फिर किसी एन.जी.ओ. अथवा राजनीतिक पार्टी का  संगठन हो। जैसी लोगों की मनस्थिति होगी, वैसी ही बनेंगी परिस्थिती।

एक सभ्रान्त परिवार में दो बेटे थे। दोनों की शादियाँ हो गई। दोनों के ही ससुराल वाले खाते–पीते समृद्ध लोग थे। लेकिन एक परिवार का व्यापार कुछ ठीक नही चला और उस परिवार में नेगेटिविटी फेल गई। परिणाम यह होता कि कोई भी कार्य करते तो वो लोग अपनी बेटी को नेगेटिव बातें कहते। आजकल तो मोबाईल का जमाना है। रोजाना बहू की उसके मम्मी–पापा से बातें होती रहती, वो नेगेटिव बातें करते।

धीरे–धीरे उसके जीवन में नेगेटिविटी आ गई और घर में झगड़े होने लगे। घर के मुखियाॅ ने झगड़े ना हो, इसलिये दोनों को अलग–अलग फ्लेट दिलवा दिये कि वहाॅ आराम से रहो। एक बहू आती तो घर में चारों ओर प्रसन्नता फैलती। दूसरी बहू आती तो घर में निराशा का माहौल बन जाता। आखिर झगडे बढ़ गये। नेगेटिव बहू ने कहा कि मेरे आने से आप लोगों को खुशी नही होती है। इसलिये मैं तो आपके यहाॅ आऊंगी ही नही, न ही मेरे बच्चे आयेंगे।

परिवार के मुखियाॅ को बड़ी चिन्ता हुई, उसने बहू को समझाया कि यहाॅ कोई ऐसी बात नही है। इतने में ही वो दूसरी बहू आ गई तो सभी लोग दूसरी बहू के साथ में प्यार से व सम्मान से बात करने लगे। यह बात देखकर घर का मुखियाॅ भी हैरत में पड़ गया कि यह क्या चक्कर है ? जब यह बहू आती है घर के सभी सदस्य खुश होकर इससे बाते करते है। घर में खुशी का माहौल हो जाता है, जबकि दूसरी बहू आती है तो घर में झगडे हो जाते है।

मेन्टर से सम्पर्क

घर के मुखियाॅ ने अपना एक गुरू बना रखा था। जिसे आजकल की भाषा में मेन्टर कहना उचित है। मैं यहाॅ मेन्टर इसलिये कहता हूॅ कि वो व्यक्ति अपने आपको गुरू कहलवाना पसंद नही करता था। वो आध्यात्मिक होने का दावा भी नही करता था।

मेन्टर ने कहा कि मैं दोनों बहुओं से मिलना चाहूंगा। एक–एक करके दोनों बहुएं मेन्टर से मिलने गई। मेन्टर ने नेगेटिव बहू की पूरी बात सुनी। फिर पोजिटिव बहू आई। उसकी बात भी गौर से सुनी। फिर घर के मुखियाॅ को

बुलाया। बोले कि यह आपके घर का मामला है। आप ही इसे सुलझाओं।

लॉ ऑफ अट्रेक्शन कहता है कि **'जैसे ख्याल वैसे हाल'**। यदि आप नेगेटिव बातें करोंगे तो आपके जीवन में नेगेटिव घटनाऐं घटेंगी।यदि आप पोजिटिव बातें करोगें तो आपके जीवन में पोजिटिव बातें घटेंगी। क्योंकि ईश्वर को ज्यादा मतलब नही है। आपके जैसे विचार, जैसी वाणी और जैसे कर्म। ईश्वर की ज्यादा शब्दावली भी नही है, वो तो एक ही शब्द बोलता है 'तथास्तु'।

जैसे बहू ने कहां कि मेरे आने से तो घर में झगड़े होते है। घरवालें मेरे से झगड़ते है, तो ईश्वर कहता है 'तथास्तु', यानी कि जो तुम बोल रहे हो वही जीवन में हों। दूसरी बहू कहती कि मेरे आने से घर में खुशियॉ आ जाती है। मैं भी खुश होतीं हूँ, तो ईश्वर कहता है 'तथास्तु'।

तथास्तु (So It Be)

ये यूनिवर्स एक गहरे कुऐं की तरह है। जिस कुऐं में जैसी आवाज दोगे, वैसी ही प्रतिध्वनी आती है। एक बार की बात है। मैं गोवर्नमेन्ट में ऑफिसर था। और मेरी पोस्टिंग बांसवाड़ा में थी, वहां बडे जंगल है, बडे पहाड है, तो वहा पर हम

जो भी बातें करते वो पहाडो से टकराकर वापिस सुनाई देती थी, या मैं यह कहूं कि ये यूनिवर्स आईना है। इसका अर्थ यह है कि जैसे आप हो वैसा ही चेहरा, वैसी ही बॉडी आईने में दिखेगी।

अतः आप निम्न चार बातों में सावधान रहिए।

विचार (Unspoken Words):- मन के अन्दर चलने वाली कल्पनाऍ व याददास्ती जो कि अभी जुबान से बाहर नही निकली है। वो विचार है। अतः इन पर आपकों निगह रखनी होगी। क्योंकि आपके दिमाग में दिन भर में लगभग 70 हजार विचार आते है। अतः आप मात्र उन्ही विचारों को ठहरने दे, जिनके लिये आप ईश्वर से तथास्तु की अपेक्षा करते है।

भाव (Emotions):- सभी विचार आपके जीवन में प्रकट नही होंगे। लेकिन वो चन्द विचार जिसमें आपने भावनात्मक जुड़ाव कर लिया है। वो निश्चित आपके जीवन में प्रकट होंगे। अतः सावधान हो जाइये। भावों को खराब मत होने दो। अन्यथा ईश्वर कभी भी तथास्तु कह सकता है। भाव से तात्पर्य है, जैसे— क्रोध, लालच, कामोत्तेजना, ईर्ष्या, द्वेष। किसी भी विचार के साथ ये उपरोक्त भाव जुड जाते है तो ईश्वर तत्काल तथास्तु कह देता है, वो भाव जीवन के साथ जुड जाते है।

मुंह से निकलने वाले शब्द यानी कि वाणी (Spoken Words):- आप दिनभर में आपकी वाणी से क्या बोलते है। उसे सप्ताह भर के लिये रोजाना लिख ले, तो आप पायेंगे कि आप जीवन में जो बोलते है, वो ही घटता है। इसलिये अपने बोलने पर निगह रखें, न तो विचारो को ऑटोमोड पर आने दे। न भावों को ऑटोमोड पर आने और न ही भावों को ऑटोमोड पर आने दे, आप निगरानी करें अन्यथा जो भी बालोगे परमात्मा उसको 'तथास्तु' कह देगा। इसलिये विद्वानों ने कहा है कि बोलने से पहले तोलिये।

कर्म (Actions):- ये सबसे पॉवरफुल प्रक्रिया है। क्योंकि इसमें विचार, भावना, वाणी सभी सम्मिलित होते है। अतः जैसा ऐक्शन करोंगे, उसके वैसे ही परिणाम

आयेंगे। कर्म का सिद्धान्त लागू होता है। जैसे भी कर्म करोंगे उसका फल तो भुगतना ही पड़ेगा। कहते है कि जैसा बीज डालोगें, वैसा ही अंकुर फूटेगा। वैसे ही फल लगेंगे, हो सकता है कि आपके विचारों पर ईश्वर तथास्तु कहना भूल जायें, हो सकता है कि आपके भाव को भी ईश्वर तथास्तु नही कहे, हो सकता है कि आपकी वाणी की भी ईश्वर अनदेखी कर दे, लेकिन आपके ऐक्शन्स पर तो ईश्वर तथास्तु कहेगा। अतः कर्मो को करने में विशेष सावधानी की जरूरत है। जो लोग कर्मो पर निगरानी नही रखते, आदतन किये जाते है, उनको जीवन में कोई मंजिल नही मिलती।

मैनें पूर्व के एक अध्याय में एक सीनियर गोवर्नमेन्ट ऑफिसर के दो बेटों की कहानी बताई है, कि एक बेटा तो शराब पीने का आदि हो गया। क्योंकि उसके पापा शराब पीते थे। दूसरे ने शराब के हाथ भी नही लगाया। पिता की मृत्यु हो गई, तो एक पत्रकार ने जो शराब पीता था, उससे पूछा कि तुममे यह गलत आदत पड गई। तुम अच्छी नौकरी में भी नही लग पाये। उस लडके ने कहा कि मैं क्या कर सकता था ? मेरे पिता भी शराब पीते थे। मैनें उनके देखा देखी शराब पीनी शुरू कर दी। इसमें मेरा कोई दोष नही है। सारा दोष मेरे पिता का है।

दूसरे बेटे से जो शराब नही पीता था, को पूछा कि तुम्हारे पिता तो शराब पीते थे। लेकिन तुमने नही पी। बेटे ने कहा कि मैने देखा कि पिताजी जब शराब पीकर घर पर आते थे, तो मां से झगडते, बच्चों पर हाथ उठातें। उनको देखकर मैंने यह सोच लिया कि मैं यह बुराई नही पालूंगा।

जिस बेटे ने शराब पीने की ठानी उसे ईश्वर ने कहा 'तथास्तु'। वो पीता गया और बिगडता गया। दूसरा बेटा

था, उसने शराब नही पीने की सोची तो ईश्वर ने कहा 'तथास्तु', वो सुधरा हुआ रहा तो बहुत उन्नती की और बहुत ऊंचे मुकाम पर पहुंच गया।

दो भाईयों की कहानी
(धर्मात्मा भाई पहुंचा नर्क में, पापी भाई पहुंचा स्वर्ग में) जैसा अन्दर ख्याल, वैसा बाहर का हाल।

दो भाई थे। बड़ा भाई बडा धर्मात्मा था। ज्ञान की बातें करता था। नैतिकता की बातें बताता था। छोटे भाईयों का ख्याल रखता था। सभी परिवार के लोग बडे भाई का सम्मान करते थे। बडा

भाई अपना सम्मान सुनकर खुश होता। लेकिन छोटा भाई उद्दंड हो चला। बीड़ी सिगरेट पीने लगा, शराब पीने लगा। मौका मिलता तो लडकियों के यहॉ भी अपना मनचला पना दिखाता।

एक बार दोनों भाईयों ने तय कि कही बाहर घूम कर आयेंगे। बडे भाई ने तो केदारनाथ, बद्रीनाथ का कार्यक्रम बनाया। छोटे ने कहा कि हम तो पटाया (थाईलैण्ड) जायेंगे। वहां पर शराब आदि की पार्टियॉ करेंगे। इतर एन्टरटेनमेन्ट करेंगे।

बड़ा भाई 10–15 दिन बाद केदारनाथ पहुंच गया। छोटा भाई पटाया पहुंच गया। छोटा भाई शराब आदि की पार्टिया, वैश्याओं आदि का आनन्द उठाने लगा, बड़ा भाई केदारनाथ, बद्रीनाथ में भगवान की भक्ति करके खुश हो रहा था।

अचानक कोरोना का कहर टूटा। दोनों भाईयों के कोरोना होने की रिपोर्ट आई। बड़ा भाई सोचने लगा कि छोटा भाई तो बहुत गलत जगह गया है। शराब पी रहा होगा। वैश्याओं के साथ व्यभिचार में लिप्त है। भी कई खोटे कर्म किये होंगे। यह सोचकर वह दुखी हो रहा था। मुझें तो उसे अपना छोटा भाई कहते हुए भी शर्म आती है। मुझें तो उसके कुकर्म याद करके रोना आता है। बड़ा भाई तो इन्ही बातों में खो गया कि छोटा भाई क्या–क्या कर रहा है।

छोटे भाई के भी कोरोना हो गया। बुखार आदि हो गई। तो उसे भी अपना बड़ा भाई याद आ गया। उसने सोचा कि बडा भाई कितना अच्छा है। केदारनाथ में भगवान के दर्शन कर रहा है। वहा भक्ति कर रहा है। वहॉ के भव्य दर्शन कर रहा है। अचानक दोनों के डॉक्टर्स ने कहा कि नो मोर, उनकी सांसे बंद हो गई। दोनों की आत्माओं को यमराज के दूत ले गये।

यमराज ने आदेश दिया कि छोटे भाई को स्वर्ग और बड़े भाई को नर्क

छोटे भाई की आत्मा को बड़ा असमंजस हुआ कि यह क्या निर्णय है ? उसने यमराज से पूंछा। कि मेरा बडा भाई तो धर्मात्मा था। पितातुल्य था। लोगों की सेवा करता था। इनको तो नर्क। कहीं यमराज महोदय कही रिकॉर्ड देखने में कोई गलती तो नही रह गेई। बड़े ने भी  कहा कि छोटा भाई तो सदा से ही उत्पाती था। दारूबाज था। वैश्या गमन करने में भी इसको संकोच नही होता

था। फिर इसको स्वर्ग ? ये तो न्याय नही कहा जा सकता। बडे भाई के साथ घोर अन्याय है।

यमराज ने कहा कि हमारे यहॉ न्याय का यह तरीका है। कि तुम्हारा मन मृत्यु के समय कहां था ? यदि मृत्यु के समय तुम छोटे भाई की वैश्यावृति को देख रहे थे, तो तुम नर्क के भागी हो। तुम्हारा छोटा भाई बडे भाई के केदारनाथ, ब्रदीनाथ में भगवान के दर्शन देख रहा था, तो वो स्वर्ग का भागी है। हमारे यहॉ बाह्य स्थितियों के अनुसार स्वर्ग–नर्क नही दिया जाता बल्कि मनस्थिति के अनुसार दिया जाता है। बडे भाई की मनस्थिति दुर्गुणों से भर गई थी। उसको छोटे भाई दुर्गुण ही नजर आ रहे थे, इसलिये वो नर्क का भागी है। यमराज ने दूत को आदेश दिया। कोई त्रुटि नही हुई है। बडे भाई को नर्क में डालो, छोटे को स्वर्ग में।

सादर।
(डी.डी. शर्मा)
सी.ई.ओ.
टीम 360
मो.: 9079040362

(अध्याय – 25)
शीरीं और फरहाद की कहानी

❖❖❖

(दृढ निश्चियी लोग अवसर रच देते है)

पुराने जमाने की बात है, कि एक बादशाह की दिल्ली पर हुकुमत थी। उसके एक खूबसूरत लड़की थी, जिसका नाम शीरीं था। शीरीं ने ज्यों–ज्यों जवानी की दहलीज पर पांव रखे, तो रूप व यौवन से इतनी निखर गई थी कि पूरी दुनियां में उसकी खूबसूरती के चर्चे थे।

एक बार वो बादशाही महल की छत पर टहल रही थी, कि महल के आगे से गुजरते हुए फरहाद नाम के एक मुसाफिर की नजर शीरीं पर पडी। शीरीं की एक झलक ने ही फरहाद को मोहित कर लिया। फरहाद उसे अपना दिल दे बैठा। फरहाद को शीरीं के अलावा कुछ भी दिखाई नही देता था। फरहाद एक सामान्य नौजवान था। अतः यह कल्पना ही नही हो सकती थी कि एक बादशाह की लडकी से उसका निकाह हो, लेकिन फरहाद के रोम–रोम में तो शीरीं बस चुकी थी। अतः फरहाद ने महल के आगे खड़े चौकीदार से निवेदन किया कि वो शीरीं से मिलना चाहता है। चौकीदार ने डांट दिया कि वो बादशाह की शहजादी है। उससे तुम कैसे मिल सकते हो ? इतना ही नही वहां एक सैनिक पहरे पर खडा था। उसने जाकर कह दिया कि यह कोई फरहाद नाम का

व्यक्ति है जो गुस्ताखी कर रहा है। सैनिक ने उसे लताडा और बाहर भगा दिया, लेकिन वह तो महल के आगे ही बैठ गया। तीन दिन तक खाना पीना छोड दिया।

जब यह सब सैनिक ने देखा तो उसने सोचा कि कहीं यह मर ना जाये। इसलिये उसने बादशाह के वजीर से कहा कि एक फरहाद नाम का व्यक्ति शीरीं से मिलना चाहता है। जब हमने मना किया तो तीन दिन से भूखा प्यासा महल के सामने बैठा हुआ है।

वजीर खुद फरहाद से मिलने आया और उससे कहा कि शीरीं से मिलना सम्भव नही है, अगर बादशाह को पता चला तो हो सकता है कि वह तुम्हे दण्ड दे दे।

लेकिन फरहाद ने कहा कि अब जिन्दगी शीरीं के नाम कुर्बान है। वजीर ने महल में जाकर यह बात बादशाह को बतलाई कि एक ऐसा युवक महल के बाहर अन्न जल त्याग कर बैठा है, वो शहजादी शीरीं से मिलना चाहता है।

बादशाह ने वजीर से कहा कि उसे यहां ले आ ओ, उससे बात कर लेते है तथा कोई उपहार आदि देकर उसे विदा कर देंगे। फरहाद को बादशाह के सामने पेश किया गया। बादशाह ने फरहाद से पूछा कि क्या चाहते हों ? क्या माजरा हैं ? फरहाद बोला कि कुछ नही। शीरीं का हाथ चाहता हूँ। बादशाह को गुस्सा आया कि क्या बकवास करते हों। यह बात कहने की तुम्हारी हिम्मत कैसे हुई, तुम्हारी हैसीयत ही क्या है ? क्यों ना तुम्हें मृत्युदण्ड दिया जाये।

पर्दे के पीछे से शीरीं सुन रही थी। अतः शीरीं ने धीमी आवाज में कहा "कि यह नौजवान मेरे काबिल भी है क्या ? इसकी परीक्षा तो ले लो।"

बादशाह ने टालने के उद्देश्य से कह दिया कि सामने पहाड़ है, उसे खोद डालो। उस पार एक नदी है। उस नदी का पानी यहां ले आओ। अगर तुमने यह कार्य कर दिया तो तुम्हारा निकाह शीरीं से कर दिया जायेगा। फरहाद ने चैलेंज को स्वीकार करने के लिये गर्दन झुंका दी। उसने एक बात कही कि हो सकता है। इस काम को करने में मुझें कुछ समय लगे, तो पर्दे के पीछे से शीरीं की आवाज आई कि मैं इंतजार करूंगी।

पहाड़ को काट डालना

शीरीं की आवाज सुनकर फरहाद तो रोमांचित हो गया। उसने बादशाह से कहा कि आप मुझें एक कुदाली व परात दे दो। बादशाह ने वजीर से कहा कि कुदाली और परात की व्यवस्था करवा दो।

फरहाद कुदाली और परात लेकर पहाड को काटने के काम में लग गया। उसे ना तो खाने की सुध थी ना पीने की, वह तो पहाड को तोडने में लगा हुआ था, पंद्रह दिन हो गये। फरहाद पहाड़ तोडने में लगा हुआ था, कहते है कि जो दृढ़ निश्चय कर ले ईश्वर उसकी मदद करता है। जब वह पहाड को तोडता तो उसमें से कुछ चमकीले पत्थर निकलते। वह पत्थर आस—पडौस के बच्चे लेने के लिये आ जाते। बच्चों को वह पत्थर बडे अच्छे लगते थे। वह उन पत्थरों को ले जाते और घर से फरहाद के लिये खाना ले आते।

देखते—देखते ही अल्लाह की बडी मेहरबानी होने लगी। पहाड में से हीरें निकलने लगे। अब तो बडे लोग भी वहा आने लगे। कई लोग तो फरहाद के साथ उस पहाड को तोडने में लग गये। हजारों लोग उस पहाड तो तोडने में लग गये। तीन साल की अथक मेहनत से पहाड

को तोड़ दिया गया। और दूसरी तरफ की नदी को वहा पर लेकर आ गये। फरहाद खुश होकर बादशाह के पास गया और शीरीं का हाथ मांगने के लिये, लेकिन बादशाह ने तो फरहाद को पहचानने से ही इंकार कर दिया, कहा कि मैनें ऐसा कोई वचन नही दिया।

बादशाह ने वजीर को बुलाया और पूछा कि यह नौजवान क्या कह रहा है? क्या वाकई में इसने पहाड काट डाला। वजीर ने कहा कि हॉ। इसने वाकई में पहाड काट डाला। यह बडा दृढ़ निश्चयी है। इसके साथ पूरी अवाम ही पहाड तोडने में लग गई।

लेकिन शहजादी शीरीं से निकाह का मामला तो शहजादी का अपना निर्णय होगा। अतः मेरा मशवरा है कि शहजादी शीरीं से ही पूछा जाये कि क्या किया जायें ? विचार विमर्श चल रहा था कि कुछ सैनिक आये और आकर बोले कि आपकी हुकुमत में हमारा एक बागी आया हुआ है, वो हमें लौटाईये। वो सैनिक पास की किसी अन्य हुकुमत के थे। वजीर ने कहा कि कौन है ? तो पता चला कि फरहाद ही उनका बागी था, वजीर ने उन सैनिकों से पूछा कि यह कौन है? क्या मामला है ? पूरी जानकारी चाही तो सैनिकों ने कहा कि यह हमारे बादशाह का बेटा है। लेकिन पिता से नाराज होकर सल्तनत छोड कर आ गया है।

जब बादशाह को पता चला कि यह सामने खडा नौजवान भी किसी बादशाह का शहजादा है, तो उसने कहा कि मैं शीरीं को बुलवाता हूॅ। अगर शीरी को मंजूर होगा तो मुझें निकाह में कोई ऐतराज नही होगा।

शीरीं को बुलाया गया। शीरीं ने कबूल किया कि ऐसे दृढ़ निश्चयी शहजादे से निकाह करके मुझें बहुत खुशी होगी। दोनों का निकाह करा दिया गया।

तभी से यह कहावत प्रचलित हुई कि **"हिम्मते मर्दा मददे खुदा। बादशाह की लड़की से करा दे निकाह"**। फरहाद ने इस प्रकार से अनुकूल अवसर की रचना कर दी।

व्यापारिक संगठनों में ऐसे ही दृढ़ निश्चयी लोग जिनके पास में स्पष्ट विजन हो, जिनका गोल तय हो। योजना जिन्होनें बना ली हो। टीम को विश्वास के साथ लेकर चलते है। वही लोग सफलता प्राप्त करते है।

किसी भी व्यापारिक संस्थान को सफल होने से पहले उसका विजन डोक्यूमेन्ट व मिशन स्टेटमेन्ट बनना जरूरी है। यदि किसी संगठन के पास में विजन डोक्यूमेन्ट नही है, तो छोटे–मोटे जंझावत ही संगठन को दिग्भ्रमित कर देंगे। जिन संगठनों के पास में मिशन होता है, विजन होता है। वो फोकस होकर पूरी जिम्मेदारी के साथ एक–एक कदम चलते है। किसी ने कहा भी है कि ऐसे दृढ़ निश्चयी पथिकों के तो रास्तें भी इंतजार भी करते है।

जिनके पास विजन नही और मिशन नही, उन्हें तो कोई भी बहका सकता है। कोई भी कम्पीटीशन का डर दिखा सकता है। वो किसी की भी आलोचना से घबरा सकते है, लेकिन जिनका विजन स्पष्ट है। जिनका मिशन तय है। वो अपनी मंजिल के लिये दृढ़तापूर्वक कार्य करते रहते है।

शिवाजी के दृढ़ निश्चय की एक ऐतिहासिक कहानी

शिवाजी ने हिन्दू राष्ट्र की स्थापना की। तुनार के किलें पर कब्जा करने की योजना बनाई। लेकिन किला चारों और से मुसलमान सैनिको के द्वारा घेरे के साथ सुरक्षित था। शिवाजी के पास 10–15 से अधिक सैनिक नही थे। लेकिन दृढ़ता गजब की थी। विजन जबरदस्त था। एक

मिशन था कि हिन्दू राष्ट्र की स्थापना करनी है। अतः यह तय किया गया कि रात्रि में किले की पीछे से दीवार फांद कर किले के अन्दर जायेंगे और किले पर कब्जा करेंगे।

लेकिन किले की पिछली दीवार तो इतनी ऊंची व चिकनी थी कि कोई सैनिक उस पर चढ़ ही नही सकता था। योजना बनाई गई। एक ऐसा जानवर जो दीवार पर चढ़ सकता था। गिलहरी की तरह एक जानवर था जिसके कांटे होते है। उसको लाया गया। कुछ रेशम के कीड़े लाये गये। उनके पतला धागा बांधा गया। रेशम के कीडे दीवार पर चढ़ गये। उन धागों पर फिर छोटी–छोटी रस्सीयाँ बांधी गई। उन छोटी रस्सीयों पर फिर बडी रस्सीयाँ बांधी गई। इस तरह से रस्सीयों के जरिये सैनिक दीवार पर चढ़े। लेकिन तलवारे उनको अपनें दांत से पकड़नी पडी। लेकिन शौर्य दिखाते हुए, बुद्धिमानी से तुनार के किले में प्रवेश कर गये। तुनार के किले पर कब्जा कर लिया।

दृढ़ता पूर्वक जब निरन्तर काम किया जाता है तो सफलता सुनिश्चित हो जाती है।

अमेरिकी स्टील किंग एन्ड्रू कार्निगी की कहानी

एक बेरोजगार नौजवान अपने गांव से निकला। दृढ़ इच्छा के साथ कि वो औद्योगिक जगत में अपना नाम करेगा। बडी परेशानियों से वो

अमेरिका पहुंचा। वहां पर उसने लुहारगिरी का काम किया। धीरे–धीरे लोहे की छोटी दुकान खोली। लोहें के औंजार बेंचता था। धीरे–धीरे स्टील बनाने लगा। स्टील को छोटा सा व्यापारी बना, पर वो इतना दृढ़ निश्चयी और जिद्दी था कि उसने कहा कि जितनी भी स्टील की फैक्ट्रियॉ है, उनको खरीद लू या इन सबका एक फेडरेशन बना लू, समय तो लगा। लेकिन बीस वर्षों में वह इतना काबिल बन गया कि स्टील की तमाम फैक्ट्रियों को एकीक्रित कर लिया। अमेरिकी सरकार को फेडरेशन बनाना बना। फेडरेशन के चेयरमैन के रूप में एन्ड्रू कार्गी ने कहा कि आज जो अमेरिकी अर्थ व्यवस्था में स्टील का जो महत्व है। उसकी कहानी पूरी तरह संघर्ष की कहानी है।

आज अमेरिका जो युद्ध के अस्त्र–शस्त्र बनाने में कामयाब है। उसके पीछे एन्ड्रू कार्गी की दृढ़ता व विवेकशीलता के विशेष महत्व है।

दृढ़ता पूर्वक निरंतर जो लोग काम करते है, उनमें जोश–जुनुन भी आ जाता हे। इसलिये वो अपने काम को दस गुणा ज्यादा परफोरमेन्स के साथ करते है। ये बात **डेल कार्निगी** ने अपनी पुस्तक **"लोक व्यवहार"** में लिखी है।

स्टीफन आर कोवी लिखते है कि यदि कोई व्यक्ति प्रोएक्टिव होकर किसी संगठन का निर्माण करता है। वो संगठन प्रोएक्टिव होकर कार्य करता है। तो संगठन की प्रभावकारिता 50 गुणा बढ़ जाती है। संगठन की आर्थिक क्षमता भी इसी अनुपात में बढ़ जाती है।

डिजिटल युग

स्टीफन आर कोवी 7 हेबिट्स ऑफ हाईली पीपुल में लिखती है कि संगठन की सफलता की कहानी उसके बदलाव से शुरू होती है, बदलाव तीन स्तर पर किये जाने अपेक्षित है।

1. माइंड सैट

2. स्कील सैट

3. टूल सैट

यहाँ मैं टूल सैट के बदलाव के बारे में कहना चाहूंगा, आज का समय मार्केटिंग के बडा अनुकूल है। कोई समय था कि व्यापारिक संगठनों को मार्केटिंग करने में बडी दिक्कत आती थी। उस समय यह समझा जाता था कि प्रोडक्शन करना तो आसान है, बाकि सारे काम आसान है। सेल्स और मार्केटिंग के अलावा। पैसा आता ही सेल्स से है। संगठन की सालाना बेलेंस शीट में सेल्स के अलावा और कोई प्रोफिट का आईटम ही नही होता।

लेकिन **अमेजन, फ्लीपकार्ट, मीशो व स्नेपडील** आदि–आदि डिजिटल मार्केट्स ने मार्केटिंग के काम को बिल्कुल आसान कर दिया। आप किसी भी प्रोडक्ट की मार्केटिंग राष्ट्रीय व अन्तर्राष्ट्रीय स्तर पर कर सकते है। मार्केटिंग का पूरा जिम्मा यह कम्पनियाँ लेती है।

आऊट रिसोर्सिंग का युग आ गया

समय बदलता है। आज का समय यह है कि मार्केटिंग की आऊट रिसोर्सिंग की जाये और प्रोडक्शन खुद के द्वारा किया जाये। ट्रेडिंग किसी तीसरे से कराया जाये। ट्रेनिंग आदि का कार्य किसी चौथे से कराया जाये।

इन्डिपेन्डेन्ट का नही अब इंटर डिपेन्डेन्ट का युग है

आत्म निर्भर भारत की बात माननीय प्रधानमंत्री करते है, लेकिन राफेल फ्रांस से मंगाते है। अन्य नवीनतम सैन्य सामग्री रूस से खरीदी है। अतः आत्म निर्भर भारत परस्पर निर्भर भारत बनने की दिशा में ही प्रयास हो रहे है।

आत्म निर्भरता का पायदान लोगों की दृष्टि में बड़ा ऊंचा दिखाई देता है। हॉ है भी। पराधीनता से तो ऊपर है ही, लेकिन उच्चतम नहीं है। जब आत्म निर्भर राष्ट्र पारस्परिक सहयोग को अपनाते है, तब ही विश्व में स्थायी शांति, समृद्धि, स्वास्थ्य व सुरक्षा का माहौल बन सकता है।

व्यक्ति के निजी जीवन में परस्पर निर्भरता का महत्व

व्यक्ति पढ़ाई आदि करके किसी प्रोफेशन को सींखकर अपने काम में आदि हो जाता है। लेकिन ये पायदान उच्चतम नही है। यद्यपि समाज में आत्म निर्भर लोगों की बड़ी सराहना होती है। लोग प्रसंशा करते है, लेकिन महान कार्यो को करने के लिये संगठन की जरूरत होती है। संगठन हेतु कई आत्म निर्भर लोगों को मिलाकर एक टीम बनाई जाती है। टीम पारस्परिक सहयोग से काम करती है। इसीलिये व्यक्ति विशेष से अधिक संगठनों की प्रभावकारिता होती है। यहीं वजह है, कि जितनें भी वृहद स्तर पर कार्य हुए है। उच्च गुणवत्ता के कार्य हुए है। वह संगठनों के द्वारा ही हुए है।

जिस संगठन के पास नेटवर्क ज्यादा है। उसी के पास में नेटवर्थ भी अधिक होंगी। नेटवर्थ का अर्थ है कि आत्म निर्भर लोगों का पारस्परिक सहयोग।

स्टीफन आर कोवी की चौथी, पांचवी और छठी आदत पारस्परिक निर्भरता की आदतें है। प्रथम तीन आदते व्यक्ति को अनुशासित बनाते है, वो अपने प्रोमिजेज करता है, तथा पूरे करता है। वो इन्डीपेन्डेन्ट बनता है। अगली चार आदते व्यक्ति को पारस्परिक सहयोग, संवाद सम्प्रेषण आदि के लिये काबिल बनाती है। एक पूरक टीम का सक्षम सदस्य बनाती है एवं लीडरशीप के गुण भी पैदा करती है।

सादर।
(डी.डी. शर्मा)
सी.ई.ओ.
टीम 360
मो.: 9079040362

(अध्याय – 26)
ईश्वरचन्द्र विद्यासागर की अजीब कहानी

(समस्याऍ वास्तविकता नही होती है, लेकिन इन्हे वास्तविकता मान लेते है तो समस्या कष्टदायक हो जाती है)

एक बार एक नाटक का मंचन हो रहा था। जिसके पात्र लब्ध प्रतिष्ठित थे। उसमें एक अभिनेता ने एक ऐसा गजब का रोल किया कि नाटक मण्डली के मुखियॉ ने नाटक देखने हेतु विद्वान विद्यासागर को निमंत्रित किया।

ईश्वरचन्द्र विद्यासागर अपने समय के मुख्य विद्वानों में से एक थे। जिन्होनें कि बुद्ध के ग्रन्थ **धर्मपद** जैसे ग्रन्थ का हिन्दी में रूपांतरण किया। उन्हें उस समय की अनेक उपाधियों से सम्मानित किया गया।

विद्यासागर यथा समय नाटक देखने पहुंच गये। नाटक में अभिनेता एक ऐसे व्यक्ति का रोल कर रहा था। जिसने कई औरतों के साथ बलात्कार किया व कइयों की नीममर्म हत्याऍं की। नाटक अपनी चरम सीमा पर था।

औरतों के परिवार वाले रो रहे थे, औरतो की डेड बॉडिज पडी हुई थी। अभिनेता विलेन बना हुआ खिलखिला कर हस रहा था। इतना कारूणिक दृश्य था, कि विद्वान विद्यासागर भी नाटक में खो गये और अचानक अपनी सीट से उठे और मंच पर चढ़ गये तथा वहां जो पेपरवेट रखे थे उनसे उस कलाकार को पीटने लगे। पास में पडी छडी को उठाया और उससे पीटने लगे। फिर अपने जूतें निकालकर उस कलाकार को धड़ाधड़ पीटने लगे और गालियॉ देते हुए अपनी सीट पर आकर बैठ गये।

उक्त कलाकार ने विद्यासागर के जूतो को अपने सिर से लगाया और माइक्रोफोन पर बोला कि आज मैं धन्य हो गया। मेरा अभिनय सजीव हो आया है। विद्यासागर जैसे विद्वान भी इसे सजीव व सत्य मानने लगे और मुझें पीटने के लिये स्टेज पर आ गये।

ये बात सुनते ही विद्यासागर को होश आया कि अरें मैं नाटक देख रहा था क्या ? मैं तो सोच रहा था कि यह व्यक्ति इतना बुरा कर्म कर रहा है। इसलिये इसकी पीटाई करनी जरूरी है।

नाटक को ही जब वास्तविकता समझ लेते है, तो दुःख स्वाभाविक है

एक अवास्तविकता को विद्यासागर ने वास्तविकता मान ली। दुखी हो गये, क्रोधित हो गये और कलाकार को जूतों से पीटने लगे। बस यही है, व्यापारिक संगठनों में भी उतराव—चढ़ाव नाटक की तरह आते है, लेकिन जब सीनियर प्रबन्धक इसे वास्तविकता मान लेते है तब वो दुखी हो जाते है।

बिजनस साईकिल

प्रत्येक बिजनस में उसका एक साईकिल होता है। बिजनस धीरे–धीरे बढता है, ऊंचा जाता है। फिर उच्चतम बिन्दु पर चला जाता है। फिर स्वतः ही बिजनस गिरता जाता है। फिर और तेजी से  गिरता है। फिर बिलकुल नीचे आ जाता है। ये हर बिजनस के साथ होता है।

जो बिजनसमैन नया होता है। जिसे बिजनस साईकिल की जानकारी नही होती, समझ नही होती। वो जब बिजनस बढ़ता है तो खुशी से फूल उठता है। गर्वित हो जाता है। जब बिजनस नीचे आता है तो दुखी होने लगता है और जब बिजनस न्यूनतम बिन्दु पर आ जाता है तो वो डिप्रेशन में आ जाता है।

भगवान कृष्ण ने गीता में कहा है कि सर्दी, गर्मी आदि ऋतुऐं आने–जाने वाली है, तुम्हारे रोकने से ना सर्दी रूकेगी और ना गर्मी, तुम्हारे बुलाने से ना सर्दी आयेगी ना गर्मी। तुम्हारे हाथ में यह है कि जब सर्दी आये तो तुम गर्म कपडे पहनकर अपनी सुरक्षा कर लो। जब गर्मी आये तो छाता लगा लो। ठण्डे पानी की मशीन लगा लो और सम्भव हो तो कूलर, ऐ.सी. लगा लो।

भगवान कृष्ण ने कहा है कि दुख और सुख में दृष्टा बनकर रहो। जैसे किसी खेल में खिलाड़ी कभी हारता है और कभी जीतता है, तो वो थोडी सी देर के लिये दुखी होता है फिर खेल समझकर वापिस सामान्य हो जाता है,

वह कई बार हारता है तो कई बार जीतता भी है, लेकिन दुखी–सुखी नही होता।

इसलिये दृष्टा भाव से संगठन में नेतृत्व करना जरूरी है। विषम परिस्थितियॉ तो आयेंगी। चुनौतियॉ आयेंगी, लेकिन उनमें अपन क्या उपचार कर सकते है, अपन समस्याओं को कैसे अवसर में बदल सकते है ? ये अपनी परीक्षा की कसौटी होती है।

जो लोग संगठन में भावनात्मक रूप से चिपट जाते है और जब संगठन में लाभ की स्थिति नही रहती हैं, हानि होने लगती है, तो आदमी अपने को दोषी मानने लगता है। विद्यासागर की तरह आवेश में आकर संगठन को बुरा–भला कहने लगता है। कर्मचारियों को डांटने–डपटने लगता है, यानी कि निराशा की स्थिति में आ जाता है।

यहॉ मैं व्यापारिक संगठन का एक महत्वपूर्ण सिद्धान्त बतलाना चाहता हूॅ कि व्यापारिक संगठन अलग है और संगठन चलाने वाले व्यक्ति अलग है। जब दोनों को एक कर देते है तब गडबड हो जाती है, तब संगठन का भी भट्ठा बैठ जाता है। संगठन को चलाने वाला भी निराश होकर बैठ जाता है।

संगठन में एक वर्ष की अवधि समीक्षा का मापदण्ड हो सकती है। लेकिन व्यक्ति प्रतिमाह, प्रतिदिन पैसा चाहता है, संगठन व्यक्ति के हितों के विपरीत भी हो सकता है। अतः संगठन चलाने वाले उद्यमी को अपने आपकों अलग रखना चाहिये और संगठन को अलग। कम्पनियों में स्टॉफ आयेगा–जायेगा, लेकिन कम्पनियॉ निरन्तर चलती रहेंगी। कम्पनियों में उद्यमी भी आयेंगे–जायेंगे, लेकिन कम्पनियॉ चलती रहेंगी।

मैं यह बतलाने की कोशिश कर रहा हूॅ कि व्यक्ति का अलग अस्तित्व है और कम्पनी का अलग। इन दोनों का

घालमेल नही करें। कम्पनी के अकाउंट्स में व्यक्ति दखल नही करें। उद्यमी की इन्कम में कम्पनी दखल नही करें। अगर कम्पनी और उद्यमी के बीच में तालमेल नही बैठेगा। तालमेल से तात्पर्य है कि न तो ज्यादा घालमेल हो और न ही ज्यादा दुराव हो। यानी कि न तो ज्यादा नजदीकी अच्छी और न ही ज्यादा दूरी। जैसे किसी ने कहा है कि वीणा के तार को न तो इतना कसो कि वीणा टूट जाये, वीणा बजे ही नही। न इतना ढीला छोडो कि वीणा कोई काम की ही नही रहे।

कबीरदास जी ने कहा है कि

"कहे कबीर कैसे निभे, कैर—बेर को संग।

वे डोलत रस आपनो, उनके फाटे अंग।।

व्यापारिक संस्थान अपनी लय और गति से ऊंचा जायेगा, नीचा जायेगा। यद्यपि उद्यमी को उसे देखना है, जो बन सके वो उपचार करना है, यदि उपचार से लाभ ना हो तो परिवर्तन को स्वीकार करना है। बिजनस साईकिल की थ्योरी को प्रत्येक उद्यमी को पढ़ लेना चाहियें, समझ लेना चाहिये।

उद्यम की 3 अवस्थाएँ

आरम्भिक अवस्थाः— जब कोई व्यक्ति व्यापार को आरम्भ करता है। तो उसे व्यापार के बारे में कोई जानकारी नही होती, यह व्यापार की आरम्भिक अवस्था कहलाती है।

शुरूआती सफलताः— जब व्यक्ति व्यापार करते हुए दो—तीन साल हो जाती है तो उसे समझ में आने लग जाता है कि किस तरह से व्यापार करना चाहिये। कहां से माल खरीदना चाहिये। कैसा स्टॉफ रखना चाहिये ? स्टॉफ को कितनी सैलेरी देनी चाहिये ? ऐसे में उसे

विश्वसनीय स्टॉफ की जरूरत होती है, तब वो अपने रिश्तेदारों को विश्वासी मानकर व्यापार में लगा लेता है।

व्यापार की बढ़ती अवस्था (Growing Stage):– इस अवस्था में व्यापार वृद्धि करने लगता है और एक संगठन का स्वरूप लेने लगता है। ऐसे समय में वो विश्वासपात्र लोग जो योग्य नही है। वो काम नही आयेंगे। अब योग्य व्यक्ति, अनुभवी व प्रतिभावान लोग व्यापार में लाने पड़ेंगे। हो सकता है कि ये लोग आपका कहना नही माने और आपकों सलाह मशवरा भी दे। अनुभवी व हूनरमंद व्यक्ति को टैकल करना भी उद्यमी को सींखना होगा। इस अवस्था में व्यापारिक संगठन में सिस्टम और प्रोसिजर को डालना जरूरी है। क्योंकि अब ये संगठन अथवा कम्पनी बरसों चलेंगी, जैसे बाटा, रिलायंस, टाटा आदि। इन लोगों ने अपने संगठनों में सिस्टम और प्रोसेस डाली है। इसलिये बाटा कम्पनी की शुरूआत करने वाला व्यक्ति जीवित है या नही, इससे कोई फर्क नही पडता।

सिस्टम व प्रोसेस को डालना

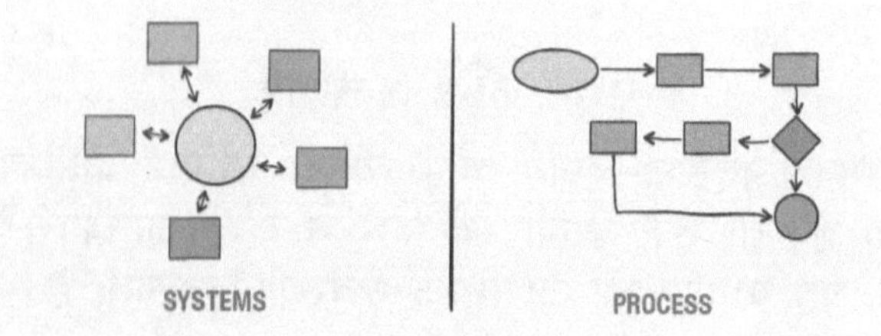

सिस्टम और प्रोसेस उद्यमी स्वयं नही डाल पायेगा। अतः उस व्यक्ति से संगठन में सिस्टम व प्रोसेस डलवानी चाहियें जिसने इसकी शिक्षा प्राप्त की है अथवा अनुभवी है। उद्यमी का काम तो मात्र इतना है कि वो ये देखे कि

लोग सिस्टम व प्रोसेस के अनुसार काम कर रहे है या नही।

बैंको में आपने देखा होगा कि कोई मालिक बैठता ही नही है। एक सिस्टम और प्रोसेस बना हुआ है। प्रातःकाल पीओन आता है बैंक की ब्रांच को खोल देता है। फिर मैनेजर व स्टॉफ आते है। वह अपने–अपने काम करने लग जाते है। कैशियर पैसा जमा करता है अथवा निकालने वाले को पैसा देता है। लोन देने वाला व्यक्ति लोन देने का काम करता है। लॉकर हैंडल करने वाला व्यक्ति लॉकर हैंडल करता है।

एक व्यक्ति जिसे कि मैनेजर कहते है। वो भी होता है और वो सभी कर्मचारियों के कार्यो का समन्वय व नियंत्रण करता है। इनके सहयोग हेतु कम्प्यूटर आदि होते है। ये अपनी सूचनाएँ प्रतिदिन अपने हैड ऑफिस को भेजते है। साप्ताहिक सूचनाएं आर.बी.आई. को भेजते है, यानी कि एक सिस्टम और प्रोसेस बना हुआ है, जिससे कि बैंक की ब्रांच चलती रहती है। किसी भी ब्रांच में मालिक को बैठने की जरूरत नही होती है।

अतः अपने व्यापारिक संगठन को ऑटोमोड पर लाईये और सिस्टम और प्रोसेस को डवलप करिये व उनके अनुसार संगठन को चलाईये। ताकि आप दृष्टा व साक्षी बनकर अपने संगठन को सफलता पूर्वक चला सके।

सादर।

(डी.डी. शर्मा)

सी.ई.ओ.

टीम 360

मो.: 9079040362

(अध्याय – 27)
भीड़ और फकीर की कहानी

(भीड़ नही टीम बनाइये)

फारस से एक नक्शबंदिया सिलसिले के मुकम्मिल सुफी फकीर हिन्दुस्तान के आगरा शहर में आये। शहर के पास ही एक कुटिया में रहने को उन्हें जगह मिल गई। चूंकि सुफी फकीर थे। इसलिये देखने वालों को बड़े मुकम्मिल नजर आते थे। उनका रहने, उठने, बैठने का ढंग बडा आकर्षक था। बडे साफ सुथरे कपडे पहनते थे। करीने से अपनी कुटिया को सजा रखा था। गांव के लोग भी उनका बडा सम्मान करते थे। उनकी झोपड़ी को भी रंग आदि करके सुन्दर बना दिया गया

INDIAN FAKIR

था। खाना भी उनको समय पर गांव वाले दे जाते थे। गांव के लोगो के दिलों में उनके प्रति बड़ी श्रद्धा बन गई थी।

एक बार लोगों की भीड़ इकट्ठी हुई और फकीर की कुटिया पर गई। भीड़ में एक व्यक्ति ने एक नवजात शिशु को गोद में ले रखा था। भीड़ फकीर को बुरा–भला कहने लगी कि हमने बडा गलत किया। तुम्हे यहॉ पनाह दी। तुम तो बहुत खराब आदमी हो। फकीर कुटिया से बाहर आया। उसने पूछा कि क्या बात है ? किस बात पर कोलाहल कर रहे हो ? तो भीड जोर–जोर से बोलने लगी कि तुम बदमाश हो, भ्रष्ट हो एवं पतित हो। तुम इस लड़के के पिता हो। तुमने इसकी मां के साथ अत्याचार किया। तुमने हमारे गांव पर कालिख पोत दी। इसकी मां कह रही है कि इसके पिता तुम ही हो। कइयों ने तो फकीर के साथ मारपीट भी करने लगी, क्योंकि भीड में अक्ल कहां होती है। भीड़ तो बिन बजाएं बजती है।

फकीर आश्चर्य से बोला कि यह मेरा बेटा है ? वह बहुत खुश हुआ। भीड ने कहा कि इसकी मां कह रही है कि यह तुम्हारा ही बेटा है। फकीर ने कहा कि तुम सब लोग कह रहे तो फिर ये मेरा ही बेटा है। फिर तो मेरा ही है **It is so.** भीड बोली की अब तुम इस बच्चे को सम्भालो। बच्चा देकर भीड वहा से रवाना हो गई।

फकीर की तो गांव में बदनामी हो गई। इसलिये आज उसे कोई खाना देने भी नही आया। फकीर ने बच्चे को गोद में लिया और गांव में भीक्षा मांगने के लिये निकला। लेकिन अब तो किसी गांव वाले ने दरवाजा ही नही खोला। कोई उसे भीख देने को तैयार ही नही था। पूरे गांव में घूम लिया लेकिन फकीर को किसी ने भीक्षा नही दी।

एक घर पर जाकर फकीर ने कहा कि मुझें भीख मत दो। लेकिन इस बच्चे के लिये दूध की व्यवस्था कर दो। भूखा बच्चा दूध के लिये रो रहा था। उस घर में एक

औरत थी। उसने अपने घर की बकरी को बाहर भेज दिया। फकीर समझ गया। उसने बकरी को पकडा और बच्चे को दूध पीला दिया। फिर फकीर कुटिया में चला गया।

अब तो रोजाना यही क्रम चलता। फकीर को कोई गांव वाला भीख नही देता। लेकिन बच्चे के लिये वह औरत रोज अपनी बकरी को घर से बाहर भेज देती थी। कई महिने गुजर गये। बिना खाने के फकीर काफी कमजोर हो गया।

आज ईद का दिन था। फकीर को बाहर जाकर कई बार नमाज पढ़नी थी। उसने सोचा कि आज बच्चे को सुबह–सुबह ही दूध पीला लाये। इसलिये वह उस घर पर गया जहां वह बकरी रोजाना मिलती थी। लेकिन आज तो ईद का दिन था। आज वो बकरी नही आई। आज स्वयं वो युवती आई जो बकरी को भेजती थी। एक कटोरे में सिवईया लाई और एक कटोरे में दूध।

बाबा तुम पहले सिवईया खा लो। मैं बच्चे को दूध पीला देती हूॅ। बाबा आप तो मेरे पिता तुल्य हो। यह बच्चा मेरा है। लेकिन मैनें इसके पिता का नाम छिपा लिया और तुम्हारा नाम लगा दिया है। मैं तो तुम्हे जानती भी नही थी। मुझें माफ कर दो। बच्चे का पिता तो दुबई कमाने चला गया है। वो यहाॅ पर है ही नही। तुम तो मेरे लिये रहमान बनकर आये हों। मैं तुम्हारी शुक्रगुजार हूॅ कि तुमने मुझ अभागिन की इज्जत बचा ली।

ये बातें हो रही थी कि गांव के लोगों ने देखा कि यह फकीर यहाॅ पर क्या कर रहा है ? फकीर ने देखा कि ईद का दिन है। माहौल खराब होगा। इसलिये उसने युवती से बच्चे को लिया और अपनी कुटिया में चला गया। लेकिन गांव के लोगों ने युवती को पकड़ लिया। माजरा

क्या है ? आज तेरी बातों से हमें संदेह हो रहा है ? क्या यह फकीर इस बच्चें का पिता नही है ?

युवती बोली कि आज ईद का दिन है। मैं आप लोगों से झूंठ नही बोलूंगी। यह बच्चा फकीर का नही है। तो फिर गांव वालों ने पूछा कि यह किसका बच्चा है ? तू कूल्टा है। तूने बिना सोचे समझे फकीर का नाम ले दिया। इस बच्चे का पिता कौन है ? हम उसे सबक सीखायेंगे।

जो यह बात बोल रहा था। वह गांव का सरपंच था। ईद के दिन नाराज मत होवों बाबा। यह आपका पोता है। आपके बेटे हसन और मेरा पास के गांव के मौलवी साहब ने निकाह करवाया है। लेकिन हसन का विजा आ जाने के कारण उसे दुबई जाना पड़ा। इसलिये हम आप लोगों को यह बात नही बता पाये।

यह बात सुनकर गांव के लोग। खासकर सरपंच तो सन्न रह गया। लोग बोले यह तो सरपंच साहब के रईसी खानदान का चीराग है। यह उस फकीर के पास कुटिया में क्यों ? हम जाकर उसे लायेंगे।

इतने में एक आदमी ने कहा कि इस औरत पर कैसे विश्वास करें ? तो युवती अपने घर के अंदर गई और एक कागज लेकर आई। वो कागज निकाह नामा था। जिस पर पड़ौस के गांव के काजी के हस्ताक्षर थे तथा उस पर हसन व युवती के भी हस्ताक्षर थे। भीड़ पुनः इकट्ठी हुई और फकीर की कुटिया पर गये। उन्होने ने कहा कि यह बच्चा तुम्हारा नही है। यह तो सरपंच साहब का पोता है। यह उनके घर का चिराग है। यह बच्चा उनको दे दो।

फिर भीड़ में से एक आदमी ने पूंछा कि जब यह बच्चा तुम्हारा था ही नही तो तुमने यह बतलाया क्यो नही ? फकीर ने कहा कि इससे क्या फर्क पडता है ? तुमने मेरा झौंपडा जलाया, अगर मैं ना कह देता तो तुम किसी और का झौंपडा जला देते।

फकीर तो दृष्टा व साक्षी भाव में रहता था। ऐसे ही व्यापारिक संगठनों में कई तरह की फैशन आयेंगी। किसी चीज की डिमांड बढ़ेगी। फैशन के जाने पर किसी चीज की डिमांड घटेगी। क्योंकि लोग भीड चाल में ही प्रोडक्ट को खरीदते हैं। जैसे कि भेड़ चाल है कि प्री. इंजीनियरिंग टैस्ट दो और इंजीनियर बनो।

व्यापारिक संगठन के लीडर्स को मांग में तब्दिली पर दृष्टा भाव रखना चाहिये। क्योंकि जैसे सर्दी–गर्मी आती–जाती है। उसी तरह हर प्रोडक्ट की मांग घटती–बढती है। जीरो हो जाती है। जिस प्रोडक्ट की मांग जीरो थी। उसकी मांग बढती और बढती जाती है, तथा उच्च बिन्दु पर चली जाती है।

बिजनस साईकिल को दृष्टा/प्रयोगकर्ता/साक्षी बनकर देखें

व्यापारिक संगठन में लीडर्स को प्रोएक्टिव होकर नई डिमांड क्रियेट करनी होगी, हो सकता है कि पुराने प्रोडक्ट की डिमांड खत्म हो जाये, हो सकता है कि पुराने तरीके दम तोड दे, हो सकता है 
कि पुराना स्टाफ जमाने के साथ नही चल पायें। ऐसे में प्रोएक्टिव होकर नये अवसरों की रचना करना संगठन के लीडर्स का दायित्व है।

Barbara Butan जो एक बडी अर्थशास्त्री थी ने कहा है **"Any business even on momentum needs repeated stimulus".** यानी कि कोई व्यापार चाहें वो अपनी चरम सीमा पर हो, बडा सुदृढ हो। लेकिन फिर भी उसे लगातार नवाचार और नये–नये प्रयोग व्यापार में करते हुए व्यापार को संचालित करना होगा।

व्यापार में दो प्रकार की शक्तियाँ काम करती है। एक कहलाती है गुणांक, दूसरी कहलाती है त्वरण। इन दोनों के सहयोग से व्यापार ऊंचाईयों पर चढ़ता है। जब कोई व्यापारी कुछ धनराशि लगाकर साहस और बुद्धिमता के साथ अपना व्यापार आरम्भ करता है, तो उसे निवेश कहते है। निवेश कई गुणा प्रतिफल देता है। इसे **गुणांक (Multiplier)** कहते है तथा जो प्रतिफल हुआ उसके कारण से भी नई डिमांड क्रियेट होती है। कई चीजों की आपूर्ति होती है। जिसका कि व्यापारी को ज्ञान ही नही होता। लेकिन यह प्रतिफल नया निवेश करने में सक्षम हो जाता है। इसे **त्वरण (Accelerator)** कहते है।

मैं यहाँ यह बतलाना चाह रहा हूँ कि व्यापारी निवेश करता जाता है। लेकिन व्यापार की त्वरण की शक्तियाँ व्यापार को और बढ़ा देती है। व्यापारी खुश होकर कभी–कभी यह कह देता है कि ईश्वर की कृपा है। ईश्वर देता है तो छप्पर फाड कर देता है। इस त्वरण की अदृश्य शक्ति को लोग ईश्वर तक कह देते है।

कई बार नासमझी में व्यापारी निवेश आदि कर लेता है तो त्वरण की शक्ति नेगेटिव भी हो जाती है। इसलिये नेगेटिव एक्सिलिरेशन से बचना चाहिये।

किसी भी देश की अर्थ व्यवस्था में भी मल्टीप्लायर और त्वरण से ही उस देश की अर्थ व्यवस्था बुलंदियों पर पहुंचती है।

प्रोफेसर कीन्स ने अर्थ व्यवस्था में होने वाले उतार–चढाव को मल्टीप्लायर व त्वरण की थ्यौरी से समझाया है। मेरे अनुसार निजी व्यापारी एंव कम्पनियों के व्यापार में होने वाले उतार–चढाव में भी इन्ही मल्टीप्लायर व त्वरण का योगदान रहता है।

अतः भीड के बजाय टीम का बनाना जरूरी है। स्टॉफ जब विवेकशील तरीके से काम करता है। विवेकशील तरीके से अनुशासित होकर काम करता है तो टीम होता है अन्यथा भीड़।

टीम के द्वारा किया गया व्यापार में योगदान निवेश कहलाता है। निवेश का एक गुणांक होता है। जो कि व्यापार को लाभ प्रदान करता है और प्रत्येक गुणांक के साथ त्वरण होता है, जो कि अदृश्य लाभ होता है।

अतः टीम को दृश्य व अदृश्य दोनों तरह के लाभ प्राप्त होते है और व्यापार तेज गति से ऊपर चढ़ता है। अतः व्यापार में व्यापारी को सीखते रहना जरूरी है। अगर वह रूटिन में कार्य करेगा तो व्यापार आगे नही बढ़ेगा।

आज के नये जमाने में डिजिटल मार्केटिंग से गुणांक और त्वरण एक–एक हजार गुना व्यापार को बढ़ा रहे है। यह कहना उचित है कि नोलेज वर्कर ऐज आ गई है। यानी कि जो एक्सिलेन्ट लोग है। वहीं व्यापार के लिये सम्पत्ति है। बाकि सब देनदारियॉ हो गई है। अतः व्यापार में सम्पत्तियों को बनावें, सम्पत्तियों को बढ़ावें।

सादर।

(डी.डी. शर्मा)

सी.ई.ओ.

टीम 360

मो.: 9079040362

(अध्याय – 28)
श्री कृष्ण भक्त राजा सैन की दानवीरता

(देनहार कोई और है, भेजत है दिन–रैन।
लोग भरम हम पर करें, तैसो नीचीं नैन।।)

एक बादशाह थे। उनके कुष्ठ रोग हो गया था। इसलिये वो अपने चेहरे को विशेष प्रकार के लोशन से छिपाकर रखते थे। इस कार्य हेतु एक सैन नामक नाई को दरबार में नियुक्त कर रखा था।

सैन रोजाना आता और राजा को नहलाता–धुलाता। बालों में कंघी करता, चेहरे पर लोशन लगाता। यह उसके नित्य का कार्य था, लेकिन यह कार्य छिपाकर करना होता था। बादशाह की समस्या यह थी कि यदि ये सैन नाई किसी दिन नही आयेगा तो क्या होगा ? तब दूसरे नाई को रखना पडेगा। जिससे भेद खुल जायेगा। लेकिन सैन विश्वासी नाई था, रोजाना आता था। वह अपने काम को बडी विवेकशीलता व तन्मयता के साथ करता था। जिससे बादशाह बडा खुश था।

लेकिन एक दिन सैन को एक सूफी संत मिल गये। और उन्होनें उसे कोई मंत्र दे दिया। थे तो वो सूफी संत लेकिन श्री कृष्ण भक्त थे। इसलिये सैन को **"ऊं क्लिम श्रीम् ब्रजी नमः"** नामक मंत्र दे दिया, सैन इस मंत्र को रोजाना सुबह–शाम करता था। धीरे–धीरे वह इस मंत्र में खोने लगा। गुरूमंत्र था इसलिये सुबह–शाम करने लगा। गुरूमंत्र तो होते ही प्रभावकारी है। इस कारण असर धीरे–धीरे करने लगा। स्वतः स्फुरित होने लगा जिसे कि अजपा जाप कहते है।

भगवान कृष्ण ने गीता में भी इस अजपा जाप का जिक्र किया है, भाव व श्रद्धापूर्वक मंत्र का जप करने से मंत्र सबकोसिंयस में प्रवेश कर जाता है और फिर जैसे सांस आती व जाती है, न तो सांस को लेनी पडती है, न ही बाहर निकालनी पडती है। वह स्वतः ही होने लगता है। इसी तरह मंत्र का उच्चारण भी स्वतः होने लगता है।

सैन के सबकोंसियस माइंड में जो पुराने पेट्रन थे वो कटने लगे और नये पेट्रन बनने लगे। सकारात्मक नये पेट्रन के कारण भगवान कृष्ण से मोहब्बत होने लगी। धीरे–धीरे प्यार का नशा चढ़ने लगा।

सूफियों के यहाँ मोहब्बत की ही साधना है। सूफी लोग ईश्वर को माशूका समझकर प्यार करते है। जैसे एक साधारण व्यक्ति के दिमाग में युवतियों की छवीं घूमती रहती है। ऐसे ही सूफियों के दिमाग में ईश्वर की छवीं घूमती रहती है। सैन के दिमाग पर भी मस्ती चढ़ने लगी। रूहानी नशा ऐसा चढ़ता कि कुछ ख्याल ही नही रहता। कब निस्बत हो जाये, कब फैज बरसने लगे ? कोई नही जानता ?

एक दिन सैन गुरूमंत्र का जप कर रहा था। ऊपर से ऐसा आकर्षण हुआ कि परमात्मा के प्रेम में खो गया। घंटो

उसी हाल में बैठा रोता रहा। प्रेम के आंसू टपक रहे थे। अचानक पत्नी ने आकर उसे झकझोरा। क्या कर रहे हो ? दोपहर हो गई है। बादशाह की कटिंग आदि के लिये जाना नही है क्या ? तब उसे होश आया। दोपहर हो गई क्या करें ? बादशाह तो नाराज हो जायेंगे। उसने अपना कटिंग आदि के सामान की पेटी उठाई और बादशाह के महल की और भागा।

चौकीदार ने कहा, आज क्या बात है ? दुबारा कैसे आना हुआ। उसने सुनी अनसुनी कर दी और जोर से भागा। मंत्री ने टोका कि अभी बादशाह दरबार में बैठे है, लेकिन सैन तो घबराया हुआ था। क्योंकि आने में देर हो गई थी। बादशाह ने कोई सजा दे दी तो। उसने मंत्री से कहा कि मेरा मिलना जरूरी है। मंत्री ने कहा कि ठीक है। बादशाह लोगों की प्रार्थनाएं सुन रहे थे। मंत्री ने कहा कि तुम ऐसे तो बादशाह से नही मिल सकते। तुम एक प्रार्थना पत्र लिख दो। मैं उसे बादशाह को दे दूंगा। बादशाह तुमसे मिल लेंगे, तब सैन ने एक दरख्वास्त लिखकर व अपने हस्ताक्षर कर दे दी। बादशाह ने दरख्वास्त पढी और कहा कि सैन नाई जहां हो उसे बुलाया जाये।

सैन नाई अपनी पेटी लेकर बादशाह के सामने पहुंच गया और दुखी होकर क्षमा मांगने लगा। उसने कहा कि मुझें आज देरी हो गयी। इसलिये कटिंग के लिये पहुंच नही सका।

बादशाह ने सैन की तरफ गौर से देखा। फिर कहा कि सैन क्यों मजाक करते हों ? सुबह आकर तो गये थे। सैन ने कहा कि नही महाराज मैं तो सो गया था इसलिये आ नही पाया। बादशाह बोले कि फिर मजाक। अगर तुम नही आये थे तो कौन आया था ? और आज जैसे तुमने

कटिंग की, दाढी बनाई वैसी तो तुमने आज तक की ही नही। याद करों कि आज तुम्हारी मालिश, कटिंग आदि से खुश होकर मैंने तुम्हे एक अशर्फी भी दी थी। अब तुम जाओं और मुझें जनता की सुनवाई करने दो। तुम अब कल आना।

सैन तो दुखी हो गया। हैरत में पड गया कि क्या मामला है ? मेरी जगह कौन नौकरी करने लग गया ? मेरी तो नौकरी ही चली जायेगी। ऐसे दुखी होता हुआ, रोता हुआ वापिस घर पहुंचा तो पत्नी बडी खुश नजर आई।

ताने देती हुई बोली। आज तो खुशी का दिन है। आज क्यों रो रहे हों ? सैन ने कहा कि क्या खुशी का दिन है ? मेरी तो नौकरी ही जाने वाली है। आज बादशाह ने क्या–क्या बातें बताई। कोई अशर्फी लेकर चला गया। पत्नी ने कहा कि तुम तो हो ही मूर्ख। यह देखों अशर्फी देकर गये है। सैन और आश्चर्य में पड गया कि यह क्या मामला है। खैर वो अपने काम में लग गया।

दूसरे दिन सैन राजा के यहां कटिंग करने पहुंच गया। तो ये देख कर वह दंग रह गया कि राजा का कुष्ठ रोग चला गया। सैन ने बादशाह से हिम्मत करके पूंछा कि कल कौन व्यक्ति आया था ? आपका तो कुष्ठ रोग ही गायब हो गया। बादशाह ने कहा कि तुम्ही तो आये थे। सैन ने कहा कि मुझें सही बताओं कि वह कौन व्यक्ति था ? वो कैसा लग रहा था ? बादशाह ने कहा कि क्यों मजाक करते हो। मुरली बजाते हुए तुम ही तो यहां आये थे। मैंने तुम्हारी मुरली भी यहां रखा ली थी। पीताम्बर पहन कर तुम ही तो यहां पहली बार आये थे।

यह बातें सुनकर सैन की तो आंखे डबडबाने लगी। उसने सोचा कि मेरे ईष्ट श्रीकृष्ण यहां आये। मैं कैसा

अधर्मी हूं ? मेरे ईष्ट को यह छोटा काम करना पडा। सैन की आंखे बंद हो गई और भगवान कृष्ण दिखाई देने लगे। बोले कि जब भक्त चूक जाता है, तो भगवान को तो आना ही पड़ता। इसमें मैनें कौनसा अहसान किया है?

सैन से रहा नही गया। उसने अपनी सारी बात बादशाह को बता दी। बादशाह ने बात सुनी और बोले कि सैन तुम्हारे ईष्ट श्रीकृष्ण यहां आये। मैं तो निहाल हो गया। बादशाहों का बादशाह यहां आया और मेरी कटिंग करके गया। अब मुझें बादशाह नही रहना और तुम भी कल से मेरे यहां नौकरी करने मत आना।

सैन बहुत दुखी हुआ कि नौकरी भी गई। ठीक खेल रचा कन्हैया ने। रोता–रोता अपने घर आ गया। पत्नी ने कहा कि आज क्यों रो रहे हों ? तुम्हे क्या हो गया ? आज तो और भी बड़ी खुशी का दिन है। सैन बोला कि खुशी कहां है ? नौकरी चली गई है।

पत्नी बोली आप नहा–धो लो, तैयार हो जाओं। बादशाह का घुड़सवार आया था और संदेश देकर गया है। मुझें और आपकों बादशाह के महल में बुलाया गया है। एक कागज भी देकर गया है। जो मुझें तो पढ़ना नही आता इसलिये पास के काजी से उस पत्र को पढ़वाया। काजी उस पत्र को पढते ही मेरे पांवो को छूने लगा और मुझें मलिका ऐं हुकुमत कहने लगा। मैं समझी नही। मैंने पूछा कि बताओं तो सही इसमें क्या लिखा है ? काजी ने कहा कि बादशाह ने बादशाही छोड दी है। वो तो यमुना किनारे जायेंगे और कृष्ण की भक्ति में रहेंगे। पीछे से पूरा राज्य सैन नाई को सौंप गये है। इसलिये सैन उनकी जगह राज करेंगे।

श्रीकृष्ण भक्त सैन बने राजा सैन

सैन राजा बन गये तो उन्होनें सारी व्यवस्था सम्भाल ली। वह भगवान कृष्ण के नाम पर राज करने लगे। उन्होनें एक नियम बनाया कि रोजाना जो कोई भी भूखा नंगा आता उसे दान करते। उनकी दानवीरता के चर्चे दूर–दूर तक फैल गये। लेकिन जब वो दान करते तो उनकी आंखे नीची होती।

तुलसीदास जी राजा सैन के दरबार में उपस्थित – एक कहानी

बताते है कि तुलसीदास जी को आश्रम बनाने हेतु पैसो की जरूरत हुई। और इसलिये वो चन्दा लेने हेतु राजा सैन के दरबार में उपस्थित हुए। तब तुलसीदास जी **रामचरितमानस** लिख चुके थे। और दूर–दूर तक तुलसीदास जी को एक संत के रूप में स्वीकार कर लिया गया था और संत भी रामभक्त संत।

तुलसीदास जी राम के भक्त थे और राजा सैन के बारे में प्रसिद्ध था कि वो कृष्ण के भक्त थे। अतः पहले तो तुलसीदास जी ने जाना ही स्वीकार नही किया। लेकिन लोगों के अनुरोध पर चन्दा लेने तुलसीदास जी राजा सैन के दरबार में पहुंचे। वहा वो लाईन में लग गये। राजा सैन सभी को दान कर रहे थे। तुलसीदास जी का नम्बर आया। जो मांगा वो राजा सैन ने दान किया। मगर उस समय उनकी नजरें बिलकुल नीचे थी।

चूंकि तुलसीदास जी प्रकाण्ड विद्वान व कवि थे। कवि भी ऐसे वैसे नही, आशू कवि थे। अतः गद्गद हो गये। और राजा सैन को सम्बोधित करते हए यह दोहा कहाः–

ऐसी देनी देन कित, सींखी हो सैन।

ज्यौ हांथ ऊंचौ करत हो, त्यों त्यो नीची होत नैन।।

यह सुनकर राजा सैन **भावविह्वल** हो गये। और बोलेः–

देनहार कोई और है, भेजत है दिन–रैन।

लोग भरम हम पर करें, तैसो नीचीं नैन।।

व्यापारिक संस्थानों में भी व्यक्तिगत साहस, बुद्धिमता और कर्मो का महत्व है, लेकिन टीम का महत्व इससे भी अधिक है। अदृश्य शक्तियों का भी महत्व नकारा नही जा सकता। अगर सैन को राजा सैन अदृश्य शक्तियॉ बना सकती है। तो व्यापारियों को भी बडे–बडे संगठन बनाने में योगदान करती है।

औद्योगिक प्रबन्धकीय भाषा में इन अदृश्य शक्तियों को अमूर्त शक्तियॉ कहा गया है जैसे कि गुड विल, जैसे कि बुद्धिपरक सम्पत्तियॉ, जैसे कि अनुभव, जैसे कि पेटेन्ट, जैसे कि ट्रेड मार्क, जैसे कि मोनोपॉली। जितना महत्व व्यक्तिगत बुद्धिमता व कर्मा का है। उससे कही अधिक लाभ यह अमूर्त संसाधन प्रदान करते है।

एक निराश उद्योगपति को मिट्ठन लाल मेहता
(भू.पू. चीफ सैक्रेटरी, राज0)
की सलाह – एक कहानी

(लेखक जब सरकार में ऑफिसर बने ऑफिसर हेतु परिचयात्मक ट्रेनिंग
में एम.एल. मेहता उस समय उनके निदेशक थे।

तब उन्होनें एक आपबीती सुनाई,
जो मैं यहाँ लिख रहा हूँ)

एक उद्योगपति मिट्ठन लाल मेहता के पास आये। अपना दुखड़ा रोने लगे कि आप इतने बडे अधिकारी हो। आप बडे—बडे विभागों को सम्भालते हो लेकिन मुझसे मेरा एक छोटा सा बिजनस नही सम्भलता। मैं सुबह जब उठता हूं तो फैक्ट्री जाने में डर लगता है। क्योंकि मुझें लगता है कि वहा पर काम करने वाले मुझसे अपना वेतन मांगेंगे। मजदूरों ने अपनी यूनियन बना ली है। अतः मैं छिपकर घर पर ही रहता हूँ। लेकिन घर पर भी जिन बैंको से लोन ले रखा है, वो पैसा मांगने घर पर भी आ जाते है। इतना ही नही पत्नी भी चीखने, चिल्लाने लग जाती है कि घर क्यों बैठे हो ? फैक्ट्री जाओं। इतना ही नही सरकार के भी नोटिस आये पडे है कि उनके भी बकाया जमा कराओं।

इस पर मिट्ठन लाल मेहता ने कहा कि तुम एक काम करों। मुझें दस हजार रूपये का चैक लिख दो। क्योंकि मेरी फीस बहुत ज्यादा है और मैं फ्री सलाह नही देता हूँ। उस जमाने में दस हजार रूपये काफी ज्यादा थे। क्योंकि यह बात करीबन चालीस साल पहले की है। जब मिट्ठन लाल मेहता की स्वंय की तनख्वाह भी दस हजार नही थी।

उद्योगपति बहुत उदास होकर बोला कि इतने पैसे तो मेरे पास नही है। कुछ डिस्काउंट करों और कोई ऐसी सलाह दो कि मेरे वारे—न्यारे हो जायें। मिट्ठन लाल मेहता बोले कि पैसे तो यही लगेंगे, लेकिन सलाह अचूक होगी। तुम यह कर सकते हो कि मुझें आगे की तारीख का चैक दे दो। वो बोला कि मैं कल आता हूँ।

दूसरे दिन उद्योगपति मिट्ठन लाल मेहता के ऑफिस पहुंचा और तीन महिने के बाद की तारीख का चैक लिखकर दे दिया।

मिट्ठन लाल मेहता की सलाह/काउंसलिंगः– मेहता उद्योगपति से बोले कि तुम सुबह 10 से 11 बजे तक अपने घर पर अकेले बैठोगे, अकेले रहोगे। उस एक घंटे में कोई फोन नही उठावोगे। किसी से बात नही करोगे। यहां तक कि अपनी पत्नी व बच्चों से भी नही। किसी से नही मिलोगे। उद्योगपति बोला कि कोई बैंक का फोन आ गया तो ? किसी सरकारी अधिकारी का फोन आ गया तो ? पुलिस का फोन आ गया तो ? क्योंकि मेरे तो कई मामले पुलिस में भी चल रहे है। उन्होने कहा कि तुम एक घंटे के लिये फोन का प्लग निकाल कर रख देना। ताकि न तो कोई फोन आये, ना घंटी बजे, हो सकता है कि एक–दो दिन तो तुम्हारा मन चंचल रहे, लेकिन तुम्हें यह काम करना होगा। अगर तीन महिने में तुम्हे फायदा हो जाये तो तुम नगद रूपये लेकर आ जाना और अपना चैक वापिस ले जाना। फिर तरकीब बताई किः–

एक घंटे तक बंद कमरे में एकान्त में बैठकर पूरी फैक्ट्री को बंद आंखों से देखना। हर उस व्यक्ति को बंद आंखों से देखना जो तुमसे पैसे मांगता। हर उस बैंक मैनेजर को बंद आंखों से देखना जो तुमसे पैसे मांगता है। हर उस पुलिस वाले को देखना जो तुम्हारे विरूद्ध जांच कर रहा है।

अपने आपसे कहना कि मैं सबके पैसे लौटा दूंगा। मुझें बैंक से बडा लोन मिल रहा है। बैंक नही देगी तो परमात्मा कही ना कही से पैसे भेजेगा, परमात्मा पैसा भेज चुका है। ऐसा महसूस करना।

मैं एक-एक करके सभी लोगों का भुगतान कर रहा हॅूं। बैंक का भी भुगतान कर रहा हॅूं। मैं सबके भुगतान कर रहा हॅूं। ऐसा महसूस करना।

आंख बंद करके यह कहना है कि मैं सबके भुगतान कर चुका हॅूं। अब मेरे लक्ष्यों को पूरा करने में तुम मनोयोग से लग जाओं। ऐसा महसूस करना।

इसके बाद एक कागज पर लिखना कि कौन-कौन से काम करने पर कितना पैसा आयेगा ? उस पर फोकस करो। महसूस करों कि पैसा आ गया। व कौन-कौन से सौदे करने थे ? महसूस करों कि वो सौदे कर लिये गये।

अब एक बार आंखे खोलों। आंखे फिर बंद करो और महसूस करों कि जब मैं फैक्ट्री में प्रवेश करता हॅूं तो सब लोग मुझें सलाम करते है। और सब मुझें आदर प्रदान करते है। मैं एक सफल उद्योगपति हॅूं।

यह बिना लांघा किये 90 दिन करनी है। यद्यपि लाभ तो तुम्हे दो-तीन दिन में ही होने लगेगा। जब तुम्हारा हौंसला बन जाये तो तत्काल फैक्ट्री चले जाना। तत्काल बैंको से टोपअप की बात करना। तत्काल पुलिस से आगे की तारीख देने की बात करना।

इस प्रक्रिया का परिणाम

मुश्किल से 7 दिन इस क्रिया को किया होगा। उद्योगपति में आत्मविश्वास लौट आया। उसकी बुद्धि तो पैनी हो गई। नई-नई योजनाएं दिमाग में आने लगी। उसके दिमाग में आई कि मेरे एक खाली प्लाट पडा है। मैं उसको गिरवी रखकर बैंक से अपने पुराने लोनों को टॉकअप करवा सकता हॅूं। ताकि मेरी अवधि पार बकाया भी जमा हो जायेंगें और मेरे पास केश लिक्विडिटी भी आ जायेगी। यह बात मुझें एक सीनियर बैंक मैनेजर कहकर

भी गया था। लेकिन निराशा में मैने उसकी बात सुनी नही। क्योंकि फैक्ट्री में कुछ उत्पादन ही नही हो रहा। किसके लिये कर्जा क्यों लू। लेकिन अब आत्म विश्वास आ गया।

एक अन्य फैक्ट्री वाले ने मेरे से प्रोडक्ट लेने की बात कही थी। लेकिन मैनें उसे मना कर दिया कि मैं तुम्हे न तो उधार दे सकता हूँ और न ही मेरी विक्रय दर से कम पर दे सकता हूँ। मेरी निराशा के कारण मेरा अहंकार टूट चुका था। अब मुझमें आत्मविश्वास आ गया। अब मुझें उससे बात करनी चाहिये। उस व्यक्ति ने कहा कि मुझें ना तो उधार लेना है और ना ही कम दर पर माल लेना है। आप मुझें नगद में माल देने की व्यवस्था कराओं। ऐसे ही बैंक मैनेजर से बात की तो वो टोपअप के लिये राजी हो गया। बस यह दो ही तो दिक्कते थी। एक तो कोई माल खरीदने वाला नही था। दूसरा पैसे की किल्लत आ गई थी। अब दोनों ही समस्याओं का समाधान हो गया। इसलिये मैं फटाफट बैंक मैनेजर के पास गया। ऋण का टॉपअप कराया। कर्मचारियों के वेतन चुकाये और प्रोडक्शन कराया, विक्रय किया, विक्रय की राशि प्राप्त की और पूरी तरह आत्मविश्वास से ओत–प्रोत हो गया।

लेकिन मैं यह सब भूला नही कि यह सब मिट्ठन लाल मेहता की सलाह से हुआ है। इसलिये मैं दस हजार नगद लेकर उनके पास गया और कहा कि मुझें चैक लौटा दीजिये। उन्होनें मुझें प्रेम से बैठाया और चाय के लिये पूछा। उन्होनें मुझें चैक लौटा दिया और मुझसे नगदी भी नही ली और कहा कि इसे गौशाला में दान कर देना।

मिट्ठन लाल मेहता कहते थे कि ध्यान आत्मा की खुराक है। जब आप थोडी देर एकाग्र होकर ध्यान करते

हो तो शुरू में तो विचारों का आना–जाना ही होता रहता है। यानी की धारणा ही होती है। लेकिन 10–15 सैकण्ड के लिये वाकई में ध्यान हो जाता है और आप परमात्मा की अदृश्य शक्ति से जुड जाते हो। उस समय आप प्रबल आत्मविश्वास से सराबोर हो जाते हो। आपको समस्याओं के समाधान तत्काल सुझने लगते है।इस सम्बंध में **अल्बर्ट आइंसटिन** ने भी कहा है कि जिस स्तर पर समस्या आई। उस स्तर का समाधान काम नही करेगा। आप अपने चेतना के स्तर को ऊंचा उठाईये। फिर जो समाधान होगा वह अचूक होगा व प्रभावकारी होगा।

पाठक भी इस प्रक्रिया का लाभ उठा सकते है।

सादर।
(डी.डी. शर्मा)
सी.ई.ओ.
टीम 360
मो.: 9079040362

(अध्याय – 29)
48 वर्षीय विधवा महिला को मिली सफलता – एक कहानी

(No Option for Persistent and Consistent Efforts)

एक महिला पूरी तरह अपने पति पर निर्भर थी। उसके दो बच्चे भी थे। महिला की उम्र 44 वर्ष हो गई। अचानक एक दिन उसके पति को हॉर्टअटैक आया और वो ईश्वर को प्यारे हो गये। महिला के लिये समय दुख भरा तो था ही लेकिन चुनोतियों से भी भर गया। उसे अपना होश सम्भाले रखना व दो बच्चों का

पालन–पोषण करना, सारी गृहस्थी का बोझ उस पर आ गया।

दो वर्ष तो वो पति की जो बचत थी, उसके सहारे अपना काम चलाती रही। एक दिन उस घर पर सांत्वना देने हेतु **स्टीफन ऑर कोवी** पहुंचे। क्योंकि उस दिन उसके पति का निधन दिवस था। सभी लोगों ने स्वर्गीय पति को याद किया तथा उस महिला के दुःख में आंसु

बहाएं। लेकिन **स्टीफन** ने कहा कि अब तुम्हे खुद को सम्भालना चाहिये, कुछ योग्यता बढ़ानी चाहिये और कुछ काम करना चाहिये। स्टीफन ने इतने आत्मविश्वास के साथ कहा कि उस दुखी महिला की आंखो में उत्साह और उमंग की चमक आ गई। उसे पहला व्यक्ति मिला जिसने उसके दिल की बात जानी थी। अतः उस महिला ने पूछा कि मैं अपनी पढ़ाई को कैसे बढ़ा सकती हूँ ? उन्होनें कहा कि सांयकाल क्लासे लगती है। तुम पढकर अपनी ग्रेज्युऐशन पूरी कर सकती हो।

स्टीफन की सलाह पर कन्डेन्स्ड ग्रेज्युऐशन कोर्स में एडमिशन लिया और कॉलेज जाने लगी। कॉलेज में सभी विद्यार्थी उसकी आधी उम्र के थे। यहॉ तक कि कॉलेज में पढ़ाने के लिये जो प्रोफेसर्स आते वो भी उससे छोटी उम्र के थे। कई तो उसकी मजाक भी उड़ाते कि इस उम्र में पढ़कर अब क्या करोगी ? लेकिन वो नीची नजरे करके सबकी सुन लेती और अपने काम में लगी रहती।

परीक्षा हुई, वो सफल हुई और वो ग्रेज्युऐट हो गई। वो स्टीफन से मिली और परामर्श चाहा। स्टीफन ने कहा कि अब चुनाव तुम्हारा है। तुम चाहों तो किसी स्कूल में पढाना शुरू कर सकती हो, जिससे तुम्हे कुछ पैसे मिल जायेंगे अथवा कन्डेंस्ड कोर्स में प्रवेश ले लो अथवा दूसरा विकल्प है कि दिन में कही नौकरी कर लो और सांयकाल कॉलेज चली जाओं।

स्टीफन ने कहा कि चुनाव तुम्हारा है। चुनना तुम्हे होगा। चूंकि महिला के कई सपने थे। जिनको वो अपने पति के रहते पूरी नही कर पाई थी। क्योंकि वो बातें उसके पति को पसंद नही थी। अतः वो अपने पुराने सपनों को याद करने लगी कि वो यूनिवर्सिटी में प्रोफेसर होना चाहती है। वो देश–विदेश में घूमना चाहती है, वो

बढ़िया गाडी चाहती है, वो अपने बच्चों को विश्व की सबसे बडी यूनिवर्सिटी में पढ़ाना चाहती है।

उस महिला ने स्टीफन से कहा कि यदि मैं कॉलेज में नियमित पढ़ने का विकल्प चुनु तो आप मेरी क्या मदद करेंगे ? स्टीफन ने कहा कि जैसा मैं और निष्ठावान छात्रों के लिये करता हूँ। वैसे ही मैं तुम्हे स्कॉलरशिप दिलवा दूंगा। लेकिन जैसे ही तुम्हारी नौकरी लग जाये तुम्हे वापिस पैसे देने पडेंगे। यह सुनकर महिला काफी खुश हो गई। उसने कॉलेज में एडमिशन लेने का निश्चय कर लिया।

वो 48 वर्ष की उम्र में पोस्ट ग्रेज्युएट हो गई और एक यूनिवर्सिटी में प्रोफेसर के पद पर लग गई। इतना ही नही उसने यूनिवर्सिटी में प्रोफेसर रहते हुए पी.एच.डी. की उपाधी भी प्राप्त कर ली जो उसे 53 वर्ष की उम्र में मिली। जो विश्व की बहुत बड़ी अर्थशास्त्री की विदूषी साबित हुई, उसका नाम था **बारबरा बूटन।**

जो लोग समस्याओं को अवसर में बदल देते है, उनमें से **बारबरा बूटन** एक थी। जो लोग टूटे हुए दिलों वाले लोगों को वापिस आत्मबली बनाने का काम करते है और समाज में उचित स्थान दिलाने में सहयोग करते है। मार्गदर्शन करते है, वो महापुरूष **स्टीफन आर कोवी** थे। कोई भी व्यक्ति किसी भी कार्य को आरम्भ करता है तो उसे सबसे पहले अपना विजन स्पष्ट करना होगा कि वो चाहता क्या हैं ? अपने भविष्य में झांकना होगा कि वो अपने आपको भविष्य में क्या देखना चाहता है ? यानी कि उसकी कोई इच्छा होनी चाहिये। कोई योजना होनी चाहिये। कोई डिजायर होनी चाहिये। इतना ही नही बर्निंग डिजायर होनी चाहिये।

One who does not have vision, will be victimized.
(D.D. Sharma)

जिन लोगों के पास भविष्य दृष्टि नही हैं, उनका पतन सुनिश्चित है। जिनके पास भविष्य के लिये कोई कल्पना नही है। भविष्य की कोई योजना नही है। वो तो अपने आपकों शिकार हो गया, महसूस करेंगे। ठगे गये महसूस करेंगे। विक्टिमाइंज्ड महसूस करेंगे।

ऐसे लोग या तो अपनी आत्मकथाएं लोगों को बताते रहेंगे या भूतकाल की कहानियाँ या अतीत की आधी अधूरी यादें। यानी कि जिनके पास विजन नही है। उनके भविष्य का निर्माण उनकी भूतकाल की बातों से होगा, लेकिन जिसने अपनी जिंदगी का ब्ल्यूप्रिंट बनाया है। यानी कि जिसके पास विजन है। उसके पास सुनिश्चित लक्ष्य होगा और वो प्रसन्नचित रहेगा।

डिसिप्लीनः– विजन को जमीन पर उतारने के लिये जिस चीज की जरूरत है, वो ही निरन्तर प्रयासों की, कर्मों की व क्रियाओं की, यानी कि प्रतिबद्ध होकर कार्य करने की, जो लोग अपनी जिम्मेदारी समझ कर दृढ़तापूर्वक कार्य करते है। एक अनुशासन रखते हुए करते है, यानी कि जिस दिशा में कार्य करना चाहिये उसी दिशा में कार्य करते है। जिस लयबद्धता व गति के साथ कार्य करना चाहिये उसी लयबद्धता व गति के साथ कार्य करते है, तो उनकी प्रभावकारिता कई गुणा बढ़ जाती है।

पैशनः– प्रभावकारिता को जो निखारता है, वो जोश–जुनून के साथ काम करना, प्रेमपूर्वक कार्य करना। जो कार्य करें उसे प्रेमपूर्वक करें। **नेपोलियन हिल** ने अपनी पुस्तक **Think and Grow Rich** में 12 प्रकार की सम्पत्तियाँ बतलाई है। उनमें **Love your labour** यानी कि अपने काम से प्यार करें, प्रमुख सम्पत्ति है।

जो व्यक्ति अथवा संगठन विजन, डिसिप्लीन व पैशन के समन्वय से कार्य करता है। वो हर तरह की चुनौति को निपटते हुए सफलता प्राप्त करता है।

विश्व में जितने भी महान लोग हुए है। उनमें ये तीनो गुण कूट–कूट कर भरे हुए थे। चाहें वो **महात्मा गांधी हो, चाहे वो मार्टिन लूथर किंग** हो, चाहे वो केनेडी हो या अन्य कोई और। इन तीनों को यदि आत्मा के अधीन रखकर कार्य किया जाये तो व्यक्ति का व्यक्तित्व महापुरूष की तरह निखर जाता है।यदि इन तीनों प्रतिभाओं का समन्वय ईगो (अहम) के अधीन रहकर किया जायें तो वो व्यक्ति **हिटलर–मुसोलिनी** बन सकता है।

पाठकों के लिये विजन, डिसिप्लीन व पैशन को जीवन में अपनाने का सतत् प्रयास करना अपेक्षित है।

No Option for Persistent and Consistent Efforts. अपने विजन, डिसिप्लीन व पैशन को सतत् व निरंतर बढ़ाकर व्यक्तित्व को महानतम् बनाया जा सकता है। रास्ते दोनों आपके पास है। महान बनना चाहते है अथवा औसत रहना चाहते है। चुनाव आपका है। आप जहाँ कही भी खडे है, वहीं से आप अपना रास्ता चुन सकते है, महानता की ओर जाने के लिये कदम बढ़ा सकते है।

सादर।

(डी.डी. शर्मा)

सी.ई.ओ.

टीम 360

मो.: 9079040362

(अध्याय – 30)
वो महापुरूष जलेबी लेकर गये, तो भीखारी पहले से ही

❖❖❖

जलेबी खाता मिला – एक कहानी
(आप कस्टमर को बेस्ट प्रोडक्ट देते हो लेकिन कस्टमर उसे स्वीकार करें, यह उसका बडप्पन है)

एक बार एक महापुरूष अपनी स्कूल में पढ़ाने के लिये प्रातःकाल जा रहे थे। रास्ते में एक दरिद्र भीखारी बैठा हुआ था, सर्दी का मौसम था। महापुरूष के दिल में करूणा जगी कि पास में ही गरम–गरम जलेबी बनाने वाला है। गरम जलेबी लाकर इस भीखारी को खिलाते है। यह सोचकर उन्होनें अपनी जेब में हाथ डाला तो पाया कि 500 रूपये का नोट है। खुल्ले कौन करायेगा ? इसलिये तत्काल दूसरा विचार दिमाग में ले आये कि आते समय इस भीखारी को जलेबी खिला देंगे। महापुरूष स्कूल के प्राचार्य थे। कामकाज में उलझ गये और फिर दोपहर 2–2.30 बज गई स्कूल से निकलते–निकलते। फिर वो जल्दी से अपने घर चले गये। दूसरे दिन फिर वो भीखारी दिखाई दिया। लेकिन नोट अब भी जेब में 500

रूपये का ही था। उन्होनें सोचा कि आज तो आते समय खुल्ले करवा लेंगे और इसे जलेबी खिलायेंगे ही।

स्कूल की छुट्टी 1—1.30 बज गई थी। प्रिंसिपल महोदय ने नोट के खुल्ले कराये। उसमें से 250 ग्राम जलेबी ली और उस भीखारी को देने के लिये चल दिये। उन्होने देखा कि भीखारी पहले से ही जलेबी खा रहा था। महापुरूष ने कहा कि और जलेबी ले लो, लेकिन भीखारी ने कहा कि आज तो पेट भर गया। महापुरूष को काफी अफसोस हुआ, फिर उन्होनें सोचो कि फिर कभी भीखारी को जलेबी खिलायेंगे।

इसी तरह एक माह गुजर गया। महापुरूष को वेतन मिला तो उन्होनें सोचा कि आज तो उस भीखारी को पेट भर कर जलेबी खिलायेंगे। स्कूल की छुट्टी हुई। दोपहर 1—1.30 बजे का समय था। वो जलेबी की दुकान पर पहुंचे। 1 किलो जलेबी ली और भीखारी के पास पहुंच गये। भीखारी को 1 किलो जलेबी देनी चाही लेकिन भीखारी ने कहा कि मैं जलेबी नही खा सकता। तो महापुरूष ने कहा कि क्यों नही खा सकते ? तो उसने अपनी बात बताई कि मुझें एक दिन चक्कर आ गये तो मैनें पड़ौस में एक डॉक्टर रहते है। उनको दिखाया तो उन्होने कहा कि आपको डॉयबिटिज का टैस्ट करवाना पड़ेगा। जब मैंने टैस्ट करवाया तो मेरे हाई लेवल की शुगर निकली। अतः अब मैं मीठा नही खा सकता।

महापुरूष द्वारा इस घटना पर चिंतन मनन

महापुरूष ने विचार किया कि जिस दिन भीखारी को जलेबी की जरूरत थी और वो मुझसें जलेबी ले सकता था। उस समय मेरे पास छुट्टे पैसे नही थे। और 500 रूपये के छुट्टे कराने में मुझें परेशानी हो रही थी। उस

समय मेरे दिमाग में यही था कि मेरे सिवाय उसे जलेबी खिलाने वाला कौन है ? मैं ही हूं जो उसे जलेबी खिलाउंगा। जब मैं उसके लिये जलेबी लेकर गया तो वो पहले से ही जलेबी खाता हुआ मिला। इसलिये मैं उसे जलेबी नही खिला पाया। तीसरी बार जब मैं 1 किलो जलेबी लेकर गया तो उसने खाने से मना कर दिया कि मुझें डॉयबिटिज है। इसलिये मैं जलेबी नही खा सकता। अतः मैं उसे जलेबी खिलाने में असमर्थ रहा।

इस कहानी के द्वारा मैं कृतज्ञता के द्वि आयाम को बतलाना चाहता हूँ। आपने किसी का उपकार किया, किसी की मदद की, किसी का समर्थन किया, किसी का मार्गदर्शन किया या किसी को संरक्षण प्रदान किया। वाकई आपने महान कार्य किया है। लेकिन आपको सहयोग लेने वाले, मार्गदर्शन लेने वाले, संरक्षण लेने वाले व्यक्ति के प्रति भी आभारी रहना चाहिये। जैसे वो महापुरूष भीखारी को जलेबी नही खिला पायें। अतः कोई आपसे सहयोग ले ले, आपका संरक्षण स्वीकार कर ले, आपसे मदद ले ले तो उसके प्रति आपकों भी आभारी रहना चाहिये। मुश्किल से कोई संयोग बनता है कि आपसे कोई मदद ले और आपको किसी की मदद करने का सौभाग्य मिले।

मेरे एक पड़ौसी है, जिनके पास में अच्छी खासी जायदाद है। उनके एक लड़का है जो इसी शहर में अन्यंत्र रहता है। पड़ौसी अपनी जायदाद उस लड़के को सम्भला कर निश्चिंत होना चाहता है। लेकिन लड़का कहता है कि उसे उस जायदाद की जरूरत ही नही है। उसी पड़ौसी का एक नजदीकी रिश्तेदार है। उसे जमीन की जरूरत है। वो उस जमीन के लिये उससे निवेदन करता है। लेकिन वो उस जमीन को नही दे रहा है।

मेरा आपसे यह निवेदन है कि यदि कोई आपसे सहयोग लेता है तो उसका अहसानमंद रहो।यदि कोई आपकों सहयोग करता है तो उसके भी अहसानमंद रहो। यानी कि कृतज्ञता दोहरे आयाम वाली है। किसी की मदद करना तभी बन पाता है। जब कोई मदद लेने वाला मिले। इसलिये किसी ने आपसे मदद ली तो उसके प्रति आपकों आभारी रहना चाहिये। आज के समय में कौन किससे मदद लेता है ? सबके अहंकार सातवें आसमान पर है।

प्रकृति में भी कुछ नई बातें दिखाई देने लगी। श्राद्धों के समय कव्वों को कागोल डालना चाहते है तो पहले तो कव्वे मिलते ही नही है। यदि मिलते भी है तो वो कागोल खाते नही है। इसी तरह किसी गाय को ढूंढते है कि गो ग्रास खाये। पहले तो मिलती नही और यदि मिलती है तो गो ग्रास खाती नही है। इसी तरह श्राद्धों के समय कुत्ते ढूंढते है कि वो भोजन खायें, लेकिन अगर वो मिलते भी है तो श्राद्धों का भोजन खाते ही नही।

अहसानमंद रहिये यदि किसी ने आपसे कोई सहयोग स्वीकार कर लिया हो

अहसानमंद रहिये अगर किसी ने आपको कोई सहयोग दिया हो।

अरब के सूदखोर हसमदीन की कहानी

पुरानी बात है जब **मौहम्मद साहब** का जन्म हुआ था। तब 12–13 साल के रहे होंगे, तो एक सूदखोर जिसका नाम **हसमदीन** था वो कुछ भेंड़ चराने वाले गढरियों की मार पीटाई कर

रहा था, तो **मौहम्मद साहब** ने उससे पूछा कि इनको मारपीट क्यों रहे हो ? तो **हसमदीन** बोला कि यह लोग अहसान फरामोश है। मेरे दादाजी ने इनके दादाजी को 1400 भेड़े देकर इनकी मदद की थी। लेकिन ये अभी तक वो कर्जा उतार नही पाये है। अब भी ये मूल छोड़ ब्याज भी पूरी तरह नही दे रहे है। उन बच्चों से पूछा जो भेड़े चरा रहे थे, तो उन्होनें कहा कि किसने कर्जा लिया था ? क्या मामला है ? हमे तो पता ही नही। हमें तो हमारे माता–पिता कहते है कि भेडे चरा लाओं, तो हम चरा लाते है। **हसमदीन** बोला कि मैं इनके साथ मारपीट करके यह सींखाना चाहता हूँ। कि इनकी जिसने मदद की है उसका अहसानमंद रहना चाहिये। यह अगर हमे अपनी चमड़ी के जूते भी पहनाये तो भी कम है।

मौहम्मद साहब की उम्र तो 12–13 साल थी लेकिन सूदखोर का व्यवहार देखकर उन्हे उन बच्चों पर दया आ गई। **मौहम्मद साहब** ने उस सूदखोर से कहा कि इन्हें मत पीटो। इनकी कितने भेड़े बनती है। मैं सारी भेडे तुम्हे अपने अब्बा की दूंगा। आज पूरा हिसाब कर देंगे। पूरा हिसाब लगाया गया तो कुल 700 भेड़े देनी बनती थी। उन बच्चों के माता–पिता भी आ गये और बैठकर फैसला हुआ। **मौहम्मद साहब** अपने बाडे में गये। वहां से 700 भेडे लाये और उस सूदखोर को सम्भला दी। साथ ही लिखा–पढ़ी करवा ली कि आज से कोई कर्जा बाकि नही है।

बच्चे बहुत खुश हो रहे थे कि उनके बाप–दादों का लिया हुआ कर्जा उतर गया, लेकिन माता–पिता बड़े उदास थे। बच्चों ने पूछा कि अब तो आपको खुश होना चाहिये। सारा कर्जा उतर गया, तो माता–पिता ने कहा कि कर्जा नही उतरा है। सूदखोर बदला है। **हसमदीन** की

जगह अब **मौहम्मद** हो गया है। हम तो अब भी कर्जे में ही है।

इतने में **मौहम्मद** भोजन की थाली अपने घर से लेकर आया। सभी को भोजन कराया और ईश्वर से प्रार्थना की कि आप लोगों ने मेरी सेवा कबूल की। मुझसें 700 भेडे ली। इसके लिये मैं आप सबका अहसानमंद हूँ। आपने मेरे द्वारा लाया गया भोजन स्वीकार किया। इसके लिये मैं आपका अहसानमंद हूँ और यह कहकर वह अपने बाडे में चला गया।

बच्चों के दादा की बरसी का दिन था। बच्चों को **मौहम्मद** की याद आई। उन्होनें सोचा कि उनका बुला कर लाते है। उन्होनें हमारी बडी मदद की थी। तो पता चला कि **मौहम्मद** का परिवार तो गांव छोड कर चला गया। वहां के चौकीदार ने बताया कि वो इसलिये चले गये कि तुम लोग कही उन्हें यहां आकर शुक्रिया ना कह दो।

मौहम्मद साहब के द्वारा सूदखोरों के खिलाफ अभियान

मुसलमान धर्म की शुरूआत में सूद लेने के खिलाफ बात लिखी गई है। मौहम्मद साहब से पहले सूदखोर लोगों ने सूद जबरन वसूल करते थे और अहसान का जूता भी रखते थे। **मौहम्मद साहब** ने सूदखोरी की प्रथा को बंद कराया। सिर्फ अल्ला–ताला का अहसानमंद रहना बताया तथा अन्य किसी का अहसानमंद रहना या अन्य किसी की पूजा करने को जाहिलाना बताया। ईस्लाम में देने वाला सिर्फ एक खुदा है। उसके ही प्रति शुक्रगुजारी है, बाकि सब बराबर है। एक दूसरे की आपसदारी में मदद करते है।

Gratitude is Riches. Complaint is Poverty

रोण्डा ब्राईन अपनी विश्वप्रसिद्ध पुस्तक **'दी सिक्रेट' व 'दी मैजिक'** में कृतज्ञता की बात को बहुत अधिक महत्व देती है। वे लिखती है कि जो कृतज्ञ है। उनके यहाँ अमीरी पनपेगी, बढेगी। सेहत अच्छी होगी। आपसी सम्बंध अच्छे होंगे। जहॉ कृतज्ञता नही है। वहां गरीबी होगी, बीमारी होगी व सम्बंधों में कड़वाहट होगी।

एक बीमार लड़के का कृतज्ञता श्रीयंत्र से उपचार हुआ – एक कहानी

एक बार एक व्यक्ति किसी महापुरूष के पास अपने दुःख दर्द निवारण हेतु पहुंचा। महापुरूष ने उसके दुःख दर्द की कहानी को सुना। वो व्यक्ति बोला कि मेरा बेटा प्रायःकर बीमार रहता है। अतः आप कोई उपचार बतलाओं।

मैं जगह– जगह इसका उपचार करवा चुका हूँ लेकिन इसका कोई इलाज नही हुआ। महापुरूष ने करीबन 15–20 मिनट उस व्यक्ति की सभी बातें सुनी। महापुरूष को लगा कि यह व्यक्ति आदतन शिकायतखोर है, जिसके पास में शिकायतों का अम्बार है। इसलिये यहॉ दरिद्रता का अम्बार है और कडवाहट का भी अम्बार है।

अतः महापुरूष ने उसे एक क्रिस्टल का बना हुआ श्रीयंत्र दिया। कहा कि यह दस हजार रूपये का है। इसे ले जाओं और जब आपका बच्चा ठीक हो जाये तो। मुझें आकर दस हजार रूपये दे जाना। वो व्यक्ति आश्चर्य चकित हुआ कि इस छोटे से श्रीयंत्र की इतनी कीमत

कैसे हो सकती है ? फिर उसने यह सोचकर रख लिया कि अभी तो पैसे देने है नही। ऐसे श्रीयंत्र तो अपन कई बार ले आये। कौनसा बच्चा ठीक होगा ? यह ठीक होगा नही और अपने को पैसे देने पडेंगे नही। इस तरह वह अपनी छुद्र बुद्धि लगाते हुए श्रीयंत्र को ले लिया।

महापुरूष ने कहा कि यह क्रिस्टल का श्रीयंत्र बड़ा प्रभावकारी है। लेकिन तुम्हें दो बाते करनी होगी। एक तो प्रातःकाल उठते ही इस श्रीयंत्र को बोलोंगे कि मेरा बेटा बिलकुल ठीक होता जा रहा है, धन्यवाद। इसी तरह से रात को सोते समय बोलोगे कि मेरा बेटा ठीक होता जा रहा है, धन्यवाद, साल भर तक प्रतिदिन इसे बोलोगे।

यद्यपि लाभ तो तुम्हें 20–30 दिन में ही होने लग जायेगा। उस व्यक्ति ने अनमने मन से अपनी जेब में श्रीयंत्र रख लिया और घर जाकर अपनी पत्नी को बताया कि एक महापुरूष ने यह श्रीयंत्र दिया है। कहा है कि रात व सुबह यह बोलों कि लडका ठीक हो रहा है व धन्यवाद। उस व्यक्ति ने तो उस श्रीयंत्र को अलमारी में रख दिया और भूल गया। लेकिन उसकी पत्नी को अपने बच्चे से बडा प्यार था। वो चाहती थी कि उसका बेटा ठीक हो जाये। इसलिये उसने दिन में एक बार नही बल्कि तीन बार यह कहा कि मेरा बेटा ठीक हो रहा है, धन्यवाद। इसी तरह रात को भी सोते समय तीन बार यही कहने लगी।

20–25 दिन बाद बच्चे में सुधार दिखने लगा, तो बच्चे की मां बड़ी उत्साहित हुई। उसने और जोश व प्रेम के साथ बोलना शुरू कर दिया। तीन महीने बाद तो बच्चा लगभग पूरी तरह ठीक हो गया। पत्नी अपने पति

से बोली कि वो महापुरूष कौन है ? मैं उन्हें धन्यवाद देकर आना चाहती हूँ। कि मेरा बच्चा ठीक हो गया। यह सुनकर पति बडा घबराया कि अब उसे दस हजार रूपये देने पडेंगे। उसने अपनी पत्नी को पहले तो टरकाया। लेकिन पत्नी तो जिद पर अड गई कि मैं तो उन्हें कोई नजराना देकर आउंगी। तो पति ने उसे दस हजार वाली बात बतलाई।

चूंकि वह मां थी, उसमें ममता थी, उसका बेटा ठीक हो गया। इसलिये वो कृतज्ञता के भाव से अभिभूत हो गई। इसलिये उसने अपने हाथों से सोने की चूड़िया निकाली और अपने पति से बोली कि यह बेच आओ। दस हजार रूपये लेकर आओं, हम उसे देंगे।

स्त्री, पुरूष व उनका बेटा तीनों दस हजार रूपये लेकर महापुरूष के पास पहुंचे। महापुरूष ने उन्हें प्रेम से बैठाया और कहा कि आपने मेरी तरकीब आजमाई इसके लिये आपका धन्यवाद। उन्होनें महापुरूष को दस हजार रूपये देने चाहे तो उसने लेने से इंकार कर दिया। उन्हें समझाया कि काम श्रीयंत्र ने नही किया बल्कि आपने धन्यवाद कहा व मेरा बच्चा ठीक हो रहा है, कहा। यह बार–बार बोले। अतः आपकी कृतज्ञता और सकारात्मक वाक्यों के उच्चारण से आपका बच्चा ठीक हुआ है। इसलिये मैं यह दस हजार रूपये लेने का हकदार नहीं हूँ। मुझें खुशी है कि आपका बच्चा ठीक हो गया।

धन्यवाद कहने से कृतज्ञता के भाव प्रकट करने से व्यक्ति अमीर बनने की दिशा में कदम रखता है। समृद्ध होने की दिशा में उन्मुख होता है व अच्छे मधुर सम्बंधों हेतु पहल करता है।

उपरोक्त जलेबी वाली कहानी का भी यही आशय है कि जो हमारी सेवा ले ले, उसके प्रति कृतज्ञ रहे तथा कोई बदले में धन्यवाद दे सके, उसे इतना मौका भी ना दो।

सादर।
(डी.डी. शर्मा)
सी.ई.ओ.
टीम 360
मो.: 9079040362

(अध्याय – 31)
ऊंटो का काफिला रेगिस्तान में – एक कहानी

(व्यापारिक संगठन में मामले सब कंडिशनिंग के है)

एक बार रेगिस्तान में ऊंटो का काफिला चला जा रहा था। सिंध के पार पहुंचते–पहुंचते रात्रि हो गई, तो एक सराय के पास में  काफिले को रोका गया। काफिले में पूरे 100 ऊंट थे। काफिले के लोगो ने अपना भोजन आदि किया और ऊंटो को भी चारा आदि खिलाया गया व बैठा दिया गया। उनके पास में 99 खूंटियॉ व रस्सियॉ थी। अतः उन्होनें 99 खूंटिया ठोकी व 99 रस्सियों से ऊंटों को बांध दिया और एक जगह बैठा दिया। लेकिन एक ऊंट को बांधने के लिये न तो खूंटी थी और न रस्सी थी। अतः उसके चोरी होने का पूरा डर था।

अतः काफिले का सरदार व उसके दो साथी सराय के चौकीदार के पास गये और उससे निवेदन किया कि कोई रस्सी खूंटी हो तो दे दो। उसने कहा कि मैं तो बीमार

आदमी हूॅ। यहाॅ पर कोई खूंटी और रस्सी है भी नही। तो उन्होने कहा कि आपके यहाॅ तो ऊंट वाले बहुत आते है। कोई रस्सी या खूंटी पडी हो तो देख लो, लेकिन उसने कहा कि यहाॅ कुछ नही है। मेरा भी लम्बा अनुभव है। ऊंटो के काफिले लेकर मैं भी चलता था। अतः मैं तुम्हे एक सलाह देता हूॅ। तुम वैसा ही करों।

बूढें अनुभवी चौकीदार की सलाह

बूढें अनुभवी चौकीदार ने कहा कि तुमने जैसे और खूंटिया ठोकी है वैसे ही उस ऊंट के पास जाकर ठोको और वैसे ही रस्सी बांधो। काफिले के सरदार ने कहा कि क्यों मजाक कर रहें हो ? हमारे पास खूंटी है ही नही, रस्सी है ही नही। फिर हम कैसे उस ऊंट को बांधे ?

उसने कहा कि जाओं, जैसा मैनें कहा है वैसा ही करों। खूंटी और रस्सी की जरूरत नही है। जैसे खूंटी ठोकने की आवाज होती है, वैसी ही आवाज उसके सामने करो। उसके गले में हाथ वैसे ही फिराओं जैसे की रस्सी बांध दी हो।

सरदार ने पूछा कि क्या ऊंट इससे बंध जायेगा और बैठा रहेगा ? अनुभवी चौकीदार अपनी गर्दन ऊंची करते हुए बोला कि तुम ऊंटो की बात करते हो, मैनें तो इंसानों को इस तरकीब से बंधते हुए देखा है।

काफिले का सरदार अपने साथियों के साथ गया और ऐसी चोट की कि जैसे वाकई में खूंटी ठोक दी। ऊंट ने चोट की आवाज सुनी। फिर ऊंट के गले में ऐसे हाथ फिराया जैसे कि ऊंट के गले में रस्सी बांद दी हो। फिर

ऊंट से कहा कि बैठ जाओं। ऊंट आराम से बैठ गया। फिर सभी लोग रात्रि में सो गये। प्रातःकाल 99 ऊंटो की रस्सीयॉ व खूटिया खोल दी और उन्हें उठा दिया। लेकिन 100 वे ऊंट की न तो कोई खूंटी थी न कोई रस्सी इसलिये उस ऊंट को कैसे उठाये ? उठो–उठो कहा तो वो उठा नही। इस पर काफिले के सरदार ने कहा कि लगता है यह बूढा चौकीदार कोई जादूगर है। इसने कोई जादू कर दिया।

सरदार पुनः अपने साथियों के साथ बूढें चौकीदार के पास गया और बोले कि तुमने क्या जादू कर दिया है ? वह ऊंट तो उठ ही नही रहा है। चौकीदार ने कहा कि उस ऊंट को वैसे ही उठाओं जैसे कि उन 99 ऊंटों को उठाया था।

सरदार बोला कि उनके तो खूंटिया थी, रस्सियॉ थी। इस ऊंट के तो कोई रस्सी या खूंटी है ही नही। बूढें अनुभवी चौकीदार ने कहा कि जाओं जैसे औरो को खूंटी निकालने की आवाज की थी वैसे ही करो। जैसे गर्दन से रस्सी निकालने की आवाज की थी वैसी ही करो। फिर उस ऊंट से कहो कि उठो।

सरदार गया। खूंटी उखाडने की आवाज उस ऊंट के पास की गई। गले में हाथ फिराकर रस्सी निकालने की आवाज की। फिर उस ऊंट से कहा कि उठो। तो वह उठ गया। फिर काफिला रवाना हो गया।

व्यापारिक संगठनों में भी इसी तरह से लोगों को कंडिशन्ड किया जाता है और वो कंडिशन्ड हो जाते है। जैसे– एक बैंक में ब्रांच मैनेजर था। वो एक सीट पर पिछले 20 साल से बैठता था। उसका ट्रांसफर उसी ब्रांच में दूसरे कमरे में दूसरी सीट पर कर दिया गया। ब्रांच मैनेजर ने प्रबन्धन से निवेदन कि मैं इस सीट को नही

छोड सकता। पिछले 20 साल से मैं यहॉ पर हूँ। मैं दूसरी जगह क्यों जाऊ ? मैं यहॉ ठीक हूँ। परेशान प्रबन्धक सर्विस से त्यागपत्र देने को तैयार हो गया। लेकिन दूसरे में कमरे में जाकर बैठना उसे रास नही आया। ये मामला कंडिशनिंग का है कि व्यक्ति एक ही काम को लगातार करते हुए कंडिशन्ड हो जाता है। कंडिशनिंग अभ्यास से कही अधिक गहरी अवस्था होती है और व्यक्ति में एक पागलपन पैदा हो जाता है, लेकिन होती काल्पनिक स्थिति है।

सामाजिक मान्यताएँ, विश्वास, हमारी नैतिकताएँ सब इसी तरह की कंडिशनिंग है। जो हमें बचपन से सींखाई जाती है और हम उसे पकडे रहते है। फिर कोई व्यक्ति सुधारक बनकर आता है। वो नई खूंटिया पकडा देता है। हम उन खूंटियो पर अटक जाते है। इन खूंटियों का ही नाम तरह–तरह के धर्म व सम्प्रदाय है।

व्यापारिक संगठनों में इन सामाजिक मान्यताओं, रस्म–रीवाजों पर विशेष ध्यान देना होता है। क्योंकि यह व्यापारिक संगठनों के विक्रय प्रोडक्ट्स की डिमांड को प्रभावित करते है। जैसे कि मुस्लिम देशों में एक प्रकार के आभूषण व कपडे आदि की डिमांड होती है। हिन्दु बाहुल्य देशों में दूसरे कपडो व आभूषणों की डिमांड होती है। चूंकि लोग अपनी रस्मो–रीवाजों से कंडिशन्ड होये हुए होते है, इसलिये वो डिमांड बरसों मौजूद रहती है। लेकिन धीरे–धीरे इनोवेशन करके प्रोडक्ट में तब्दिलियॉ की जाती है और नये प्रोडक्ट के जरिये मोनोपॉली कायम की जाती है। ताकि व्यापारिक संगठनों को लाभ मिल सके।

व्यापारिक संगठनों को लाभ हेतु निम्न बातें जरूरी है:–

मोनोपॉली आईटम होनाः— बाजार में जब कोई नया प्रोडक्ट आता है तो व्यक्ति मोनोपॉली का लाभ उठाता है। लेकिन धीरे—धीरे उस प्रोडक्ट की नकल होने लगती है। दूसरी कम्पनियॉ भी उस तरह का प्रोडक्ट बनाने लगती है। परिणाम यह होता है धीरे—धीरे कम्पीटिशन बढ जाता है और संगठन का लाभ कम हो जाता है।

इनोवेशनः— व्यापारिक संगठन को अपने प्रोडक्ट में, अपनी सर्विसेज में, अपनी टैक्नोलोजी में, अपने ऑर्गेनाईजेशन में कुछ इनोवेशन करना होता है। ताकि लोग आपकी उस विशेष बात से आकर्षित होकर आपके प्रोडक्ट व सेवाओं को खरीद सके। मारूति कम्पनी की गाडियॉ अधिक संख्या में इसलिये बिकती है। क्योंकि उन्होनें सर्विस सेन्टर का कन्सेप्ट डाल रखा है। जबकि मर्सडिज इसलिये ज्यादा बिकती है कि उसकी क्वालिटी अच्छी है। कुछ ब्राण्डेड गाडियॉ इसलिये बिकती है। कि उनके स्प्रेयर पार्ट्स बाजार में उपलब्ध रहते है। कहने का तात्पर्य यह है कि किसी न किसी प्रकार का इनोवेशन होना जरूरी है। ताकि ग्राहक आपसे जुडा रहे।

जोखिम लेने की प्रवृति व क्षमताः— बाजार में डिमांड एक जैसी बनी रहे तो कम्पीटिशन बढ़ जाता है। इसलिये कम्पनियों को अधिक लाभ नही हो पाता है। अतः नया प्रोडक्ट बनाने का जोखिम व्यापारिक संस्थानों को उठाना पडता है। नये प्रोडक्ट के लिये डिमांड क्रियेट करना एक कठिन कार्य है। लेकिन व्यापार में जोखिम लेना व्यापार की फितरत है।

उपरोक्त कहानी कंडिशनिंग की बात को बडी सटीकता से बतलाती है। अतः कंडिशनिंग को दूर करने के लिये री—कंडिशनिंग हेतु कम्पनियों को मासिक/

त्रेमासिक/छःमाही ट्रेनिंग करते रहना चाहिये। ताकि लोगो कि अपेक्षित री–कंडिशनिंग की जा सके।

जिस तरह से 100वें नम्बर का ऊंट कंडिशन्ड हो गया था। बिना रस्सी व खूंटी के ही वो रात भर बैठा रहा। इसी तरह से जब सिस्टम बन जाता है तो व्यापारिक संगठनों में लोग इसी तरह से कंडिशन्ड हो जाते है और अपना बैस्ट देते है।

इंसान भी सैंकडो प्रकार के ऐसे झूंठे विश्वासों से बंधा हुआ है। उसके विश्वास ही उसका जीवन चलाते है। आपको इस प्रकार के विश्वासों के मैं कुछ उदाहरण दू।

लोग बस में टिकिट लेकर बैठ जाते है। इस विश्वास के साथ कि बसों में प्रायःकर ड्राईवर एक्सपर्ट व अनुभवी होते है।

लोग स्कूल में अपने बच्चों को पढने के लिये भेज देते है। यह विश्वास करके कि स्कूल के अध्यापक काबिल होंगे और अपने विषय को पढाने में निपुण भी।

लोग शादी विवाह कर लेते है। यह विश्वास करके कि आने वाली बहू परिवार में निष्ठावान रहेगी आदि–आदि।

किसान सावन में फसल बो देता है। यह विश्वास करके कि समय– समय पर बारिश होगी और अच्छी फसल होगी।

उपरोक्त चुनावों में कोई भी व्यक्ति निपुणता की सर्टिफिकेट नही देखता है। बल्कि विश्वास करता है। क्योंकि उसने इस तरह के विश्वास समाज में होते हुए देखे है।

विश्वसनीयता (Trusteeship)

व्यापारिक संगठन में नियोक्ताओं व कर्मचारियों के बीच एक विश्वास बना रहता है। जब तक विश्वास है तब तक सब ठीक है। परिवार में भी आपस में सदस्यों का जब तक विश्वास है। तब तक सब ठीक है। जब विश्वास की कमी होती है तो संवादहीनता सबसे पहले जन्म लेती है और उसके बाद में झगडे आदि।

ये सब भी कंडिशनिंग के कारण होता है। जैसे कि किसी लड़की की शादी होती है। तो उसके पीहर में जो रस्म रिवाज है, जो बातचीत करने का रिवाज है तथा जिस तरह का घर में काम करने का तौर तरीका है। उसकी वो लड़की कंडिशन्ड होई हुई रहती है। जब वो ससुराल जाती है। अगर उसकी कंडिशनिंग ससुराल के माहौल से मेल नही खाती तो मामला गडबडा जाता है।

हिन्दुस्तान में लडकियॉ प्रायःकर री—कंडिशनिंग करने में एक्सपर्ट होती है। और वो ससुराल के अनुसार अपने को ढाल लेती है। क्योंकि कुछ सदियों से कहावते, मान्यताऐं समाज में प्रचलित है। जैसे कि— रीत तो ससुराल की चलेगी। अतः लडकी के दिमाग में यह बात होती है कि ससुराल की रीत को मैं आत्मसात कर लूंगी। पीहर की रीत को छोड दूंगी। लेकिन आजकल पढी लिखी बहुऐं आती है तो वो इस सिद्धांत से परिचित नही होती है। तो उन्हें एडजस्टमेन्ट करने में दिक्कत आती है।

सबकोन्सियस माइंड की री—कंडिशनिंग

जब शरीर के द्वारा कोई काम कई बार किया जाता है, तो वो आदत बन जाती है। इसी तरह से बार—बार एक ही विचार दिमाग में लाया जाता है तो सबकॉसियस माइंड

की कंडिशनिंग हो जाती है। एक विशेष प्रकार के पैटर्न बन जाते है और इन पैटर्न के अनुसार ही आदमी अपना व्यवहार करता है। अतः अगर कोई नये प्रकार के व्यवहार की जरूरत हो तो सबकॉंशियस माइंड की री–कंडिशनिंग की प्रक्रिया अपनानी होती है।

न्यू पैटर्न का बनाना

चूंकि मस्तिष्क में जिस प्रकार के पैटर्न होते है। वैसी घटनाऐं व्यक्ति के जीवन में घटती है। जैसे कि एक व्यक्ति के दिमाग में गरीबी के पैटर्न बन गये। तो उसके दिमाग में, उसके कार्या में और उसके व्यवहार में गरीबी का ही दिग्दर्शन होगा। इसका कारण यह है कि बचपन से ही बच्चा यह सुनता आया है कि हम गरीब है। हम मध्यमवर्गीय है। हमारे पास में पैसों की कमी है। पैसा पेडो पर नही लगता है। **ते ते पांव पसारिये, जे ते लाम्बी सोर**। अमीर लोग अच्छे नही होते है। ज्यादा पैसा बुराईयों का घर है। बचपन से ही इनको सुनते रहते है। तो धीरे–धीरे हमारे दिमाग के सबकॉंसियस में इस तरह के पैटर्न बन जाते है और एक गरीबी और मध्यमवर्ग का पेराडाईम बन जाता है। यानी कि एक खूंटी बन गई जिसके हम चिपक गये। जैसे कि एक गांय है। उसको एक खूंटी से 4 फीट की रस्सी से बांध दिया जाये तो वो 4 फीट की रेडियस की ही घास चर सकती है। उससे ज्यादा की नही। ऐसे ही अगर हम मध्यमवर्गीय की खूंटी से बंधे हुए है तो उतनी ही आमदनी कर पायेंगे, उससे ज्यादा नही।

यदि कोई व्यक्ति कृपा करके गाय की रस्सी को बडी कर दे तो गांय और ज्यादा रेडियस की घास चर पायेगी। इसी तरह से हमारे सबकॉंसियस माइंड में जो खूंटी व

रस्सी है। उस रस्सी की लम्बाई कोई महापुरूष बढ़ा दे तो एक गरीब आदमी मध्यमवर्गीय बन सकता है। मध्यमवर्गीय आदमी अमीर बन सकता है।

इंसान को वाकई में रस्सी और खूंटी की जरूरत नही होती है। उसके दिमाग में बार—बार जो विचार डाले जाते है या प्रबलता के साथ कोई विचार डाला जाता है। वही खूंटी बन जाता है और जो विश्वास जितनी मात्रा में डाला जाता है। वही रस्सी का रूप ले लेता है और यह विश्वास ही पेराडाईम है। अतः जिसकों जितना विश्वास है, उतनी ही वो आमदनी प्राप्त करता है। प्रायःकर देखने में आता है कि लोग मेहनत तो बहुत करते है। लेकिन वो अमीर होने का विश्वास नही जगा पाते इसलिये गरीब या मध्यमवर्गीय होते है। इसके विपरीत जो अमीर होने का विश्वास रखते है। वो कम मेहनत से भी जुगत लगा लेते है और अमीर हो जाते है।

सादर।
(डी.डी. शर्मा)
सी.ई.ओ.
टीम 360
मो.: 9079040362

(अध्याय – 32)
भय से मुक्ति की कहानी

(व्यापारी को परिस्थितिजन्य भय तथा मनोवैज्ञानिक भय दोनों से मुक्त होना होता है)

एक बार एक अधेड़ उम्र का साधु था। उसको किसी ने कह दिया कि अगर तुम अभय हो जाओं तो परमात्मा को प्राप्त कर लोगे। इस पर साधु ने निर्णय लिया कि मैं जंगल में जाकर बैठूंगा, और वही रहूंगा। धीरे–धीरे अभ्यास के जरिये मैं सभी जानवरों, कीट, मकोडो से भय मुक्त हो जाऊंगा।

साधु जंगल में गया। एक पेड के नीचे चट्टान पर कुटिया बना ली और वहा पर रहने लगा। वो धीरे–धीरे हर जानवर का दोस्त हो गया। किसी से घबराता ही नही था। वो अपने आपको पूरी तरह अभय समझने लगा। यह भी समझने लगा कि परमात्मा आउटर सिग्नल पर ही है।

एक दिन एक जवान साधु घूमता फिरता जंगल में चला आया। उस अधेड़ उम्र के साधु से सत्संग करने लगा। इतने में एक हिंसक जानवर की आवाज सुनाई दी।

जवान साधु तो घबरा गया। बेहोश होते–होते बचा। तो अधेड साधु ने कहा कि बस, सन्यासी होकर घबराते हो। मुझें देखों मैं नही घबराता। मैं अभय को प्राप्त कर चुका हूँ। अभय से ही परमात्मा (पूर्ण सकारात्मकता/पूर्णता) की प्राप्ति होती है।

जवान साधु बोला मैं बहुत घबरा गया हूँ। मेरा तो गला सूख गया है। आप मुझें कुछ पानी पीला सकते हो क्या ? आपकी कुटिया में होगा। इस पर अधेड साधु उठा और कुटिया में पानी लेने गया।

पीछे से जिस चट्टान पर अधेड साधु बैठा था वहा पर जवान साधु ने पास में पडे हुए ईंट के टुकडे से चट्टान पर गायत्री मंत्र लिख दिया, कारण कि अधेड साधु तो गायत्री का उपासक था।

अधेड साधु पानी लेकर आ गया। जवान साधु ने पानी पीया, लेकिन अब अधेड साधु अपनी चट्टान पर बैठा नही। झुंझलाया कि मेरी इस चट्टान पर यह पवित्र मंत्र किसने लिख दिया ? अब मैं किस पर बैतू ?

जवान साधु बोला कि डरते तो आप भी हो। मेंरा डर तो प्राकृतिक है, लेकिन आपका डर तो पाला हुआ भ्रम है। शायद मैं कभी अभय को प्राप्त हो जाऊ। परमात्मा को भी प्राप्त कर लू। पर तुम नही कर पाओगे। कोई किसी की अपवित्रता से भयभीत है, तो कोई किसी की पवित्रता से भयभीत है। तुम गायत्री मंत्र से भयभीत हो गये। बस यह समझों कि तुमने लोहे की खूंटी छोडकर सोने की खूंटी पकड रखी है, भयभीत तुम भी हो।

व्यापारिक संगठनों में आदमी परिस्थिति जन्य भयों से भयभीत हो, समझ में आता है, लेकिन कुछ उद्यमी जोखिम उठाना नही चाहते, भयभीत रहते है, कुछ स्टॉफ को फेस नही कर पाते, भयभीत रहते है। कुछ लाभ प्रतिदिन नही

होता है, प्रतिमाह नही होता है। इसलिये भयभीत होते है। काल्पनिक भय से पीड़ित रहते है।

व्यापारिक संस्थानो में सालाना संतुलन चित्र बनता है।

व्यापारी और नौकरी करने वाले में यह मौलिक फर्क है कि नौकरी वाला हर महिने बंधी तनख्वाह चाहता है। जबकि व्यापारी साल भर बाद अपना लाभ– हानि निकालता है, लेकिन उस व्यापारी का क्या होगा ? जिसकी मानसिकता मासिक लाभ–हानि देखने की हो। यह तो नौकरी करने वालों की या गरीब लोगो की मानसिकता होती है। अतः व्यापारी को साल पूरे होने से पहले भयभीत होने की जरूरत नही कि उसके अकाउंट्स में लाभ हो रहा है अथवा हानि। क्योंकि यह तो व्यापार की फितरत है कि कोई सौदा लाभ देगा और कोई सौदा नुकसान देगा। सभी सौदे लाभ नही देते है। अतः वर्ष भर में कुल जितने सौदे हुए। उनसे वर्ष भर का लाभ निकाला जाता है।

कार्य की परफोरमेन्स की समीक्षा प्रतिमाह की जानी, प्रति सप्ताह की जानी अपेक्षित है। लेकिन लाभ–हानि का हिसाब तो साल भर बाद ही होना चाहिये। व्यापारी को एक खिलाडी की तरह खेल खेलना है। जैसे कि जब तक खेल खत्म नही हो जाता तब तक न कोई जीतता है, न कोई हारता है। खेल की समाप्ति के बाद ही हार–जीत का फैसला होता है।

व्यापार का जन्म ही अनिश्चतता में होता है।

मारवाड़ी व्यापारिक घरानों में यह कहावत प्रचलित है कि **'ग्राहक व मौत का क्या भरोसा, कब आ जाये'** ? कम से कम 12 पूनम के बाद हिसाब करो। पता नही 12वीं पूनम ही सर्वाधिक लाभ दे जाये। कार्य क्षमता पर बराबर निगरानी रखे। लेकिन आर्थिक लेखा–जोखा साल भर बाद ही बनाये। मन को इतना अनुशासित बनाये कि साल भर पहले डगमगाये नही, क्योंकि सम्भव है और लगभग होता भी है कि अंतिम त्रैमास सर्वाधिक लाभकारी रहता है।

मैं सरकारी अधिकारी था तो मैं देखता था कि अप्रैल से लेकर दिसम्बर तक प्रगति उत्साहवर्धक नही होती थी, लेकिन वित्तीय वर्ष के अंतिम महिनों जनवरी, फरवरी में इतनी प्रगति होती कि सालाना लक्ष्य पूरे हो जाते।

एक गुरू ने कहा बिल्ली मत पालना – एक कहानी

एक गुरू का अंतिम समय आ गया। वो दुनिया से जाने की तैयारी कर रहा था। अपने शिष्य को बुलाया और कुछ उपदेश दिया। उपदेश में कहा कि कभी बिल्ली मत पालना। गुरू मुकम्मिल सूफी फकीर थे। उनकी बात गलत तो नही हो सकती, लेकिन शिष्य ने भी दुनियां देखी थी। अतः उसने कहा कि बिल्ली नही पालने से क्या आशय है ? बिल्ली पालने से कौनसा बुरा काम होता है ? मुकम्मिल सूफी संत ने कहा मेरे गुरू ने भी मुझें कहा था कि बिल्ली मत पालना लेकिन मैनें भी उनकी बात की अनदेखी की और

बिल्ली पाल ली। जिसका मुझें बड़ा अफसोस है कि मैनें अपने गुरू की आज्ञा नही मानी। लेकिन शिष्य के कोई बात पल्ले नही पड़ी। मुकम्मिल सूफी फकीर ने तकिया ले लिया और अगले धाम चले गये।

अब शिष्य पूरे आश्रम की देखभाल करता था। जिस कमरे में रहता था वही पर कपड़े धोकर अपनी धोती आदि सुखा देता था। जब वो अपने कमरे में रहता तब तक सब ठीक ठाक रहता। लेकिन उसे भीक्षा लेने के लिये गांव में भी जाता। पीछे से चूहें आकर उसकी धोती को काट जाते, वो बड़ा परेशान होता।

एक बार उसने गांव वालों से कहा कि यह चूहें मेरी धोती काट जाते है। आप मेंरी कोई मदद करीये। गांव में एक वृद्ध व्यक्ति था। उसने कहा कि सरपंच साहब के यहाँ एक बिल्ली है। वो आपके आश्रम में भिजवा देंगे। वो चूहों को खा जायेगी। शिष्य के दिमाग में बात आई कि गुरू ने कहा था कि बिल्ली मत पालना। लेकिन उसने गौर नही किया और गांव वालों ने सरपंच की बिल्ली आश्रम में भेज दी। शिष्य के तो आराम हो गया सभी चूहें भाग गये, लेकिन अब नई दिक्कत हो गई। बिल्ली म्याऊ–म्याऊ करने लगी। साधू को बड़ा दुःख होता कि मैनें बिल्ली भी पाल ली है लेकिन इसके लिये दूध कहां से लाऊ ? तो गांव वालों ने उसे दूध दे दिया। एक दिन सरपंच साहब ने कहा कि महात्मा जी यह रोज–रोज चलने वाली बात नही है। हर वक्त दूध क्या मांगते हो ? बिल्ली पाली है तो उसके दूध की व्यवस्था भी करो। सरपंच ने आश्रम में एक गाय भेज दी।

अब गाय आ गई तो दूध बिल्ली को भी मिलने लगा और साधु को भी मिलने लगा, अब वो गाय के लिये चारा मांगने गांव में जाने लगा, फिर सरपंच ने कहा कि इस

तरह रोजाना चारा मांगने क्यों आते हो ? उसने कहा कि एक सरकारी योजना आई है। आपके आश्रम के चारों और थोड़ी सफाई करवा देते है। थोड़े में घास लगवा देते है जिसे गाय खा लेगी, बाकि बचे में फसल उगा लिया करो जिसे तुम खा लिया करो।

अच्छा हो गया, साधु के तो आराम हो गया। गाय के लिये घास हो गई और साधु के लिये फसल तैयार होने लगी। लेकिन साधु को बहुत मेहनत करनी पडती। एक दिन साधु गांव में आकर बोला कि सारे दिन बहुत मेहनत करनी पडती है। राम–रहीम करने का समय ही नही मिलता। मैं एक साधु हूँ। राम–रहीम करना मेरा धर्म है, जिस हेतु समय नही मिलता। अतः आप लोग कोई मदद करो।

गांव वालों में एक वृद्ध व्यक्ति भी बैठा हुआ था। जो जीवन के 70 बसंत देख चुका था। उसने साधु की बात सुनी, साधु के दुख को वो देख नही पाया। उसने एक प्रस्ताव रख दिया कि गांव में एक किसान की बेटी बाल विधवा है। उसे आप आश्रम में रख लो। वो किसान की बेटी खेती भी करना जानती है। गाय भी दूह लेगी। आपकी सेवा भी कर देगी।

साधु ने हॉ कर दी, किसान की बेटी आश्रम में खेती आदि करने लगी। गाय भी दूहने लगी। धीरे–धीरे साधु की निजी सेवा भी करने लगी। दोनों ही जवान थे। अतः दोनों में आकर्षण बढ गया। फिर वही हुआ जो होना था। दोनों ने शादी कर ली। साल–दो साल में बच्चे हो गये। एक दिन एक बुजुर्ग फकीर जो कि दादा गुरू माने जाते थे। वो आश्रम में आ गये और उनके दर्शन को वो शिष्य भी पहुंचा। शिष्य ने अपनी करूण कथा बताई। उसने कहा कि मुझें राम–रहीम करने को समय नही मिलता।

मुझसे तो गुस्ताखी हो जाती है। भगवान के भजन नही हो पाते। वृद्ध फकीर ने आंखे तरेरते हुए कहा कि तुमने क्या बिल्ली पाली है ? शिष्य शर्मिंदा था, नतमस्तक था।

व्यापारिक संगठनों में दिक्कते आती है। लेकिन बिल्ली न पाली जाये। जिस मकसद से व्यापारिक संगठन बना है। वही कार्य व्यापार में किये जाने चाहिये। व्यापार के इतर दूसरे कामों को शुरू करना ठीक नही है। कई लोग व्यापार के साथ–साथ सामाजिक काम चालू कर देते है। कई लोग धार्मिक काम चालू कर देते है। कई लोग गौशाला आदि का काम आरम्भ कर देते है। ये सब मूल काम से भटकाव है, बिल्ली पालने की तरह है।

स्वः अनुशासन

व्यापारी के लिये स्वः अनुशासन, आत्म नियंत्रण अति आवश्यक है। अतः सामाजिक विवेक के बजाय स्वः 

विवेक को काम में ले। परम्पराओं के बजाय विवेक को महत्व दे। व्यापार को एक विजन के साथ शुरू करें और विजन को धीरे–धीरे मिशन में कन्वर्ट कर दे। जिस व्यापारी के पास विजन और मिशन नही है, उसके व्यापार का विनाश होना सुनिश्चित है।

विजन को कार्य रूप में परिणित करने हेतु ऐक्शन लेना भी जरूरी है। अतः ऐक्शन प्लान बनाकर ऐक्शन लिये जावें।

ऐक्शंस के साथ में पूरा जोश–जुनून व एक्साईटमेंट किया जावें। इन तीनों कार्यों को दृष्टा बनकर किया

जावे। यानी कि एक सिस्टम बना दे और वो सिस्टम काम करता रहे। स्वंय व्यापारी उस सिस्टम को देखता रहे। कामयाब व्यापारी की यही पहचान है कि वो दृष्टा बनकर, साक्षी बनकर व्यापार को चलाता आया है।

एक व्यापारिक जरनल में पढ़ा कि टाटा 200 कम्पनियों को चलाते है। इतनी कम्पनियों में टाटा स्वंय तो काम नही करते होंगे। इनकी देखभाल करते होंगे। यानी कि एक सिस्टम बना दिया। जो सिस्टम काम करता है। टाटा स्वंय दृष्टा/साक्षी बनकर सिस्टम को देखते है व मोनिटरिंग करते है।

एक बार मैं आनंद गया। वहाँ डेयरी मूवमेंट का अध्ययन करना था। वहा के चेयरमैन से मैं मिला तो मुझें जानकारी मिली कि चेयरमैन कभी डेयरी ऑफिस जाते ही नही है। तीसरे महिने एक मिटिंग बुलाते है। जिसमें भी सिर्फ डेयरी के एम.डी. से बात करते है। लेकिन प्रतिदिन तलपट्टी मंगवाते है कि कितना दूध आया और कितना बिका। यह जानकारी तो वो प्रतिदिन लेते है। बाकि डेयरी के काम में और कोई दखल नही करते है। साल के अंत में अपनी सारी योजनाए रखते है और उनका क्रियान्वयन भी बतलाते है। बाकि साल भर दृष्टा/साक्षी बनकर डेयरी फेडरेशन को चलाते है।

दृष्टा/साक्षी भाव आध्यात्मिक जगत में ही लाभकारी नही है। बल्कि इसका प्रभावकारी प्रयोग व्यापारिक संस्थानों में भी श्रेयस्कर है।

सादर।
(डी.डी. शर्मा)
सी.ई.ओ.
टीम 360
मो.: 9079040362

MISSION BILLIONAIRE
(6th Sense)

(अध्याय – 33)
एक घने वृक्ष व बच्चे की कहानी

(प्रेम व अहंकार का टकराव–तानाशाही व प्रजातांत्रिक तौर–तरीके का टकराव)

एक वृक्ष था, जिसकी लम्बी–लम्बी डॉलियॉ थी, बडे–बडे पत्ते थे, घना व घूमावदार था। बसंत के मौसम में फूल आते। पूरा वातावरण फूलों की महक से महक उठता। एक छोटा बच्चा बसंत के फूलों की खुशबु लेने पेड के नीचे आ बैठता। कभी–कभी तो दोपहर में वो पेड के नीचे ही सो जाता था।

कभी–कभी बच्चा खेल–खेल में पेड के उपर भी चढ जाता है। पेड की डालियॉ पकड कर झूलने लगता, धीरे–धीरे दोनों में प्यार हो गया। बच्चा तो बच्चा था, लेकिन पेड भरापूरा था। अतः प्यार निभाना भी जानता था। जब बच्चा आता तो पेड को बडा प्यारा लगता, पेड बहुत खुश होता।

धीरे–धीरे बच्चा बड़ा हो गया, स्कूल जाने लग गया। अब बच्चे को समय ही नही मिलता, लेकिन पेड को बच्चे

की बहुत याद आती। वो बच्चे का इंतजार ही करता रहता, इंतजारी करना ही प्रेम का स्वभाव है। बच्चा रविवार को आ जाता तो पेड बहुत खुश होता। उसकी डालियाॅ बच्चे के स्वागत में ऊपर–नीचे होने लगती।

धीरे–धीरे बच्चा और बडा हो गया, ग्रेज्युएट हो गया। अब वो नौकरी ढूंढने में इधर–उधर जाने लग गया, पेड बडा चिंतित होता। उसकी याद आती तो उदास हो जाता।

एक बार जब वो नौजवान था तो पेड ने कहा कि जब तुम नही आते तो मुझें बडी वेदना होती है। तुम जल्दी जल्दी आ जाया करो, तो नौजवान ने कहा कि क्या बेवकूफी है ? मुझें रोजगार ढूंढना है। तुम क्या मुझें रोजगार दे सकते हो ? ये बाते सुनकर पेड के दिल में तो जख्म लग जाते, लेकिन प्रेमियों को तो जख्म में भी आनंद आता है। अतः पेड ने कहा कि देखो रोजगार आदि तो इंसानों की बीमारी है। इंसान के अलावा न तो कोई पेड पौधा रोजगार करता, न ही कोई पशु या जानवर रोजगार करता है।

नौजवान ने कहा कि नौकरी ढूंढने के लिये मुझें खर्चा पानी करना पडेगा तब जाकर रोजगार मिलेगा। वृक्ष तो प्रेमी था, उसको तो देना ही देना था और बच्चा तो अब युवक बन गया है, अहंकारी हो गया है और अहंकार सदैव लेने की ही बातें करता है। पेड ने प्रेम से भरकर युवक से कहा कि तुम मेरी डालियाॅ काट ले जाओं। इन्हें बेचकर तुम अपनी नौकरी आदि की व्यवस्था कर लो। युवक अपने घर गया। कुल्हाडी लेकर आया और पेड की डालियाॅ काट ली। पेड अपने अंगो को कटते हुए देखकर भी खुश हो रहा था। प्रेम का स्वभाव ही ऐसा है। वो

युवक अहंकारी होकर पेड की डालियो को काटता भी जाता और पेड को दुत्कारता भी।

युवक की अच्छी जगह नौकरी लग गई। पर उसे पेड को शुक्रिया कहने का न तो समय मिला। न ही उगत पडी। कई बरसों बाद वो युवक फिर एक बार पेड के पास आया। पेड तो गद्गद हो गया। बडे प्रेम से बोला। बहुत दिनों बाद आये हो, तनिक विश्राम कर लो। युवक ने कहा कि तुम्हारे पास क्या है ? मैं क्यों तुम्हारे पास अपना समय खराब करने आऊ ? सभी प्रेमियों का यही हाल है, वो दुत्कारे जाते है।

युवक ने कहा कि मुझें घर बनवाना है। तुम मेरी क्या मदद कर सकते हो ? तो वृक्ष ने कहा कि तुम कुल्हाडी ले आओं और मेरा सब कुछ काट कर ले जाओ। उसे बेच कर मकान बना लो। युवक घर गया और कुल्हाडी लेकर आया। उसने पेड की सभी तने, डालियॉ काट डाली। अब पेड तो एक ठूंठ बनकर रह गया। लेकिन वो फिर भी काफी खुश था कि मैनें उसे कुछ दिया। प्रेम तो देने की ही भाषा जानता है और अहंकार लेने की। अहंकारी व्यक्ति यदि गलती से किसी को कुछ दे दे तो बार—बार जतलाता है कि जैसे दी हुई चीज को पुनः वसूल करेगा।

औद्योगिक संस्थानों में दो प्रकार की प्रबन्धकीय व्यवस्थाऐं देखने को मिलती है। एक तो प्रेमपूर्वक व्यापारिक संस्थान को चलाना। प्रजातांत्रिक तरीके से निर्णय करना। कर्मचारियों के शारीरिक, मानसिक, भावनात्मक व आत्मिक बलों व प्रतिभाओं का सम्मान करना। दूसरी और अहंकारी तानाशाही तरीके से संगठन को चलाना।

लेकिन अब ज्ञान आधारित युग आ गया। अब औद्योगिकी युग जा चुका है। औद्योगिकी युग में कर्मचारी एक वस्तु की तरह समझा जाता था।

गाजर व कोड़े की कहानी

गुजरात के गांवो में बैलगाड़िया आदि चलती है। मैनें एक बार गुजरात के एक गांव का विजिट किया। तो एक व्यक्ति बैलगाडी पर सामान रखे हुए था और बैलगाडी चला रहा था। उसने बैलों के आगे  गाजर लटका रखी थी। रूक–रूक कर बैल उस गाजर को खाते रहते थे। चालक के पास एक कोड़ा जिसे वो समय–समय पर फटकारता रहता था। ये औद्योगिक युग की मानसिकता थी कि कर्मचारियों को तनख्वाह का लालच दिये रखों और वो तनख्वाह के लिये काम करते रहो। दूसरी और डांट–डपट, भयभीत करके कर्मचारियों पर चिल्लाते रहो।

लेकिन अब गाजर व कोड़े का तरीका चलने वाला नही है। अब प्रजातांत्रिक सरकारे है और ज्ञान आधारित युग आ गया है। इसमें कर्मचारियों के शारीरिक, मानसिक, भावनात्मक व आत्मिक सभी आयामों की निगरानी व परवरिश करनी होगी।

ज्ञान आधारित युग में जो कार्य कुशल कर्मचारी है। वो सम्पत्तियॉ बन गये है। जबकि औद्योगिकी युग में मशीने सम्पत्तियॉ हुआ करती थी, लेकिन अब उल्टा हो गया।

कर्मचारी के चारों आयामों का सम्मान किया जाना आवश्यक है।

शारीरिक आयामः– कर्मचारी के शारीरिक आयाम का सम्मान किया जाना जरूरी है। इस क्रम में कर्मचारी का वेतन पर्याप्त होना पहली आवश्यकता है, दूसरा कर्मचारी को सुरक्षा मिले, तीसरा ऐसा माहौल मिले जिसमें सर्दियों में सर्दी से सुरक्षा हो व गर्मियों में गर्मी से। इस नये युग में कारपोरेट संस्थानों में दोपहर के भोजन की व्यवस्था भी संस्थान के अन्दर ही होती है।

यदि शारीरिक आयाम की अवहेलना की जायेगी तो कर्मचारी कार्यस्थल पर आने में उदासी बरतेगा और हो सकता है कि जोब भी छोड दे। ये पहली जरूरत है जो कर्मचारी की पूरी होनी चाहिये।

मानसिक जरूरतः– यदि कोई व्यापारिक संस्थान अपने कर्मचारियों की पहली जरूरत यानी कि शारीरिक जरूरत की पूर्ति करता है, तो फिर कर्मचारी की मानसिक पूर्ति करनी भी अपेक्षित होती है। ज्ञान आधारित युग है। इसलिये हर कर्मचारी मानसिक रूप से प्रबुद्ध है, क्षमतावान है व विचारशील है। अतः कर्मचारियों के विचारों का सम्मान होना चाहिये। हर कर्मचारी की यह दिली इच्छा होती है कि उसके विचारों को जाना जायें और कम्पनी की जो योजनाऐं बने उनमें कर्मचारियों की भागेदारी भी हो। इस कर्मचारी की जरूरत को भी ज्ञान आधारित युग में पूरा करने की जरूरत है। नही तो कर्मचारी या तो निराश हो जायेगा या नौकरी छोड देगा।

भावनात्मक जरूरतः– जब उपरोक्त दोनों जरूरतें कर्मचारी की पूरी हो जाती है तो कर्मचारी अपनी तीसरी जरूरत जो कि भावनात्मक है, उसकी पूर्ति चाहता है। यानी कि

कर्मचारी के कार्य की तारीफ हो, कर्मचारी को कार्य के लिये शाबाशी दी जाये, उचित ईनाम दिया जाये। कर्मचारी को सम्मान दिया जावे। अगर कर्मचारी को सम्मानजनक ढंग से नही रखा जायेगा तो ज्ञान आधारित युग में वो कर्मचारी वर्क टू रूल के हिसाब से काम करने लग जायेगा। यानी कि जितना जरूरी है, उतना काम कर दो। अपनी ओर से पहल करके, उत्साह पूर्वक कार्य करना छोड़ देगा। जब उसे कोई कहेगा, तब ही काम करेगा। यह वर्क टू रूल का सिद्धान्त कर्मचारी नही अपना ले। इसलिये व्यापारिक संस्थानों को कर्मचारियों के सम्मान, तारीफ, पारितोषिक व उचित सिस्टम की रीति–नीति बनानी चाहिये।

आत्मिक जरूरतः– जब उपरोक्त तीनों जरूरते कर्मचारी की पूरी हो जाती है, तो कर्मचारी अपनी आत्मा की खुशी की जरूरत महसूस करता है। हर व्यक्ति की आत्मा गैर कानूनन काम करने से बचना चाहती है व व्यर्थ के कामों से भी बचना चाहती है। अतः ऐसी व्यर्थ की सूचनाऐं कर्मचारियों से तैयार करवाना जिनका कि बाद में उनका कोई उपयोग ना हो, जो किसी द्वारा देखी ही नही जाये। कर्मचारी ऐसी सूचना तैयार करने से कतराता है। ऐसे कोई कार्य जिसमें कर्मचारी को आत्मिक ग्लानी महसूस हो। वो कर्मचारी से न करवाया जाये।

कर्मचारियों के चारों प्रकार के आयामों की अगर पूर्ति होगी तो कर्मचारी पूरे मनोयोग से अपना समझ कर कार्य करेगा व व्यापारिक संगठन को विन–विन की सिचुऐशन मिलेगी। यानी कि कर्मचारियों को भी लाभ और पारस्परिक रूप से व्यापारिक संगठन को भी लाभ।

स्टीफन आर कोवी संगठन को भी लाभ हो और कर्मचारियों को भी लाभ हो। ऐसे पारस्परिक लाभ को विकसित करने हेतु चौथी, पांचवी व छठीं आदतों की उपादेयता को कायम करते है।

चौथी आदत में वो कहते है कि प्रचुरता की मानसिकता के साथ काम किया जाये। ऐसे निर्णय किये जाये जिनसे कर्मचारियों को भी लाभ हो और संगठन को भी।

पांचवी आदत के अनुसार कर्मचारियों को पहले सुना जावे, फिर उन्हें कोई बात कही जावे, ताकि दोनों के बीच में सार्थक सम्प्रेषण हो सके।

छठीं आदत बतलाती है कि संगठन व कर्मचारियों के बीच में मतभेद हो सकते है अथवा एक व्यापारिक संगठन किसी दूसरे व्यापारिक संगठन से कोई एग्रीमेन्ट करता है, तो दोनों के विचारों में मतभेद हो सकता है। इसलिये छठीं आदत कहती है कि मतभेदो को किसी भी पक्ष की अवहेलना न समझी जावें बल्कि मतभेदो को तरक्की के अवसर के रूप में देखा जाये, मतभेदो को न केवल स्वीकार किया जावें, बल्कि सेलिब्रेट किया जावें।

सादर।

(डी.डी. शर्मा)

सी.ई.ओ.

टीम 360

मो.: 9079040362

(अध्याय – 34)
कीचड़ में फंसे हुए सुअर व अब्राहम लिंकन की कहानी

(कर्म, विचार से अधिक इंसान भावनाओं से चालित है।)

एक बार की बात है कि राष्ट्रपति अब्राहम लिंकन का काफिला सीनेट की मिटिंग अटेंड करने जा रहा था। अब्राहम लिंकन बहुत ही

देशी व्यक्ति थे। उन्हे देशवासियों से प्यार था। न केवल देशवासियें से बल्कि समस्त प्राणियों से प्यार था।

सड़क से जब उनकी गाड़ी गुजर रही थी, तो किनारे पर कीचड़ में एक सुअर को फसें हुए देखा जो अपनी जिंदगी और मौत के लिये संघर्ष कर रहा था। अब्राहिम लिंकन ने अपनी गाडी रूकवाई और अपने अंगरक्षक को कहा कि

सीनेट के सचिव को फोन करों कि अभी सीनेट की मिटिंग थोडी देर बाद करें। एक प्राण संकट में है। इसलिये मैं थोडी देर में पहुंचुंगा।

अब्राहिम लिंकन फौरन उस कीचड़ के तालाब में कूद गये और सुअर को बचाने का प्रयास करने लगे। कंटिली जगह थी। सुअर तो बच गया लेकिन अब्राहिम लिंकन के कपड़े कीचड़ में हो गये। लिंकन के शरीर पर कांटे ही कांटे लग गये।

इस कहानी से आशय है कि अब्राहिम लिंकन के दिल में प्रेम भरा हुआ था, अतः प्रेमवश उन्होनें सुअर की जान बचाई। उन्हें बदले में क्या मिलना था ? उनकी बदले में लेने की कोई भावना भी नही थी। प्रेमियों के दिलों में प्रेम के अलावा और कुछ होता ही नही है। वो किसी प्रतिफल से नही बल्कि उनसे प्रेम स्वतः स्फूरित होता रहता है।

कर्म और विचार अपनी जगह महत्वपूर्ण है। लेकिन कर्मशील व विचारशील व्यक्ति भी अनेक बार बिना विवेक व भावावेश में आकर एक्शन ले जाते है। किसी—किसी को गुस्सा आ जाता है। कोई कामोत्तेजित हो जाता है। कोई लोभ के वशीभूत हो जाता है। किसी में नफरत की भावना जाग उठती है। जब यह प्रबल भावनाएं उठती है वही काम होता है जो यह भावनाएं चाहती है।

इसलिये भावों का जीवन में विशेष महत्व है। मेरी समझ में चार भाव मुख्य हैः—

मैत्री का भावः— जब व्यक्ति अपने परिवेश को मैत्री पूर्ण समझता है। प्रेम प्रदान करता है। प्रेम के भाव जबरन लाने का प्रयास करता है, तो धीरे—धीरे उसके अंतकरण में प्रेम के स्त्रोत फूट उठते है। यह शुद्ध भाव है, लेकिन इनके विपरित भी इंसानों में पाये जाने वाले भाव है। जैसे

कि नफरत का भाव। जैसे कि क्रोध का भाव, लालच का भाव, निन्दा का भाव, आलोचना का भाव आदि। जो भाव बाहर से लिया जाता है वह अशुद्ध भाव है। जो अन्तकरण में प्रकट होता है, वह शुद्ध भाव है। प्रेम अंतकरण में प्रकट होता है। प्रेम कोई रिटर्न नही चाहता। लेकिन लोगों के व्यवहार से जो भाव पनपते है। जैसे कि किसी ने आपकी कोई अवहेलना की तो आप निराश हो जायेंगे। आपको किसी ने गाली दी तो आपकों गुस्सा आ जायेगा। यानी कि बाह्य लोगों के कार्य व व्यवहार पर प्रतिक्रिया के रूप में आपके जो भाव पैदा होते है, वह अशुद्ध भाव है। प्रेमियों के अन्दर प्रेम के अलावा और कुछ होता ही नही है। अगर बदले की भावना है, तो वह प्रेम नही मोह है या सामाजिकता है। सामाजिक व्यवहारों में आपसी लेन–देन रहता है। जैसे मैंने प्रेम किया, तू प्रेम कर। यह प्रेम नही, यह व्यापार व बदले की भावना है। प्रेम के बदले प्रेम मिले तो मैं प्रेम करू। प्रेम बिना शर्त होता है।

दया का भावः– यद्यपि दया का भाव भी प्रेम का ही रूपांतरण है। जब कोई व्यक्ति अपनी बात को शब्दों में कह नही पाता तो वो थूक देता है। वो हाथ उठा लेता है, वो गाली निकाल देता है। कुछ लोग अपनी भाषा को नही कह पाते और पांवो में गिर जाते है। इसका अर्थ हुआ कि वो अपने भावों की अभिव्यक्ति के लिये शब्द नही ढूंढ पा रहा है।

महात्मा बुद्ध की एक कहानी

एक बार बुद्ध कहीं बैठे हुए थे। पास में उनका पट शिष्य आनंद था। और अन्य शिष्य भी बैठे हुए थे। एक व्यक्ति दौड़ता हुआ आया और बुद्ध के चेहरे पर थूक

दिया। बुद्ध ने अपना रूमाल निकाला और चेहरा साफ कर लिया। उस व्यक्ति से कहा कि और कुछ कहना है। व्यक्ति चुप हो गया।

आनंद बोल उठा कि आप हमें आज्ञा दे। हम अभी इसे मारपीट कर ठीक कर देंगे। चेहरे पर थूकना कितना बडा अपमान है। बुद्ध ने कहा कि यह व्यक्ति बहुत कुछ कहना चाहता है। पर इसे शब्द नही मिल रहे है। इसलिये इसने अपने भाव थूक उछाल कर प्रकट कर दिये। मैनें इससे पूछ लिया कि और कोई बात हो तो बताओं। इसके पास और कोई बात है नही। लेन–देन का खाता साफ। अभी अपन इसको दो बात कह नया खाता क्यों खोले ? मैं अब नया खाता नही खोलना चाहता, वो व्यक्ति तो चला गया। लेकिन वो व्यक्ति जब रात को अपने घर पर सोया तो बैचेन हो गया। उसे अपराध बोध होने लगा। उसने सोचा कि मैनें बुद्ध के चेहरे पर थूका और उन्होनें कोई खास प्रतिक्रिया ही नही की। मैनें ठीक नही किया। मुझें जाकर उनसे माफी मांगनी चाहिये, लेकिन मैं किन शब्दों में माफी मांगू। मेरा अपराध तो बहुत बडा है।

हिम्मत करके वो व्यक्ति उठा और प्रातःकाल बुद्ध के आश्रम में गया। वो कुछ नही बोला। सीधा बुद्ध के चरणों में गिर पड़ा। बुद्ध बोलें देखों आनंद इसे अब भी भाषा नही सूझ रही है। यह दया का पात्र है। यह थूका तब भी दया का पात्र था। अब पांवों में गिर रहा है। तब भी दया का पात्र है। बुद्ध तो करुणावतार थे। अंगूलीमार जैसे डाकू पर भी उन्होनें करूणा की। जो लोग करूणा नही करते है। वो अशुद्ध भाव का प्रयोग करते है। जैसे कि

बदला लेना, जैसे कि हिंसा करना, शोषण करना, अन्याय करना आदि।

प्रमुदिताः– मुदिता से तात्पर्य है, प्रफुल्लता है। प्रमुदिता से तात्पर्य है, परम् प्रफुल्लता। इंसान जब पैदा होता है तो एक छोटा बच्चा होता है, तब वो प्रमुदित रहता है। मुस्कुराता रहता है, खिलखिलाता रहता है। अगर दूध की जरूरत हो तो रोता है अन्यथा सोता है व खिलखिलाता रहता है। प्रमुदित रहता है। यानी कि इंसान के हृदय की गहराईयों में प्रफुल्लता व प्रसन्नता होती है। लेकिन बाद में परिवार के लोग उसे भयभीत होना, दुःखी होना, अभावग्रसित होना आदि के भाव सींखाते है। फिर वो 15–16 साल का होता–होता ऐसा हो जाता है कि वो प्रफुल्लता के बजाय, निराश, विषाद युक्त व अवसाद से ग्रसित भावों से भर जाता है। अवसाद आदि के भाव ऐसे है जो कि आ जाते है तो व्यक्ति से जबरन घोर घृणित कर्म करवा लेते है जैसे कि आत्महत्या आदि।

कृतज्ञता के भावः– इंसान में यह भाव जन्मजात है, लेकिन जिस माहौल में वो बड़ा होता है। उस माहौल में भाईयो, बहनों के बीच में तुलनाएं करना सींखाया जाता है। किसी के पास कम है, किसी के पास ज्यादा है। परिणाम यह होता है कि कृतज्ञता का भाव गायब हो जाता है और उसके भावों में शिकायत करना, तुलना करना, आलोचना करना, प्रतिस्पर्द्धा करना, विवाद करना आदि अशुद्ध भाव आ जाते है।

गौतम बुद्ध के एक शिष्य की कहानी

एक शिष्य गौतम बुद्ध के पास पीछले 12 सालों से रह रहा था। गौतम बुद्ध भी उसकी आध्यात्मिक प्रगति से अभिभूत थे। एक दिन शिष्य बोला कि मैं अब

प्रचार–प्रसार के लिये, लोगों को जगाने के लिये जाना चाहता हूँ। मैनें करूण नगर स्थान को मेरी कार्यस्थली चुना है।

बुद्ध ने कहा कि उस स्थान पर तो पहले कई लोग गये है। वहाँ के लोग अच्छे नही है। हमारा जो भी भीक्षु वहां जाता है। उसे वो लोग प्रताडित करके भगा देते है। उस शिष्य ने कहा कि तब तो मेरा वहां जाना और भी जरूरी है।

बुद्ध ने कहा कि तुम पहले मेरे तीन प्रश्नों के उत्तर दो। यदि मैं तुम्हारे उत्तरों से संतुष्ट हुआ तो मैं तुम्हें इजाजत दे दूंगा।

प्र.नं. 1.:–करूण नगर के लोग यदि तुम्हें दुत्कारेंगे और गालियाँ देंगे तो तुम अपने मन में क्या ख्याल लावोगे?

उत्तर:–भन्ते ! आप जानते है फिर भी पूंछते है। मैं यह विचार लाऊंगा कि इन्होनें मात्र दुत्कारा ही है, मात्र गालियाँ दी है। मैं इनका कृतज्ञ हूँ कि इन्होनें मुझें पीटा नही। मैं खुश हूँ व इनका कृतज्ञ हूँ।

प्र.नं.2 :–यदि वो पीटेंगे तो तुम अपने मन में क्या ख्याल लाओंगें ?

उत्तर:–भन्ते ! आप जानते है फिर भी दुबारा पूंछ रहे है। मैं यह ख्याल लाऊंगा कि उन्होनें मुझें जान ने नही मारा। सिर्फ पीटा ही तो है। मैं उनका कृतज्ञ हूँ अन्यथा वो जान से भी मार डालते।

प्र.नं.3:–यदि वो तुम्हे जान से मार डालेंगे तो उस समय तुम्हारे मन में क्या ख्याल आयेगा ?

उत्तरः—भन्ते ! आप फिर वही बात पूंछ रहे है। अगर वो मुझें मार डालेंगे तो मेरा सारा लेन—देन का काम ही खत्म हो जायेगा। मेरे सारे सांसारिक दुःख ही खत्म हो जायेंगे। यह तो मुझ पर बड़ा उपकार होगा। मैं बडा कृतज्ञ रहूंगा।

बुद्ध ने कहा कि तुम परीक्षा में पास हुऐ। तुम करूण नगर पहुंचो और लोगों तो सद्ज्ञान प्रदान करों।

कृतज्ञता का भाव ही व्यक्ति को अमीर बनाता है, प्रसन्नचित रखता है, प्रेममय बनाता है एवं जो भावनात्मक कैंसर है जैसे कि शिकायत करना, तुलना करना, आलोचना करना, प्रतिस्पर्द्धा करना व विवाद करना आदि के विरूद्ध वेक्सिनेशन है।

व्यक्ति के निजी जीवन में, परिवारों में, व्यापारिक संगठनों में, एन.जी.ओ. में व राजनीतिक संगठनों में शुद्ध भावों को विकसित करने की आज जरूरत है। लेकिन भावों को सुधारने का किसी कॉलेज, स्कूल में अध्ययन नही कराया जाता। यहीं वजह है कि अच्छे—अच्छे पढ़े लिखे लोग, अच्छे पदों पर बैठे हुए लोग कब अशुद्ध भाव से प्रेरित होकर कौनसा कुकर्म कर डाले ? कुछ नही कहा जा सकता।

यहॉं मैं एक छोटी सी कहानी सुनाने का लोभ सम्वरण नही कर पा रहा हूँ।

एक बड़ा मकान था। उसके बाहर एक चौकीदार बंदूक लेकर खडा रहता था। बाहर के लोग आते, बातचीत करते और चौकीदार उन्हें बैठाकर हवेली की अंदर की खूबियों के बारे में बतलाता था, लेकिन वो तो चौकीदार ही था, मालिक तो अंदर बैठा

रहता था। कभी–कभी मालिक बाहर आ जाता और वो लोगों को गालियाँ देता रहता। फिर मालिक तो मकान के अंदर चला जाता और चौकीदार लोगो को समझाता रहता। वो लोगों को कहता कि गुस्सा नही करना चाहिये। अपराध कोई और करता है, समझाईश कोई और करता है। जिस चौकीदार ने कभी गाली दी ही नही वो समझा रहा है कि गाली नही देनी चाहिये। लेकिन जब वो मालिक आता है तो चौकीदार चुपचाप खड़ा रहता है। उसका मालिक गाली देकर चला जाता है। लगभग रोजाना हर इंसान के साथ यह होता है।

व्यक्ति विचार पूर्वक संतुलित रहने का प्रयास करता है। अच्छे कर्म भी करता है। पर वो अंदर बैठा हुआ मालिक कब बाहर आ जाये और आदमी में गुस्सा फूट पडे। पडौसियों को गालियाँ देने लगे। फिर वो तो गालियाँ देकर वापिस अंदर चला जाता है। फिर विचारशील व्यक्ति लोगों से माफी मांगता रहता है, जबकि उस विचारशील व्यक्ति ने गाली दी ही नही। मालिक अंदर से आया और गालियाँ देकर अंदर चला गया।

इमोशन्स इंसान के मालिक है जो कि अंदर गहराई में रहते है।

विचार और कर्म तो नौकर है। अतः विचार शुभ रखे अच्छी बात है। कर्म अच्छे करें, और अच्छी बात है। लेकिन भावों पर निगरानी और उनको शुद्ध रखना सर्वाधिक जरूरी है।

मैं क्या करू ? मुझें गुस्सा आ जाता है। मैं क्या करू मुझमें कामोत्तेजना आ जाती है ? मैं क्या करू मुझमें लोभ आ जाता है ? यह कहकर पीछा छुड़ाना ठीक नही है। तुम्हारे मालिक तुम हो। इसलिये जिम्मेदारी लो और अपने

भावों को शुद्ध करों। क्योंकि तुम कर्म नही हो, तुम विचार भी नही हो, तुम भाव भी नही हो, इन सबके नियंत्रक हो।

You are the creator of your life. व्यापारिक संगठनों में प्रोएक्टिव होकर अपने भावों को शुद्ध बनाये रखेंगे तो बेहतर परफोरमेन्स होगी व ऊंची सफलताऐं मिलेंगी। आम आदमी का जीवन भी सार्थक व सुखमय होगा।

सादर।

(डी.डी. शर्मा)

सी.ई.ओ.

टीम 360

मो.: 9079040362

(अध्याय – 35)
एक पागल इंस्पेक्टर की कहानी

(व्यर्थ के प्रश्नों व शंकाओं में उलझने के बजाय, काम को शुरू करें)

शिक्षा विभाग में एक इंस्पेक्टर ने स्कूलों में जाकर इंस्पेक्शन करने का कार्य आरम्भ कर दिया। उसके साथ के इंस्पेक्टरों को पता चला तो उन्होने सोचा कि यह क्या हुआ ? हम लोग तो ऑफिस में बैठे–बैठे ही इंस्पेक्शन कर डालते है। यह इंस्पेक्टर स्कूलो में क्यों जा रहा है ? इसका तो मेडिकल चेकअप होना जरूरी है। कहीं यह पागल तो नही हो गया है।

शिक्षा विभाग के निदेशक तक बात पहुंची तो उसका मेडिकल करवाया गया और वो वाकई में पागल पाया गया। लेकिन जैसे कि सरकारी महकमें में होता है कि पागल को सरकारी नौकरी से निकालने की प्रक्रिया चली। लेकिन इतनी धीमी गति से चली कि बरसों गुजर गये।

वो पागल इंस्पेक्टर किसी भी स्कूल में चला जाता और वहॉ स्कूल के छात्रों से प्रश्न पूछता। वो ऐसे प्रश्न पूछता जिनका उत्तर या तो कोई दार्शनिक दे या दे ही

नही पाते, अगर छात्र प्रश्नों के उत्तर नही दे पाते तो वह शिक्षको व प्रधानाध्यापक के खिलाफ रिपोर्ट कर देता। पूरे महकमें में उस पागल इंस्पेक्टर का भय छा गया। कौन जाने कब किस स्कूल में वो चला आयें ?

एक बार वो एक स्कूल में इंस्पेक्शन करने के लिये गया। विद्यार्थियों से रूबरू हुआ और विद्यार्थियों से बातचीत की। उस समय स्कूल के प्रधानाध्यापक और सारे अध्यापक भी मौजूद थे। इंस्पेक्टर ने छात्रों से कहा कि अभी मैं आपको एक प्रश्न पूछूंगा। यह प्रश्न मैनें अनेक स्कूलों में पूछा है लेकिन कोई उत्तर नही दे पाया। लेकिन मुझें उम्मीद है कि आप में से कोई अवश्य इस प्रश्न का उत्तर देगा। यदि कोई सही उत्तर दे देगा तो ठीक, अन्यथा मैं प्रश्न पूछता ही रहूंगा।

प्रधानाध्यापक व सारे अध्यापक घबरा रहे थे। क्योंकि इंस्पेक्टर सिरफिरा था पता नही क्या पूछ ले ? इंस्पेक्टर ने पूछा कि एक हवाई जहाज 100 किमी. की रफ्तार से बम्बई से कलकत्ता जाता है, फिर वो कलकत्ता से 200 किमी. की रफ्तार से न्यूयार्क जाता है, तो बताओं मेरी उम्र क्या है ?

ये प्रश्न सुनकर प्रधानाध्यापक और अध्यापक तो सकते में आ गये, कि हवाई जहाज की चाल से इसकी उम्र का क्या लेना–देना। मन ही मन में सोचा वाकई में यह तो पागल है। अध्यापकों ने सोचा कि कोई छात्र यह उत्तर नही दे पायेगा। यदि इसे उत्तर नही मिला तो यह स्कूल के खिलाफ लिख कर भेज देगा। प्रधानाध्यापक और अध्यापकों ने सोचा कि यह तो अच्छी शामत आई है।

इतने में एक छात्र ने हाथ ऊंचा किया। अध्यापकों ने सोचा यह लड़का तो कुछ जानता ही नही है। यह क्या उत्तर देगा ? इस प्रश्न का कोई उत्तर बनता भी नही है, लेकिन इंस्पेक्टर ने छात्र को देख लिया। कहा बेटा बहुत अच्छा। बताओं क्या उत्तर है ? आज तक इसका कोई

उत्तर नही दे पाया। छात्र बोला मैं जानता हूॅ। इसका उत्तर सिर्फ मैं ही दे सकता हूॅ और कोई नही। आप किसी और से पूछना भी मत, तो बताओं मेरी उम्र क्या है?

छात्र ने उत्तर दिया कि 56 वर्ष। इंस्पेक्टर बोला शाबाश। वाकई में मेरी उम्र इतनी ही है। मुझें उम्मीद थी कि वाकई में कोई **रामानुजन** फिर पैदा होगा। और मेरे प्रश्न का उत्तर देगा। तुम **रामानुजन** हो। बहुत बड़े गणीतज्ञ बनोगे। प्रधानाध्यापक और अध्यापक ने इंस्पेक्टर को शाबाशी देते हुए देखा तो हैरान हो गये।

इंस्पेक्टर ने कहा कि बिलकुल सही उत्तर दिया है। अब जिस विधि से तुमने गणना की वो विधि भी बतला दो।

विधि बिल्कुल सरल है, लेकिन सिर्फ मुझें ही मालूम है। कोई नही बता पायेगा। मेरा बड़ा भाई 28 वर्ष का है। वह आधा पागल है। इसलिये आपकी उम्र 56 वर्ष होना बनती है।

बस हम सब उस पागल इंस्पेक्टर की तरह बेहूदे प्रश्न पूछते रहते है और काम को आरम्भ नही करते है। व्यापार आरम्भ करने से पहले काल्पनिक शंकाए करने लगते है। क्या–क्या नुकसान होगा ? उस पर फोकस करने लगते है। ये नही होगा तो क्या ? वो नही होगा तो क्या ? माल नही बिकेगा तो क्या ? माल के ऑर्डर ज्यादा आ जायेंगे तो क्या ? सरकारी नीतियॉ बदल जायेंगी तो क्या होगा ?

फिर हमें सलाहकार भी ऐसे मिलते है कि मेरा भाई आधा पागल था। उसने ऐसा किया और वो फेल हो गया। चूंकि तुम डबल पागल हो तो तुम भी फेल हो गये।

अपने व्यापार को शुरू करने से पहले मजेदार बात है कि हम ऐसे लोगों से पूछते है, जिन्होनें कभी व्यापार किया ही नही।

एक व्यक्ति अमेजन पर अपना व्यापार आरम्भ करना चाहता है। साल भर से रिसर्च कर रहा है। उसने अपनी मम्मी से पूछा। जिस मम्मी ने कभी व्यापार नही किया। अपने पड़ौसी से पूछा, जिन्होनें कभी व्यापार नही किया। वो स्कूल में अध्यापक है। अपने रिश्तेदारों से पूछा जो खेती करते है। सभी लोगो ने कहा कि अमेजन से व्यापार करने में बहुत दिक्कते है। वो साल भर से लोगों से पूछ ही रहा है।

अनिर्णय, शंका व भय की तिकड़ी

लोग व्यापार आरम्भ करते है तब अथवा व्यापार में कोई मुश्किलात आ जाये। उपरोक्त तीन की तिकड़ी से घिर जाते है। वो उस समय को टालना चाहते है। उस समय कोई निर्णय नही करते।

अनिर्णय की स्थिति में बने रहते है अथवा बूरी–बूरी शंकाए उनके दिमाग में आने लगती है। जैसे व्यापार नही चला तो ? घाटा लग गया तो ? आदि–आदि।

अनिर्णय और शंकाए दोनों मिल जाती है तो भय को जन्म देती है और भयभीत व्यक्ति कुछ नही कर सकता। भयभीत व्यक्ति में निम्न लक्षण पाये जाते है।

1. वो कोई निर्णय नही ले पाता।

2. उसका आत्मविश्वास गिर जाता है।

3. वो कोई भविष्य की कल्पना नही कर पाता।

4. वो अपनी बात को किसी को समझदारी से कह नही सकता।

5. वो शंकाग्रस्त रहता है।

6. वो समाज से, लोगों से छिप जाता है।

7. वो कार्य को टालते रहने का आदी बन जाता है।

8. वो अनिश्चितता के कुचक्र में फंस जाता है।

9. उसकी पहल करने की शक्ति खत्म हो जाती है।

10. उसमें उत्साहीनता आ जाती है।

अतः भय एक प्रकार का पिशाच है जो व्यक्ति को व्यापार का आरम्भ नही करने देता। यदि व्यापार आरम्भ हो जाये और उसमें कोई तकलीफ आ जाये तो उस व्यक्ति की टांगे खींच लेता है और उसे आगे कामयाब नही होने देता।

एक भयभीत व्यक्ति की कहानी

एक राजा था। उस राजा ने पूरे राज्य में रेशम बिछाने का निर्णय लिया। क्योंकि राजा जहाँ भी जाता था, उसके कांटे चुभते थे, लेकिन इतना खर्च कहां से करता। अतः राजा भयभीत रहने लगा कि इतना पैसा कहां से लायेंगे ? ताकि पूरे राज्य में रेशमी कालीन बिछाया जा सके। जब इस निर्णय को जनता ने सुना कि उनके खेतों में कालीन बिछा दिया जायेगा तो वो बड़े परेशान हुए कि वो खेती कैसे करेंगे ? बडे भयभीत हो गये। जनता के लोग इकट्ठे हुए कि किसी तरह राजा को समझाया जायें कि हम लोग कांटे साफ कर देंगे। आप कांटो से डरकर यह निर्णय मत करो। जनता के कुछ लोगों ने तो गलियों की सफाई करनी भी चालू कर दी, ताकि राजा जब निकले तो उसे कांटे नही चुभे।

जनता ने एक बडे समझदार व अनुभवी मंत्री से कहा कि राजा से कहो कि वह ऐसा नही करें। मंत्री ने कहा कि राजा को कांटो से भय लगता है। वह जहां भी जाता

है, कांटे चुभ जाते है। जनता ने कहा कि आप ही इस समस्या का निवारण करो। मंत्री ने कहा कि मैं कोशिश करता हूँ।

मंत्री पास के किसी गांव में गया। जहॉ एक अच्छा मोची था। उससे एक रेशमी, सुन्दर जुतियॉ बना लाया और सुन्दर बक्शे में रखकर राजा को भेंट की। और राजा से निवेदन किया कि महाराज आप कालीन बिछाने का विचार छोड़ दे। उसने कहा कि कैसे छोड दू ? मेरे कांटे चुभते है। तो मंत्री ने डिब्बा खोलकर जूतियॉ निकाली और कहा कि आप यह जूतियॉ पहन लीजिए। मंत्री ने कहा कि आप जूतियॉ पहन लीजिए, आपके कांटे नही चूभेंगे। राजा ने अपना निर्णय वापिस ले लिया। जनता बडी खुश हुई।

भयभीत लोग ऐसे ही निर्णय करते है। भगवत् गीता में **भगवान कृष्ण** के सामने **अर्जुन** कहता है कि मैं भयभीत हूँ। कायरता रूपी रोग से ग्रसित हो गया हूँ। आप मेरे भय को दूर कीजिए। मैं आपका शिष्य हूँ। क्योंकि वो कायरता के कारण भयभीत हो गया, निराश हो गया, हताश हो गया और युद्ध करने के बजाय अपना धनुष नीचे रख दिया। इसी तरह से व्यापारी व्यापार आरम्भ करने से पहले कायरता रूपी दोष से ग्रसित हो जाता है। अतः ऐसे निराश व्यापारी को **कृष्ण** जैसे कौंसिलर की जरूरत होती है।

श्री कृष्ण की काउंसलिंग से निराश, हताश अर्जुन न केवल युद्ध में लड़ा बल्कि युद्ध में विजयी भी हुआ।

हम इंस्पेक्टर की तरह पागल हुये घूम रहे है। हमारा होश गायब हो गया, हम बेहोशी में जी रहे हैं, अपनी समझदारी को भूले बैठे है। हम यह बात भूल बैठे है कि कामयाब होने के लिये पैदा हुए है। हम में ईश्वर ने वो सम्भावनाऐं व पोटेंशियल दिया है कि हम कामयाब हो सकते है।

रामायण में एक प्रसंग है कि **सीता** का अपहरण हो जाने के बाद भगवान राम अपने सैनिकों से, अपने मंत्रियों से सलाह–मशवरा कर रहे थे, लेकिन न तो किसी को कोई युक्ति सूझ नही रही थी, न ही किसी की हिम्मत हो रही थी। तब उनका एक वृद्ध सेना नायक जिसका नाम **जाम्बवन्त** था। उसने **हनुमान** को आवाज दी। **हनुमान** से कहा कि तुम जाओं और **सीता** की खोज लेकर आओ, समुद्र को छलांग लगाकर पार करों। **हनुमान** ने कहा कि मैं यह कैसे कर सकता हूँ ? मैं तो बंदर हूँ। तब **जाम्बवन्त** ने हनुमान की काउंसलिंग की।

तुम सामान्य बंदर नही हो। तुमने बचपन में सूर्य को निगल लिया था। तुमने सूर्य के बराबर आसमान में डटे रहकर ज्ञान ग्रहण किया है। इतना सुनना था कि **हनुमान** अपने बल से परिचित हो गये और छलांग लगाई, समुद्र पार किया और **सीता** का पता लगाकर आये।

टीम 360 भी ऐसे ही निराश लोगों का अथवा साधारण लोगों की काउंसलिंग करती है। ताकि वो भी असाधारण कार्य कर सके। व्यापार में सफल हो सके। ऊंची बुलन्दिया छू सके। टीम 360 के पास में डी.एम.आई.टी. जैसे टेक्निक है, जिसके जरिये व्यक्ति की काउंसलिंग की जाती है। ताकि उसकी जन्मजात प्रतिभाओं से उसे परिचित कराया जा सके और वो अपने क्षेत्र में शिखर पर पहुंच सके।

सादर।

(डी.डी. शर्मा)

सी.ई.ओ.

टीम 360

मो.: 9079040362

(अध्याय – 36)
एक ताबीज की कहानी

(अगर बिना विवेक के कोई कार्य करेंगे तो हर कार्य अपराध बोध देगा)

एक व्यक्ति मुस्लिम देशों की यात्रा करके आया। यात्रा के दौरान उसे एक मुकम्मिल सूफी फकीर मिलें। फकीर को मछली खाने की इच्छा थी और वो व्यक्ति हिन्दु रस्म रिवाज में पला हुआ था, लेकिन फिर भी उसने अपने रस्मों रिवाजों को तोड़कर सूफी फकीर को मछली पेश की।

मुकम्मिल सूफी फकीर बोले इतनी मछली की जरूरत भी नही थी। आपने पूछा क्या खाओंगे ? तो हमने कह दिया मछली। बाकि हमें तो जो मिल जाता है, खा लेते है। मछली के लिये नही जीते है, पर हम इस बात से खुश है कि तुमने अपनी पुरानी रस्मों रिवाजों के विपरीत जाकर मछली की दावत दी। हम तुम्हारे अहसानमंद है। तुमने हमें मछली नज़र की है, तो हम भी तुम्हे कुछ नज़र करना चाहते है। बोलो क्या चाहिये तुम्हे?

हमारे पीर खुदा ऐ नूर है। हमारे पीर का हुकुम खुदा भी मानता है। अतः तुम जो चाहों सो मांगो। हम अपने पीर से दिला देंगे।

व्यक्ति व्यापारी था। इसलिये उसने सोचा कि कोई ऐसी चीज मांग ले जो समय–समय पर अपने को लाभ दे। सो उसने मुकम्मिल फकीर से कहा कि मुझें कोई ऐसा ताबिज दे दो। जिसमें कि मैं जो मांगू वो मिले। सूफी फकीर हंसे। कोई ढंग की चीज मांग लो। ताबीजों में क्या रखा है।

वो व्यक्ति बोला, नही महाराज जब तब जरूरत पड़ती रहती है। हमें तो आप ऐसा ताबीज ही दे दो। सूफी फकीर ने अपनी तस्बी की थैली में हाथ डाला और एक ताबीज निकाल कर उस व्यक्ति को दे दिया और कहा कि जब भी तुम इस ताबीज से कोई चीज मांगोगे तो यह तुम्हारे हाथ से गिर जायेगा और तत्काल तुम्हारी मांगी हुई चीज प्रस्तुत कर देगा। ऐसा तुम दिन में तीन बार ताबीज से कर सकते हो।

व्यक्ति बहुत खुश हुआ। वो अपने गांव पहुंचने ही वाला था कि बीच में एक कस्बा पड़ा। उसने सोचा कि मेरा यहॉ एक मित्र है। क्यों ना रात्रि में उसके यहॉ रूका जाये ? और सुबह अपने गांव पहुंचे।

मित्र भी उसे देखकर बहुत खुश हुआ। उसने कहां कि रात्रि में यहॉ विश्राम करिए और सुबह होने पर अपने गांव चले जाना। व्यक्ति रात्रि में भोजन करने के बाद अपने मित्र से बोला कि मुझें मुस्लिम देशों की यात्रा के दौरान एक ऐसी चीज मिली है। लेकिन मैं तुझे वो चीज दू या नही दू, यह तय नही कर पा रहा हॅू। क्योंकि ? मैनें उस चीज का उपयोग किया तो मुझें लाभ होने के बजाय नुकसान हुआ। मित्र ने कहा कि बताओं तो सही कि क्या चीज है ? तो उसने सारा वाक्या बताया कि एक मुकम्मिल फकीर ने मुझें एक ताबीज दिया है। जिससे

दिन में तीन बार कोई भी मुरीद मांगी जा सकती है, जिसे ताबीज पूरा करता है।

मैं फिर बतला दूं, मैनें अपनी मुरीदे मांग कर घाटे में रहा हूँ। लेकिन मित्र ने कहा कि तुमने गलत चीजे मांगी होगी। मैं तो अच्छी चीज मांगूगा। इतने में उसकी पत्नी आ गई। उसने कहा कि अगर ऐसी चीज है जो मांगो तो तत्काल देती है। तो ऐसी चीज हमें दे दीजिये। हम तो लोगों के लिये व अपने लिये अच्छी-अच्छी चीजे मोंगेगे। नुकसान तो उन्हें होता है जो गलत चीजें मांग लेते है। ताबीज पर चर्चा इतनी लम्बी चली कि प्रातःकाल होने को आ गया। व्यक्ति ने ताबीज अपने मित्र की पत्नी को दे दिया और स्वयं अपने गांव के लिये रवाना हो गया।

मित्र और मित्र की पत्नी ने तत्काल ही विचारा कि क्या मांगना चाहिये ? फिर तय किया कि पांच लाख रूपये मांगे तो अच्छा है। क्योंकि उनकी कई दिनों से पैसे की इच्छा थी। ज्योंही ताबीज को व्यक्ति के बताये अनुसार लोबान की धूणी लगाई और उससे पांच लाख रूपये मांगे। ताबीज छन के साथ जमीन पर गिरा, आवाज आई। मित्र व मित्र की पत्नी ने कहा कि इतनी जल्दी दरवाजे पर किसकी दस्तक ? पत्नी ने जाकर दरवाजा खोला। दरवाजा खोलते ही उस राज्य के राजा का वफादार सैनिक दिखाई दिया, जिसके हाथ में एक लिफाफा था। सैनिक बोला कि आपका लड़का जो फौज में काम करता था वो शत्रु के हाथों वीरगति को प्राप्त हो गया है और राजा ने आपके लड़के की बहादुरी के बदले आपकों यह पांच लाख रूपये दिये है।

पति-पत्नी दोनों ही सकते में आ गये। कि ये ऐसे रूपये ले या नही ले। पत्नी तत्काल बोली कि मुझें तो मेरा बेटा चाहिये, पैसे नही चाहिये। मित्र बोला अब क्या किया जा सकता है। पत्नी बोली कि जल्दी करों। कही

उसका मृत शरीर दफना ना दे। इसलिये दूसरी मांग मांगो कि लड़का जिन्दा होकर लौट आये।

सो दुबारा लोबान की धूणी ताबीज के लगाई और मांग की कि तत्काल हमारे लड़के को भिजवा दो। ताबीज छन के साथ जमीन पर गिरा और उधर दरवाजे पर किसी की दस्तक की आवाज सुनाई दी।  दरवाजा खोला, मैं आ गया, बोले कौन ? बोला कि मैं तुम्हारे बेटे का प्रेत। यद्यपि बेटा पति–पत्नी दोनों को ही बहुत प्यारा था, लेकिन अब प्रेत है। भला प्रेत को कौन घर में रखेगा ? अतः दरवाजा भी खोले या नही खोले ? दोनों असमंजस में पड़ गये।

अब तो एक ही उपाय बचा था कि तीसरी मुराद और मांग ले। तो उन्होनें तय किया कि प्रेत के चक्कर में पड़ना ठीक नही है। यह प्रेत जहां कही जाना चाहे चला जाये, लेकिन हमारे यहाँ नही आये। प्रेत ने आवाज लगाई कि अगर दरवाजा नही खोलते हो तो वो पांच लाख रूपये लौटा दो। मैं उन पैसों को लेकर चला जाऊंगा। पांच लाख लौटाने से अगर प्रेत बाधा टलती है तो उसे दे दो। उन्होनें पांच लाख रूपये दरवाजे पर रख दिये। आराम से सोने लगे। उस व्यक्ति ने कहा कि मैं इस ताबीज को नही रखूंगा। वह अपने मित्र के घर गया और उसे वह ताबीज लौटा दिया।

इस कहानी से नसीहत है कि हम बिना विचारे मांगते रहते है। हमें वो चीजे मिल जाती है। जब तक कोई चीज नही मिलती, तब तक तो वैसे ही चिंतित होते रहते है। जब मिल जाती है तो थोडी देर के लिये खुश हो जाते है। और फिर वापिस उस चीज से दुखी हो जाते है।

मेरे पड़ौस के एक व्यक्ति बड़े दुखी थे। मैनें उनसे पूछा कि आप बहुत दुखी नजर आ रहे हो। वो बोले कि मेरे दो लड़के है। दोनो की ही शादिया नही हो रही है। एक लडके की तो जीभ मोटी है, वो बोल नही सकता। इसलिये उसकी शादी नही हो रही है। दूसरा लडका अभी कोई रोजगार नही कर रहा है, इसलिये उसकी भी शादी नही हो रही है। वो काफी दुखी थे। करीबन साल भर बाद वो फिर मिले। अपने लड़के की शादी के निमंत्रण पत्र के साथ। उन्होंने कहा कि लड़की मिल गई है। अब शादी कर रहे है। वह काफी खुश नजर आ रहे थे। मैं दो–तीन वर्ष व्यस्त रहा। उनसे मुलाकात नही हो पाई। एक दिन मिला तो पूछा कि इतनी चिंता में क्यो हों ? क्या हुआ ? तो वो बोले कि बहू सही नही मिली। मैनें पूछा कि लडका कहा है ? दिखाई नही दे रहा है, तो वो बोले कि लड़का अलग किराये का मकान लेकर रह रहा है।

एक कम्पनी के मैनेजिंग डॉयरेक्टर मिले। उनकी कम्पनी में ग्रोथ नही हो रही थी। यहॉ तक कि स्टॉफ को तनख्वाह भी नही दे पा रही थी। एम.डी. महोदय काफी परेशान थे। कुछ उन्होनें नई योजनाएं लागू कि और कम्पनी अच्छी प्रगति करने लगी। करोड़ो रूपये का सालाना लाभ कमा रही थी। कुछ वर्ष बाद फिर मिले। हमने पूछा क्या हालचाल है। बोले कि बस गुजर रही है। हमने कहा कि गुजर क्यों रही है। आपकी कम्पनी तो काफी अच्छी चल रही थी। वो बोले कि कहॉ अभी कोरोना का वक्त चल रहा है। अभी तो स्टॉफ को तनख्वाह ही नही दी जा रही। मैनें थोडा इन्ट्रेस्ट लेकर कम्पनी के अकाउंट के बारे में जानकारी चाही तो निचोड़ यह निकला कि सब खर्चे निकाल कर साल भर में तीस लाख रूपये का प्रोफिट हुआ है। मैनें कहा कि यह तो

खुशी की बात है कि सब खर्चे निकाल कर भी तीस लाख का प्रोफिट हुआ है। तो वो बोले कि क्या खुशी की बात है ? पिछले साल एक करोड का लाभ हुआ था और इस बार केवल तीस लाख का लाभ हुआ है।

जब तक कोई चीज नही मिलती तब तक बड़ा आकर्षक लगता है। जब वो चीज मिल जाती है तो थोडे दिन तो सब ठीक चलता है। फिर वो चीज बुरी लगने लग जाती है। ये और कुछ नही केवल विवेकशीलता की कमी है। निकट दोष दृष्टि है। कल जो लाभ हुआ उसकी खुशी नही है। आज कम हुआ उसके लिये दुःख है।

ये परिवारों में, व्यापारिक संगठनों में, एन.जी.ओ. व राजनीतिक संगठनों में, सब में ही इंसानों की यहीं मनोवृति पाई जाती है।

इसलिये ताबीज की कहानी के अनुसार वह मांग करनी चाहिये जो करने के योग्य हो। क्योंकि अगर अविवेक से कोई भी मांग की जायेगी तो वो तकलीफे ही देती है।

रोण्डा ब्राईन लिखती है कि जो अच्छा मिले उसके लिये कृतज्ञ रहिये। जो नही मिले उसके बदले यूनिवर्स और कुछ बेहतर देने जा रहा है। यह सोचकर खुश होईये। यानी कि दोनों ही स्थितियों में कृतज्ञ रहिये। कृतज्ञता का अभ्यास ही आपको अमीर बनाने में सहयोगी होगा। अगर कृतज्ञता के अभ्यास को जारी रखा जाये तो व्यक्ति बिलेनर बन सकता है।

सादर।
(डी.डी. शर्मा)
सी.ई.ओ.
टीम 360
मो.: 9079040362

(अध्याय – 37)
एक माली व सुनार की कहानी

◆◆◆

(हर चीज का अपना महत्व है। कोई किसी का विकल्प नही है)

एक शानदार बगीचा था। उसमें बहुत फूल खिलते थे और अधिकांश फूल गुलाब के थे। गुलाब के फूलों की खुशबु दूर–दूर तक पहुंच जाती थी। बगीचे का माली कहता था कि इस बगीचे के गुलाब ईरान से लाये हुए है और गुलाबों के बारे वो बड़े गर्व से बताता। गुल यानी फूल। आब यानी चमक। गुलाब यानी फूला का राजा, बेमिशाल चमक।

उसका एक मित्र था। वो यह बातें सुनकर बोर हो जाता था। जब देखों तभी गुलाब की तारीफ, बगीचे

की तारीफ। वो सुनार था। इसलिये उसने कहा कि आज मैं परख करके ही रहूंगा। उसने बगीचे के माली से कहा

कि देखों मैं कल सुबह आऊंगा। मेरी सोने को परखने की कसौटी लेकर आऊंगा और तुम्हारे इन गुलाबों को परखूंगा। तय समय पर दूसरे दिन सुनार सोना परखने की कसौटी लेकर आ गया और माली के बगीचे के गुलाबों को तोड़कर कसौटी पर रगड़ने लगा। रगड खाकर गुलाब टूट जाते, बिखर जाते। सुनार कहता जाता, कोई गुलाब खरा नही है। मेरी दुकान पर रखा सोना, वह सब 24 कैरेट है। यह सारे गुलाब मूल्यहीन है।

हम भी जीवन में ऐसा ही करते है। कोई बच्चा संगीत में मुकम्मिल होता है, तो उसकी गणित की परीक्षा लेते है। भला वो गणित में कैसे सफल हो ? कोई गणित में मुकम्मिल होता है, तो उसकी बॉयोलोजी में परीक्षा लेते है। भला वो बॉयोलोजी में कैसे मुकम्मिल हो ? कोई यदि हिन्दी में मुकम्मिल है तो उसे हम कहते है कि प्री–मेडिकल टैस्ट दो और जब वो प्री–मेडिकल टैस्ट में सलेक्ट नही होता, तो हम उसकी काबिलियत पर संदेह करने लगते है।

जन्मजात प्रतिभाओं की खोज

इस विश्व में किन्ही दो व्यक्तियों के चेहरे नही मिलते। किन्ही दो व्यक्तियों की एक जैसी आंखे नही। किन्ही दो व्यक्तियों की हैयर स्टाईल एक जैसी नही। किन्ही दो व्यक्तियों की शारीरिक बनावट एक जैसी नही। हर व्यक्ति अपने आप में यूनिक है। अतः इस यूनिकनेस की तारीफ होनी चाहिये और उस व्यक्ति को अपनी यूनिकनेस के अनुसार ही अपना कैरियर चुनना चाहिये। कोई संगीत के लिये यूनिक है, तो कोई गणित में, कोई विज्ञान में, कोई डांसिंग में, तो कोई एक्टिंग मे।

हमारी तो यह गति है कि हम गिलहरी को कहते है कि तू मेंडक की तरह पानी में तैर कर दिखा। बंदर को

कहते है कि तू कोव्वे की तरह उड़ कर दिखा। देखा देखी बच्चों को सांइस दिला दी जाती है कि इंजीनियर बनेंगे, लेकिन हर व्यक्ति तो इंजीनियर बनने के लिये पैदा नही हुआ है।

टीम 360 डी.एम.आई.टी. टेक्निक के जरिये जन्मजात प्रतिभाओं के बारे में संकेत देती है। ताकि बच्चे उस क्षेत्र में जावें जहॉ अधिक सफलता प्राप्त कर सके।

मुझें महाभारत का एक प्रसंग याद आ रहा है कि पांडव पांच भाई थे। और पांचो ही अलग—अलग हथियार चलाने में पारंगत थे। उस समय भी इस बात का ख्याल रखा गया कि सभी धनुष चलाने में पारंगत नही हो सकते। सभी गदा चलाने में पारंगत नही हो सकते। कुंती ने अपने बच्चों को एक दूसरे की नकल करने के लिये कभी प्रोत्साहित नही किया। सबसे बडा पुत्र युधिष्ठिर भाला फैंकने में पारंगत हुआ तो कुंती ने अन्य चारों पुत्रों पर भाला फैंकने के लिये दबाव नही डाला। यहीं वजह थी कि भीम गदा चलाने में व अर्जुन धनुष चलाने में निपुण हुआ। आदि आदि।

सोवियत रूस में खिलाड़ियों के चयन की एक कहानी

पूर्व सोवियत रूस ने ओलम्पिक में खिलाड़ियों के चयन हेतु डी.एम.आई.टी. टेक्निक का उपयोग किया तथा जो डी.एम.आई.टी. के आधार पर खेलों के लिये मुकम्मिल था। उसे खेलों में प्रशिक्षण दिया गया। दूबारा—तीबारा डी.एम.आई.टी. हुऐ तो कौन किस जन्मजात

से किस खेल में पारंगत है ? उसकी जांच हुई और जांच के बाद ही खिलाड़ियों का ओलम्पिक हेतु चयन हुआ। इससे ढेरो स्वर्ण पदक, सिल्वर मैडल सोवियत रूस की झोली में गिरे।

अतः ईश्वर ने जो जन्मजात प्रतिभाएें दी है। अगर डी. एम.आई.टी. तकनीक के द्वारा उन्हें जान लिया जाये। यानी कि बच्चे का लर्निंग पैटर्न, बच्चे की पर्सनलिटी, बच्चे की आई.क्यू., बच्चे की इंटेलिजेन्सीज को डी.एम. आई.टी. के जरिये जान लिया जाये तो काफी हद तक युक्तियुत काउंसलिंग हो सकती है।

जंगल में जानवरों की प्रतियोगिता

एक बार जंगल में इंकलाब आया कि अब जंगल के राजा का चुनाव किया जायेगा। इस हेतु एक लिखित परीक्षा आयोजित की जायेगी तथा एक प्रेक्टिल का पेपर भी होगा। दोनों को मिलाकर जिनके सर्वाधिक अंक आयेंगे। उसे ही जंगल का राजा बनाया जायेगा। पेपर और प्रेक्टिल टैस्ट यथा समय हुए और बंदर के सर्वाधिक अंक आये और बंदर को जंगल का राजा बना दिया गया।

बंदर राजा बनकर राज करने लगा। एक गाय बंदर के पास आई और बोली कि मेरा बछड़ा खो गया है। आप राजा हो, ढूंढकर दीजिये। बंदर ने कहा कि ठीक है, हम कार्यवाही करते है, कई दिन हो गये। बछड़ा नही मिला, तो गाय वापिस जंगल के राजा बंदर के पास आई और कहा कि हमारा बछड़ा खोजिये। बंदर इस पेड से उस पेड पर कूदा और लगातार कूदता ही रहा। गाय को कह

दिया कि तीन दिन बाद आना। गाय चली गई, लेकिन गाय ने राजा बंदर पर निगह रखी कि यह करता क्या है।

बंदर इस पेड से उस पेड पर दिन रात कूदता रहा। उसने बहुत मेहनत की। तीसरे दिन गाय आई। उसने कहा कि मेरा बछड़ा दो। बंदर बोला कि बछडा कहां है, हमें नही मालूम। हमारी मेहनत में कोई कमी है, तो बताओं। हम अगर पेडो पर नही कूद रहे है, तो बताओं।

आम जीवन में ऐसे लोग मंत्री बन जाते है। बडे–बडे आई.ए.एस. ऑफिसर बन जाते है। इसलिये डी.एम.आई.टी. तकनीक का महत्व और ज्यादा बढ़ जाता है कि जिस कार्य के लिये जो व्यक्ति बना है। उसे उसी कार्य का प्रशिक्षण देना चाहिये और उसे उसी क्षेत्र में जाना चाहिये।

सादर।

(डी.डी. शर्मा)

सी.ई.ओ.

टीम 360

मो.: 9079040362

(अध्याय – 38)
श्रीयंत्र के साधक की कहानी

(सकारात्मक बातों पर फोकस करेंगे तो सकारात्मक परिणाम होंगे)

एक व्यक्ति परेशान था कि उसके पास पर्याप्त रोजगार का साधन नही था। उसने मेहनत की, ईश्वर से प्रार्थना की और वो सरकारी नौकरी में लग गया, लेकिन सरकारी नौकरी में अपनी चुनौतियाॅं, वहाॅं पर भी उसे चैन नही मिला। पैसे की किल्लत भी दूर नही हुई।

वो एक महापुरूष से मिला, वो महापुरूष श्री विद्या के उपासक थे। व्यक्ति ने अपने पैसे की किल्लत, समाज में जिल्लत, शारीरिक इल्लत यानी कि अपनी पारिवारिक तकलीफो की कहानी महापुरूष को बतलाई।

महापुरूष ने उसे एक मंत्र दिया और कहा कि यह पोजिविटी का मंत्र है। तुम इस मंत्र को बार–बार दोहराना और पोजिटिव पर फोकस करना तथा जो कुछ मिला है उसके लिये धन्यवाद कहना। साथ में क्रिस्टल का बना हुआ एक श्रीयंत्र दिया कि तुम्हे यह पोजिटिव मंत्र इस

श्रीयंत्र को सामने रखकर 108 बार बोलना है, तथा सोते समय भी इसे बोलते हुए सोना है और प्रातःकाल जब उठो तो उठते ही इस मंत्र को फिर बोलना है। खाना खाओं तो इस मंत्र को बोलने के पश्चात खाना, खाना है। भोजन कर लो उसके पश्चात फिर इसको बोलना है, पानी पीओं तो पहले इसे बोलना है। पानी पी लो तो इस मंत्र को बोलना है।

श्रीयंत्र को मंत्र सुनाने के लाभ

करीबन 6 महिने उस व्यक्ति को मंत्र का उच्चारण करते हुए हो गये। श्रीयंत्र को प्रतिदिन वह मंत्र सुनाता था। उसने देखा कि वही वेतन है, फिर भी वो खुश है। वही ऑफिस है, पर अब वो भय रहित है। वही परिवार है, फिर भी वो खुश है। वही परिस्थितियाँ है, फिर भी वो खुश है। यहाँ तक कि बच्चे बीमार हो जाते है तो वो उनका ईलाज करवाता है। मगर खुशी–खुशी। ऐसा लगता है कि उसके जीवन से दुःख निकल गया।

एक दिन उसके बॉस ने उससे पूछ लिया कि इतने मस्त कैसे नजर आते हो ? क्या कोई जादू तुम्हारे हाथ लग गया है ? हम तुमसे दुगुनी तनख्वाह पाते है, फिर भी उदास रहते है। तुमसे ज्यादा पढ़ी लिखी हमारी पत्नी है, फिर भी घर में क्लेश रहता है। तुमसे ज्यादा हम बुद्धिमान व योग्य है, फिर भी बड़े अफसरों से डांट खाते रहते है।

व्यक्ति ने बतलाया कि मेरे को एक महापुरूष ने एक मंत्र दे दिया है। मैं उस मंत्र को 108 बार श्रीयंत्र को सुनाता हूँ। रात को मंत्र बोलकर ही सोता हूँ। प्रातःकाल उठकर मंत्र बोलता हूँ। भोजन करता हूँ, उससे पहले मंत्र को बोलता हूँ। भोजन करने के पश्चात उस मंत्र को बोलता हूँ।

उच्चाधिकारी ने पूछा कि वो मंत्र क्या है ? तो व्यक्ति ने कहा कि यह तो महापुरूष का मना किया हुआ है कि किसी को बताना नही है। तो उच्चाधिकारी ने कहा कि उस महापुरूष के पास हम भी चलते है। हम भी मंत्र लेकर आयेंगे।

अगले सप्ताह रविवार के दिन उच्चाधिकारी व वो व्यक्ति उस महापुरूष के पास गये। उस उच्चाधिकारी ने अपनी परेशानियॉ महापुरूष को बतलाई। तो महापुरूष ने कहा कि मैंने आपके इस अधिनस्थ को जो मंत्र दे रखा है। तुम भी वो मंत्र ले लो और करों।

दोनों महापुरूष के यहॉ से आ गये। उच्चाधिकारी के दिमाग में यह बात रही कि यह तो अधिनस्थ है। मैं इससे कैसे मंत्र ले लू ? और इस विषय में उन दोनों में कोई बात नही हुई।

वरिष्ठ उच्चाधिकारी मुआयने पर आये। तो उच्चाधिकारी को पता चला तो वो भी उनकी सेवा में पहुंचे। जब मिटिंग समाप्त हो गई तो वरिष्ठ उच्चाधिकारी ने कहा कि जो लोग सत्संग करना चाहते है। वो यहॉ पर रूके, बाकि चले जाये। सत्संग करने के लिये सर्किट हाऊस के कमरे में सब लोग बैठे। वो वरिष्ठ उच्चाधिकारी और कोई नही था। वो महापुरूष ही थे और उन्होनें कहा कि जो लोग खुश होना चाहते है। उन्हें मैं एक मंत्र देना चाहता हॅू, जो लोग लेना चाहे वो लोग आगे आ जाये।

उस उच्चाधिकारी ने सुना तो बहुत खुश हुआ कि चलों आज यह मंत्र मुझें मिल जायेगा, जिसकी मुझें इच्छा थी।

महापुरूष ने मंत्र दिया कि 108 बार श्रीयंत्र को ये सुनाना है कि **I am Multi Millionaire.** सत्संग समाप्त हुआ और लोग चले गये। उच्चाधिकारी ने श्रीयंत्र बाजार

से खरीदा और श्रीयंत्र को मंत्र सुनाना शुरू किया। कुछ दिन तो उसे मजाक लगा कि ऐसे मंत्र बोलने से कोई मल्टिमिलेनियर बनता है क्या ? परमात्मा मिलता है क्या ? परमात्मा का मंत्र होता तो कोई और बात होती।

लेकिन उच्चाधिकारी दृढ़निश्चयी था। उसे मंत्र का 108 बार उच्चारण करना नही छोडा। यद्यपि विश्वास नही था, लेकिन करता रहा। धीरे–धीरे उसने देखा कि उसके परिवार में जो क्लेश होता था। वो खत्म हो गया। पत्नी जो झगड़ती थी, अब वह प्रेम पूर्वक बोलने लगी। सीनियर ऑफिसर्स जो डांट देते थे। वो भी अब नरम होने लगे तथा अन्दर से कोई आवाज आने लगी कि मंत्र में कुछ तो है। अतः उसने विश्वास के साथ मंत्र को जापना आरम्भ कर दिया। देखते–देखते उनका प्रमोशन हो गया, घर बन गया, बच्चों के अच्छे कॉलेज में एडमिशन हो गये। अब तो उसे पक्का यकीन हो गया कि मंत्र के कारण ही यह सब हुआ है। वो परमात्मा की कृपा समझने लगा। वह इस मंत्र को ही परमात्मा की कृपा समझने लगा।

कृतज्ञता प्रकट करना

उच्चाधिकारी को एक दिन ह्रदय के अन्दर से आवाज आई कि जिस महापुरूष ने ऐसा मंत्र दिया है, उसके पास जाकर कृतज्ञता प्रकट करनी चाहिये। अतः वो महापुरूष से मिलने गये। महापुरूष ने पूछा कि कैसे हो ? सब ठीक तो चल रहा है ना ।

उच्चाधिकारी बोला कि बाकि सब तो आपकी कृपा से ठीक है, लेकिन एक शंका है ? आपने जो मंत्र दिया है, वह परमात्मा का मंत्र भी नही है। फिर इससे लाभ कैसे हो रहा है ? लाभ तो हो रहा है। यह तो मुझें पक्का

यकीन हो गया, पर आप बतलाओं कि यह सब हो क्यों रहा है ?

9 चक्रों का जागरण व संतुलन

महापुरूष ने बतलाया कि यह जो दिखने वाला शरीर है। वह एक प्राणमय शरीर के अंदर तैरता रहता है। ताकत उसी प्राणमय शरीर में है। उस प्राणमय शरीर के संवेदन से यह दिखने वाला शरीर काम करता है।

मैनें आपको जो मंत्र दिया, वो एक सकारात्मक मंत्र है। आपके प्राणमय शरीर में इस मंत्र के बार–बार गुंजन होने से जो पुराने संस्कार थे वो हटने लगे और उनकी जगह नये सम्पन्नता के संस्कार बनने लगे। इस कारण से जो पुरानी बातें थी वो बदलने लगी और जीवन में नवीनता आने लगी।

अब आपकी शिकायत करने की प्रवृति नही रहती। उसके बजाय यह मंत्र बोलने की प्रवृति विकसित हो गई। लोगों से तुलना करने के बजाय धन्यवाद देने की मनोवृति विकसित हो गई। आलोचना करने के बजाय तारीफ करने की मानसिकता बन गई। विवाद में तर्क देने के बजाय सॉरी कहकर झगडे को खत्म करने की नई तकनीक समझ में आ गई। अतः परिवर्तन हो गया और जब सकारात्मक बातें जीवन में होने लगी तो आकर्षण के सिद्धान्त के अनुसार और ज्यादा सकारात्मक बातें आपके जीवन में आने लगी। नीचे लिखे अनुसार 9 ऊर्जा केन्द्र इस प्राणमय शरीर में होते है।

पहला चक्र – मूलाधार चक्रः– सबसे नीचे जो मेरूदण्ड के सबसे नीचे वाले हिस्से पर एक ऊर्जा केन्द्र रहता है। जो अदृश्य होता है, दिखाई नही देता। 

लेकिन अगर थोडा प्रयास करें तो महसूस होता है। इस चक्र को मूलाधार चक्र कहा जाता है। इस मूलाधार चक्र के असंतुलित होने से या ज्यादा उत्तेजित होने से या पूरी तरह निष्क्रिय होने से शरीर में स्थूल बीमारियॉ होने लगती है। जैसे कि पांवो में दर्द, सीने में दर्द, बदन में दर्द आदि।

इस चक्र के असंतुलित होने पर ज्योतिषियों का कहना है कि मंगल का कुप्रभाव हो गया है, जिससे व्यक्ति कर्ज में आ जाता है, रोजगार छूट जाता है। इसके विपरीत यदि यह चक्र संतुलित रहे और सक्रिय रहे तो मंगल अनूकूल हो जाता है। जमीन—जायदाद का व्यक्ति मालिक बनता है, पैसे की वृद्धि हो जाती है, अच्छा व स्थायी रोजगार हो जाता है।

ईश्वर के उपासक कहते है कि इस चक्र के जागरण से व संतुलन से गणेश तत्व की उत्पत्ति होती है। और जीवन में रिद्धी व सिद्धी आ जाती है।

द्वितीय चक्र – स्वाधिष्ठान चक्रः– यह चक्र शरीर में कामोत्तेजना का चक्र है। कामिन्द्रियों के नीचे इसका निवास है। इसके निष्क्रिय होने से अथवा असंतुलित होने से व्यक्ति ने पुरूषार्थ की कमी हो जाती है और धन—धान्य  का भी अभाव होता है तथा ऐसा महसूस होता है कि ऊर्जा शरीर से बाहर जा रही है। यानी कि थकान महसूस होती है। इसके विपरीत जब यह चक्र संतुलित होता है व सक्रिय होता है तो आदमी उत्साहित होता है और सम्पन्नता महसूस करता है।

ज्योतिषियों का कहना है कि इस चक्र में चन्द्रमा का निवास रहता है। चक्र के गड़बड़ होने से चन्द्रमा विपरीत हो जाता है। चक्र के सही होने से चन्द्रमा अनूकूल हो जाता है। ईश्वर उपासकों का कहना है कि इस चक्र के ठीक होने से भगवान लक्ष्मीनारायण की कृपा होती है।

तीसरा चक्र – मणिपूरक चक्रः– यह चक्र नाभी के बिल्कुल नीचे होता है। इसके निष्क्रिय व असंतुलित होने से आदमी को अनजाना भय सताता रहता है। आदमी की भयभीत होने की प्रवृति

बनी रहती है। यह संतुलित हो और सक्रिय हो तो व्यक्ति में साहस की भावना होती है। ज्योतिषियों का कहना है कि इस चक्र के असंतुलित रहने से शुक्र ग्रह प्रतिकूल हो जाता है। ठीक रहने से शुक्र गृह मंगलकारी हो जाता है। उपासकों का कहना है कि इस चक्र में भगवती दुर्गा का वास है। चक्र अनुकूल होने से भगवती दुर्गा की कृपा से पुरुष साहसी, पुरूषार्थी व सफल होता है।

चौथा चक्र – अनाहत चक्रः– यह ह्रदय स्थान पर होता है। इस चक्र के असंतुलित होने से व्यक्ति राग व मोह के वशिभूत हो जाता है। ना हिम्मति का शिकार हो जाता है और यह अनुकूल चले

तो व्यक्ति प्रेम, सहयोग व हिम्मतवाला हो जाता है। ज्योतिषियों का कहना है कि यह चक्र असंतुलित हो तो बुद्ध ग्रह प्रतिकूल हो जाता है और अगर यह संतुलित चले तो बुद्ध ग्रह संतुलित हो जाता है। ईश्वर उपासको का कहना है कि अगर यह चक्र अनुकूल रहता है तो हनुमत शक्ति व कृष्ण शक्ति की कृपा रहती है।

पांचवा चक्र – विशुद्ध चक्र:– यह कंठस्थान पर होता है। इसके विपरीत होने से थायराईड आदि की समस्या हो जाती है तथा ज्योतिषी लोग कहते है कि इस चक्र के गड़बड़ होने से राहु व केतु प्रतिकूल हो जाते है। ईश्वर उपासकों का कहना है कि यह चक्र अनुकूल हो तो व्यक्ति पर सरस्वती की कृपा होती है और व्यक्ति की संवाद सम्प्रेषण की शक्ति बढ़ जाती है तथा व्यक्ति संकल्पवान हो जाता है तथा जिस संकल्प को ले लेता है उसे पूरा करने की संकल्प शक्ति विकसित हो जाती है।

छठा चक्र – आज्ञा चक्र:– यह चक्र दोनो भौंहो के बीच में होता है तथा यह स्वाधिष्ठान चक्र की क्रियाओं के बिल्कुल विपरीत होता है। स्वाधिष्ठान चक्र से व्यक्ति की ऊर्जा बाहर जाती है, जबकि आज्ञा चक्र से व्यक्ति को बाह्य ऊर्जा अंदर लेता है। आज्ञा चक्र के जागने से व्यक्ति को जीवन में अनेक चमत्कार देखने को मिलते है। मैं यहाँ यह कहना चाहूंगा कि जीवन में चारों चमत्कार होते रहते है, लेकिन आज्ञा चक्र के जागरण से हम उनको महसूस करने लगते है। नही तो चमत्कार होते रहते है और हमे मालूम नही चलता।

मार्कोनी ने जब रेड़ियों का आविष्कार किया। उसे पहले तक इस बात की जानकारी नही थी कि सारे गीत–संगीत आपके चारो ओर मौजूद है, लेकिन रेड़ियों के सिद्धान्त से आपकों मालूम चला कि जो गाना आप सुनना चाहों वो वायुमण्डल में वही पर मौजूद है। बस आप अगर विविध भारती लगाये तो अलग गाना लगेगा। ऑल इण्डिया लगाये तो अलग गाना बजेगा। यानी कि सारे गाने आपके आस पास ही मौजूद है।

इसी तरह से परमात्मा की कृपा आपके चारों और मौजूद है, लेकिन जो उस कृपा को महसूस कर पाते है या उससे कनेक्ट हो पाते है, बाकि नही।

आज्ञा चक्र के जागरण व संतुलन से व्यक्ति में ग्रहणशीलता बढ़ जाती है व परमात्मा की कृपा को व चमत्कारों को महसूस करने लगता है तथा पूरी सृष्टि उसे गुरूमय नजर आने लगती है। यानी कि उसकी सभी समस्याओं का समाधान सृष्टी का कोई भी व्यक्ति कर देता है। ये स्थान ज्योतिष आदि से ऊपर है। ईश्वर के उपासक इसे परमात्मा में प्रवेश का द्वार कहते है। टीम 360 में इसको मिडब्रेन कहा जाता है। मिडब्रेन एक्टिवेशन सूक्ष्म में बच्चों में वही लक्षण देखने को मिलते है जो कि व्यक्तियों में आज्ञा चक्र के जागरण से होते है।

सांतवा चक्र – सहस्त्रार चक्रः– सिर के अंतिम छोर पर जिसे कि कपाल कहते है। यह चक्र होता है। इसके संतुलित व जागृत होने पर व्यक्ति में शांति, आनन्द व प्रेम के लक्षण प्रकट होने लगते है। यदि ये निष्क्रिय हो अथवा असंतुलित हो तो व्यक्ति निराश, हताश, उदास व अवसाद से ग्रसित हो जाता है।

आंठवा चक्र – होम चक्रः– यह चक्र आज्ञा चक्र व सहस्त्रार चक्र के मध्य में स्थित होता है। यह काफी गहराई में होता है, इसलिये आम व्यक्तियों को इस चक्र की जानकारी नही होती। न ही महसूस होता है, लेकिन बड़े ज्योतिषियों ने इस चक्र को शनि का चक्र बताया है। इस चक्र के असंतुलित होने से शनि विपरीत हो जाता है और व्यक्ति के जीवन में अनावश्यक बाधाऐं, बिन बुलाई दिक्कते आदि

आने लगती है। दुर्घटनाऐं घटना, कर्ज में हो जाना आदि मुख्य लक्षण होते है।

नवां चक्र – क्लिम चक्रः– यह चक्र सिर से करीबन डेढ फीट ऊपर अदृश्य में होता है तथा ये शरीर के ओरा को नियंत्रित करता है। मेरी समझ में यह चक्र भगवान कृष्ण के सुदर्शन चक्र की तरह है, जो कि जीवन में संरक्षण प्रदान करता है।

भगवान कृष्ण ने गीता में कहा है कि **तू सब धर्मों को छोड़कर मेरी शरण में आ जा तो मैं तेरे सभी पापों को दूर कर दूंगा व तूझे अभय प्रदान कर दूंगा। तू निश्चिंत हो जायेगा।**

सर्वधर्मान्परित्यज्य मामेकं
शरणं व्रज ।
अहं त्वा सर्वपापेभ्यो
मोक्षयिष्यामि मा शुचः ॥

अगले अध्याय में इन चक्रो के जागरण व संतुलन की विधि को बतलाया जायेगा।

सादर।
(डी.डी. शर्मा)
सी.ई.ओ.
टीम 360
मो.: 9079040362

(अध्याय – 39)
अमीर व मध्यमवर्गीय मित्रों की कहानी

❖❖❖

(फोकस जरूरी है। योजनाबद्ध निरन्तरता जरूरी है।)
(आकर्षण का सिद्धांत आपके पक्ष में कैसे काम करें ?)

दो मित्र थे, एक ने मेहनत करके पिछले 10 सालों में करोड़ो रूपये कमा लिये। वो बहुत व्यस्त रहता था। उसका एक मध्यमवर्गीय मित्र था, जिसके पास में पैसे की

तंगी रहती थी, लेकिन उस व्यक्ति में कई नैतिक गुण थे। दोनों मित्रों की दोस्ती लम्बे समय से अच्छी चल रही थी।

करीबन 10 साल बाद दोनों मित्रों के बीच में आर्थिक फासला काफी बढ़ गया, अमीर मित्र मध्यमवर्गीय मित्र को अनेक सुझाव देने लगा व सुधरने के लिये आग्रह

करने लगा। लेकिन मध्यमवर्गीय मित्र बोला कि मेरा तो जैसे–तैसे काम चल रहा है, और मैं खुश हूँ।

अमीर मित्र ने कहा कि तुम भयभीत रहते हो, पैसे की कमी के कारण घबरायें हुये रहते हो, लेकिन मध्यमवर्गीय मित्र ने कहा कि ऐसा कुछ नही है। मैं तो एकांत में रहना ही पसंद करता हूँ, और एकातं में रह लेता हूँ।

दोनों मित्रों के बीच में अपनी–अपनी विचारधारा को लेकर शर्त ठन गई कि तुम अकेले रह नही सकते। अगर रह सकते हो तो 10 साल तक रह कर दिखाओं। मध्यमवर्गीय मित्र ने कहा कि मुझें मंजुर है।

दिन तय हो गया और अमीर मित्र के एक फार्म हाऊस था। उसको मध्यमवर्गीय मित्र को रहने के लिये दे दिया। एक रसोईया था जो भोजन बनाकर दे देता था। वह व्यक्ति वहां रहने लगा। शर्त यह तय हुई थी कि यदि मध्यमवर्गीय व्यक्ति 10 साल अकेला रह गया तो अमीर व्यक्ति अपनी सारी जायदाद मध्यमवर्गीय को दे देगा।

अमीर मित्र तीन–चार महिने में अपने मध्यमवर्गीय मित्र जो कि एकांत में रह रहा था। उससे मिलने आज जाता था और उसका हाल–चाल देख लेता था।

धीरे–धीरे समय गुजरता गया। पांच साल बीत गये। एकांत और मौन के प्रभाव से मध्यमवर्गीय मित्र तो स्वस्थ व प्रसन्नचीत रहने लगा। अमीर मित्र को चिन्ता खाने लगी कि अगर यह शर्त जीत गया तो मैं गरीब हो जाऊंगा। यद्यपि पिछले 5 साल से दोनों के विचारों में फर्क चल रहा था। मध्यमवर्गीय मित्र सोच रहा था कि मेरा मित्र कितना दयालु है कि मुझें यहाँ बैठे ही खाना दे रहा है। ईश्वर उसकी जायदाद को और बढ़ाये। उसका परिवार बढे, शान्ति व सम्पत्ति बनी रहे।

अमीर मित्र के विचार चलते थे कि यह एकांत में रहकर कमजोर हो जायेगा। दिमाग भी इसका अवसाद ग्रसित हो जायेगा, लेकिन होने लगा यह कि मध्यमवर्गीय मित्र तो प्रफुल्लित रहने लगा और अमीर मित्र चिन्ता व अवसाद में रहने लगा कि कहीं अगर यह शर्त जीत गया तो मुझें सब कुछ देना पडेगा।

जब शर्त पूरी होने के दो दिन बचे तो अमीर मित्र को समझ आ गई कि यह मध्यमवर्गीय मित्र ही शर्त जीतेगा। मुझें तो गरीब होना पड़ेगा। अतः मुझें कुछ तरकीब लगानी चाहिये। इसी तरह से मध्यमवर्गीय मित्र के भी विचार आने लगे कि शर्त तो मैं जीत जाऊंगा। लेकिन मेरे मित्र का क्या होगा ? मेरा मित्र तो धनाढ्य है। अगर वह शर्त हार जायेगा तो वह गरीब हो जायेगा। मैं उसके साथ ऐसा नही कर सकता। यह तो मित्र के साथ मेरे द्वारा धोखा होगा। मित्र द्रोह को शास्त्रों में सबसे बड़ा पाप बताया है। मैं यह नही कर सकता।

अतः उसने अपनी व्यथा को एक कागज पर लिखा और अपने पास रख लिया। इतने में ही उसका मित्र उसके पास आया कि अपनी शर्त की अवधि समाप्त हो रही है। मैं कल आउंगा और तुम्हें विजयी होता हुआ देखूंगा।

अमीर मित्र दूसरे दिन अपने साथ लड्डू लेकर आया। उसने लड्डूओं में जहर मिला रखा था। उसने सोचा कि मैं इन्हें इसे खिला दूंगा। यह दूसरे घर पहुंच जायेगा।

अमीर व्यक्ति उन लड्डूओं को लेकर फार्म हाऊस पहुंचा, लेकिन वह देखता है कि कमरे में एक कागज पडा है और वो मित्र गायब है। अमीर मित्र ने वह कागज पढ़ा तो उसकी आंखों से आंसू गिरने लगे। उस कागज में मध्यमवर्गीय मित्र ने लिखा था कि मैं यह शर्त जीतना नही

चाहता। क्योंकि अगर मैं जीत गया तो मेरा मित्र गरीब हो जायेगा। इसलिये मैं यहाँ से जा रहा हूँ फिर उससे कभी नही मिलूंगा। ताकि वो शर्त हारे ही नही। और उसे गरीब नही होना पडे।

अमीर मित्र पत्र को पढ़कर अवाक रह गया और उसने अपने विचारों पर, अपनी करणी को देखना आरम्भ किया। राजनीतिकों की भाषा में कहे तो उसने अपनी गिरेबान में झांका और पाया कि मेरे जैसा स्वार्थी आदमी तो कहीं नही हैं। जहर के लड्डू खिलाकर मित्र को मारना चाहता था। जबकि मेरा मित्र तो मुझें जीताने के लिये शर्त से ही हट गया। जबकि वो जीतने ही वाला था।

अतः वो अमीर व्यक्ति अपराध बोध से ग्रसित हो गया और वो जहरीले लड्डू उसने खुद खा लिये कि अब मुझें जीकर क्या करना है ?

इस कहानी के जरिये मैं तुलना के रूप में समाज में फैले हुए भावनात्मक कैंसर की ओर ध्यान आकर्षित करना चाहता हूँ। उसकी साड़ी मेरी साड़ी से ज्यादा सफेद क्यों ? पड़ौसी का मकान मेरे मकान से ऊंचा क्यों ? मेरा भाई मेरे से ज्यादा समृद्ध क्यों ? यानी कि हम तुलनाएं करते रहते है। इसी कारण से हम में कटूता फैलती रहती है। इसकी वजह है, हमारे अभाव की मानसिकता।

अभाव की मानसिकता क्या है ?

एक छोटे से उदाहरण से समझें कि एक व्यक्ति को दो साल पहले 50 लाख रूपये का लाभ हुआ था। लेकिन गत वर्ष कोविड के प्रभाव रहने के कारण लाभ मात्र 20 लाख हुआ। वो व्यक्ति बहुत उदास हो गया कि इस बार तो लाभ मात्र 20 लाख रूपये हुआ है, जबकि मुझें तो

सदैव 50 लाख से ज्यादा ही सालाना लाभ होता रहता था।

वो अपनी यह व्यथा, चिन्ता, दुःख, शिकवा–शिकायत अपने एक बुजुर्ग रिश्तेदार से कर रहा था। इतने में उस व्यक्ति की पत्नी आ गई। पत्नी बोली कि घर चलों, खाना खालो। वो बुजुर्ग व्यक्ति बोला कि यह कैसे खाना खाये ? इसे तो भारी नुकसान हो गया है। पत्नी ज्यादा पढ़ीलिखी नही थी। उसने कहा कि यह जीवित है। यही मेरे लिये सबसे बड़ी बात है। घाटा हो गया तो कोई बात नही है, फिर लाभ हो जायेगा।

बुजुर्ग व्यक्ति और उस महिला का पति दोनों की आंखों में आंसू थे। बहुत ही व्यथित हो रहे थे कि घाटा हो गया। तब पत्नी बोली कि वाकई में घाटा हो गया है क्या ? तुम मुझें बताओं तो सही, तो उन्होनें बात बतलाई तो पत्नी ने परिहास और हास्य भरी मुस्कान दी और कहा कि ईश्वर ने तुम्हें 20 लाख का लाभ दिया है। इसलिये तुम्हें ईश्वर का कृतज्ञ रहना चाहिये।

इंसान को जो चीज जब तक नहीं मिलती तब तक वो उसके पीछे दौड़ता रहता है। उसमें उस चीज के प्रति बड़ा आकर्षण रहता है। जब मिल जाती है तो वो गौण हो जाती है। जो नही मिला उसके लिये फिर परेशानी चालू हो जाती है। यानी व्यक्ति भविष्य में कुछ हो ? उसके लिये रोता रहता है। अथवा भूतकाल में क्या नही हुआ अथवा क्या विपरीत हो गया, उसके लिये रोता रहता है। वर्तमान में क्या मिला है ? उसके लिये वो समाज का कृतज्ञ रहे, ईश्वर का कृतज्ञ रहे।

खुशी लाभ मिलने का आधार है। न कि लाभ मिलने से खुशी होती है।

आम भारतीय को इस बात को समझने की जरूरत है। यदि खुश रहेगा तो अधिक लाभ आयेंगे। आकर्षण का सिद्धांत भी इस बात का समर्थन करता है।

स्टीफन आर कोवी के द्वारा बताये गये पांच भावनात्मक कैंसर्स को मैं यहां पुनः दौहराना चाहूंगा। क्योंकि यह पांच भावनात्मक कैंसर हमारे समाज को, परिवार को व निजी व्यक्ति को खायें जा रहे है। अतः इन पांचों कैंसर्स का वेक्सिनेशन जरूरी है।

स्टीफन आर कोवी के द्वारा बताये गये पांच भावनात्मक कैंसर निम्न प्रकार है:–

1. **शिकायत करना (Complaining):-** आम औसत आदमी जो कुछ नही मिला है। उसकी शिकायत करता रहता है तथा अपनी परेशानियों के लिये दूसरों को दोष देता रहता है। कभी परिवार वालों की शिकायत करता है। कभी अध्यापकों की शिकायत करता है। कभी सरकार की शिकायत करता है। कई तो नक्षत्रों तक की शिकायत करने लग जाते है। ऐसे व्यक्तियों के दिल व दिमाग में सतत् निगेटिविटी के भाव व विचार चलते रहते है। आकर्षण के सिद्धांत के अनुसार जो जहां फोकस करता है। वही परिस्थितियॉ व घटनाऐं उसके पास आती है। अतः ऐसे शिकायत करने वालें लोगों के पास में आये दिन नई–नई परेशानियॉ, इल्लत, किल्लत, जिल्लत आती रहती है। ये परेशानियॉ ईश्वर ने नही भेजी है बल्कि आह्वान करके व मेहनत करके आपने खुद ने बुलाई है।

2. **तुलना करना (Comparison):-** जिन लोगों की अभाव की मानसिकता होती है। वो दूसरे की उपलब्धी को अपने भाग्य में से कुछ छीन जाना समझते है। अभाव की मानसिकता के लोग दूसरों को जब सम्मान

मिलता है। अथवा कोई उपलब्धी मिलती है तो उनको सम्मान करने हेतु मालाएं, गुलदस्ते ले जाते है। लेकिन अंदर ही अंदर सोचते है कि इसको यह सब क्यो मिला ? इसमें तो काबिलियत ही नही थी ? मैं ज्यादा काबिल था। नजदीक के लोगों को भी जब सम्मान मिलता है तो रिश्तेदार सम्मान तो करते है, पर अंदर ही अंदर कट जाते है। सोचते रहते है कि अमुक रिश्तेदार पर कोई बड़ी नही, पर छोटी विपत्ती आ जाये, ताकि रिश्तेदार अपनी औकात में रहें।

3. **आलोचना करना (Criticizing):-** व्यक्ति दूसरे में कोई ना कोई कमी ढूंढ लेता है, क्योंकि उसका फोकस कमियों पर ही है। कई लोग तो पीठ पीछे अपने मित्रों की भी आलोचना करते रहते है। कई बुजुर्ग महिलाओं को पड़ौस की जवान बहुंओ के बारे में बड़ी दिलचस्पी रहती है। वो उनकी आलोचना करती रहती है। जब आलोचना की मानसिकता होती है तो निगेटिव बातों पर फोकस रहता है। और आकर्षण के सिद्धांत के अनुसार हमें अधिक से अधिक आलोचना करने के मौके मिलते रहते है और हमारी आलोचना करने की आदत बन जाती है, जो कि हमारे दिल की गहराई में जाकर बैठ जाती है।

4. **प्रतिस्पर्धा करना (Competition):-** अगर कोई व्यक्ति अपना मकान ऊंचा बनाता है तो पड़ौसी भी उसके मुकाबले एक मंजिल उठाने की सोचता है। अगर पड़ौसन नई साडी लाई तो दूसरी महिला भी वैसी ही साडी लाने की सोचती है। यानी कि वो भी उसी ब्राण्ड की साडी लेने की फिराक में रहती है। अगर किसी ने महंगी गाड़ी खरीदी है तो पड़ौसी भी उस

तरह की महंगी गाड़ी लेने में उत्साहित हो जाता है। चाहे आर्थिक स्थिति विपरीत ही हो।

5. विवाद करना (Contending):- जीवन एक सहयात्रा है। अतः परिवार में, आपस में विवाद होना स्वाभाविक है। ऑफिस में, कम्पनी में भी विचारों में मतभेद होना आम बात है। अलग-अलग मतों का होना प्रगति के लिये जरूरी है। अगर सब एकमत के होंगे तो प्रगति की सम्भावना ही खत्म हो जायेगी। अतः विवाद होना स्वाभाविक है। लेकिन सॉरी बोलकर विवाद को समाप्त किया जाना उचित है, ना कि तर्क आदि देकर अपने पक्ष को न्यायोचित ठहराना।

आमतौर पर पति-पत्नी के बीच छोटे-मोटे विवाद होते रहते है, लेकिन सॉरी बोलने की कला नही सीखी और तर्क आदि देकर अपनी विजय की असफल कोशिश की, तो बात खत्म होने के बजाय विवाद ज्यादा गहरा जाता है।

अतः झगड़ा, विवाद हो तो तर्क आदि देकर बढ़ाने के बजाय क्षमा करके अथवा क्षमा मांग कर समाप्त करने की नीति ही उपयोगी हो सकती है।

इन पांचो भावनात्मक केंसर्स की मैं एक वेक्सिनेशन बतलाता हूॅ। व्यक्ति जो कुछ ईश्वर का दिया हुआ है, उसके प्रति कृतज्ञ रहे व प्रतिदिन जो-जो अच्छी घटनाऐं घटती है। उनको रात्रि में सोने से पहले एक नोटबुक में लिखें और अपनी कृतज्ञता प्रकट करें।

जो अच्छी घटनायें घटित हुई है। जो अच्छी चीजे मिली है। अगर उनको धन्यवाद कहेंगे। कृतज्ञता प्रकट करेंगे तो जीवन में सकारात्मक घटनाएं घटेंगी और आकर्षण का सिद्धांत आपके पक्ष में काम करने लग जायेगा।

कृतज्ञता को प्रकट करना व कृतज्ञता महसूस करना आपके पक्ष में आकर्षण के सिद्धांत को काम करने हेतु बाध्य करता है।

उपरोक्त पांचो भावनात्मक कैंसर जो कि समाज में विकराल रूप से फैल रहे है। घर–घर में अमन–चैन को खत्म कर रहे है। कृतज्ञता को प्रकट करने की आदत इस दिशा में संजीवनी का काम कर सकती है।

सादर।

(डी.डी. शर्मा)

सी.ई.ओ.

टीम 360

मो.: 9079040362

(अध्याय – 40)

हनुमान जी ने लंका में लाल फूल देखे – एक कहानी

(जैसी तुम्हारी भावनाएं है व जैसी तुम्हारी दृष्टि, वैसी ही बनती है परिवार/संगठन में परिस्थिति)

एक बार एक सह्रदय व्यक्ति रामायण पर प्रवचन कर रहे थे। कई लोग बैठ कर रामायण सुन रहे थे। धीरे–धीरे रामायण सुनने वालों की संख्या बढ़ती गई। कई दिन हो गये रामायण करते हुए।

सुन्दरकाण्ड का

प्रसंग चल रहा था। श्रोताओं में पीछे एक वृद्ध व्यक्ति लाठी का सहारा लिये बैठा हुआ था। रामायण के वक्ता समझा रहे थे कि जहां पर भगवान राम का गुणगान होता है।

रामचरितमानस पढी जाती है। वहां पर हनुमानजी आकर बैठ जाते है। रामचरितमानस सुनने के लिये।

अचानक रामायण के वक्ता ने तुलसीदासजी का चित्रकूट का प्रसंग बताना आरम्भ कर दिया, कि हनुमानजी तुलसीदासजी को मिले और तुलसीदासजी ने भगवान राम के दर्शनों की इच्छा जताई, तो हनुमानजी ने कहा कि तुम फला मन्दिर में शनिवार को आ जाना, मैं वही पर मिलूंगा। मैं तुम्हें इशारा कर दूंगा जिससे कि तुम भगवान राम व लक्ष्मण के दर्शन पा सकोगे।

ठीक समय पर तुलसीदास जी बताये अनुसार मंदिर में पहुंच गये। वहां हनुमानजी एक वृद्ध व्यक्ति के रूप में उन्हें बैठे हुए दिखाई दिये। ज्योही तुलसीदासजी वहां पहुंचे, हनुमानजी ने तिलक लगाने का चौपड़ा तुलसीदासजी को पकडाया। कहा कि जब मैं इशारा करूंगा तब तुम पांव पकड लेना। वही भगवान राम होंगे। तुलसीदास जी चन्दन घिस रहे थे और तिलक लगा रहे थे, अचानक राम व लक्ष्मण भी वहां पहुंच गये, तो हनुमानजी वही एक पेड पर छिप गये।

बोलने लगे कि मौका है, पांव पकड़ लो, लेकिन तुलसीदासजी कुछ समझ नही पायें और अपने काम में लगे रहे। राम और लक्ष्मण चले गये। इतने में हनुमानजी नीचे आकर बैठ गये। तुलसीदासजी ने कहा कि सब चले गये। लेकिन राम व लक्ष्मण आये ही नही। हनुमानजी ने कहा कि वो आये तो थे। लेकिन तुम पहचान नही पाये। मैनें इशारा भी किया था। लेकिन तुम मेरा इशारा पकड़ नही पाये, लेकिन वो कल फिर आयेंगे, इसलिये आप घबरायें नही, कल मैं तुम्हें स्पष्ट इशारा दूंगा। दूसरे दिन यथासमय राम व लक्ष्मण आये। तब हनुमानजी ने यह दोहा बोला—

"चित्रकूट के घाट पर, हुई सन्तन की भीर ।
तुलसीदास चन्दन घिसे, तिलक करे रघुवीर ।।"

तुलसीदास जी समझ गये और तत्काल श्री भगवान राम के मस्तक पर तिलक करते हुए उन्हें पहचान लिया और उनके चरणों में अपना शीष नवा दिया।

फिर रामायण के वक्ता कहने लगे कि वो **तुलसीदासजी** का समय था। अब कहा हनुमान आते है। और कहा रास्ता बताते है।

वहां श्रोताओं में हनुमानजी भी बैठे थे। उन्हें यह बात बहुत बुरी लगी कि हनुमान ने अपना फर्ज छोड़ दिया, लेकिन भेद खुलने के कारण चुपचाप बैठे रहे।

सुन्दरकाण्ड के प्रसंग को रामायण के प्रवक्ता ने आगे बढ़ाया कि जब हनुमानजी लंका में पहुंचे तो चारों और सफेद ही सफेद चमेली के फूल थे। सफेद फूलों से पूरी लंका की अशोक वाटिका महक रही थी। यह सुनकर एक श्रोता बोल पड़ा। यह तो झूंठ है। हमने तो सुन्दरकाण्ड में पढ़ा है कि वहां पर तो लाल फूल थे, लेकिन पण्डित जी ने कह दिया कि रामचरितमानस की जानकारी मुझें ज्यादा है, लंका में फूल सफेद ही थे।

यह बात हनुमानजी को गवारा नही हुई और वो बोल पड़े, कि नही लंका में लाल फूल ही थे। इतने विश्वास के साथ कहा कि पण्डितजी बोल पडे कि क्या तुम हनुमानजी हो क्या जो यह बोल रहे हो ?

हनुमानजी ने अपना भेष बदला और कहा कि **'हॉ मैं हनुमान ही हूँ।'** पण्डितजी ने कहा कि आजकल कलयुग है। हनुमानजी भी झूंठ बोलने लगे है। फूल तो सफेद ही थे। पण्डितजी ने कीर्तन करना आरम्भ किया और उस दिन के रामचरितमानस के पाठ को समाप्त किया।

हनुमानजी बहुत परेशान हुए कि जब मैं कह रहा हूँ कि लाल फूल थे। और पण्डित जी कह रहे है कि सफेद थे। मेरे पराक्रम के आगे भी कुछ नही है। जब मैं कह रहा हूं तो मान लेना चाहिये।

तब हनुमानजी ने विचारा कि सीता माता का ध्यान करते है। उनसे ही पूछ लेता हूँ, क्योंकि वो वहां पर लम्बी अवधि तक रही थी, उनसे पूछ लेता हूँ कि वहां पर लाल फूल ही थे ना। तब पण्डित जी को डांट कर कह दूंगा कि अपने प्रवचन में संशोधन करो, क्योंकि फूल लाल ही थे।

हनुमानजी ने सीता माता का ध्यान किया और पूछा माता जब मैं तुम्हारी खोज में आया था, तब अशोक वाटिका में फूल लाल ही थे ना। सीता माता ने कहा कि नही बेटा वहां तो सारे ही फूल सफेद थे। एक भी लाल फूल नही था। तो हनुमानजी ने कहा कि मैनें तो वहां पर लाल फूल देखे थे। तब सीता माता ने कहा कि नही उस दिन तुम्हे रावण पर इतना गुस्सा आ रहा था कि तुम्हारी आंखों से खून निकल रहा था। इसलिये तुम्हें सफेद फूल भी लाल ही दिखाई दे रहे थे। अतः जो पण्डित जी कह रहे है, वही सच है। तुम पण्डित जी से क्षमा मांगो। वो पण्डितजी कोई सामान्य व्यक्ति नही है। वो भगवान राम के अनन्य भक्त है। उन्हें भूत–भविष्य सब दिखाई देता है।

यहां इस कहानी से मेरा इतना ही उद्देश्य है कि अगर आप क्रोध के आवेश में होंगे तो आपके परिवार में भी क्रोध की परिस्थितियों बनने लगती है। यदि आप झुंझलाये हुये होंगे तो संगठन में भी झुंझलाहट की परिस्थितियॉ बनने लगती है। अगर आप धोखा देने की नीयत रखते है। धोखा देने के भावों से भरे होते है, तो

परिवार व संगठन में भी धोखा देने वाली परिस्थितियॉ बन जाती है।

यहां मैं एक शक्तिशाली वाक्य का प्रयोग करना चाहूंगा कि जो भी परिस्थिति आपके जीवन में आई है, वो आपकी आह्वान की हुई है। जो भी तकलीफे है वो आपकी बुलाई हुई है। जो भी खुशियॉ है उनको आपने ही आमंत्रित किया है। अतः आपकी खुशी व दुःख का कारण और कोई नही है बल्कि आपके विचार, आपकी भावनाएं और आपके शब्द ही है।

(डी.डी. शर्मा)

विचार अपनी जगह महत्वपूर्ण है। कर्म भी अपनी जगह महत्वपूर्ण है। लेकिन उन सबसे ज्यादा महत्वपूर्ण है, आपकी भावनाऐं। अगर कोई व्यक्ति किसी को स्वस्थ करने की भावना से उसके घूटने को भी चीरा लगाकर बाहर निकाल देता है तो यह कृत्य एक चिकित्सक का पुण्य का होता है। क्योंकि इसके पीछे उसकी भावना सही है। व्यक्ति भावनाओं से ही चालित होता है। जब गुस्सा आता है तो व्यक्ति भूल जाता है कि मैं किस कोटी का संत हूँ। संतो को जब गुस्सा आता है तो कई लोग उनके सामने तत्काल आईना रख देते है, ताकि संत उस समय अपना चेहरा आईने में देख सके।

कभी–कभी निन्दा का सुख लेने की इतनी आतुरता बढ़ जाती है कि बडे–बडे महापुरूष भी छोटे–मोटे व्यक्तियों की निन्दा करने लगते है और निन्दा रस की प्राप्ति कर तृप्त होते है। किसी भी रस की प्राप्ति करना भावनाओं को प्रकट करना ही है। यहां मैं एक ऋषि की कहानी बतलाना चाहूंगा।

एक ऋषि जंगल में घास–फूस की कुटिया बनाकर रहते थे और तपस्या करते रहते थे। उनके तप के कारण उनकी ख्याति दूर–दूर तक फैल गई। लोग उन्हें ब्रह्मचर्यनिष्ठ कहने लगे। उनके ब्रह्मचर्य का प्रभाव दूर–दूर तक फैल गया। एक बार उनके गुरू ने उनकी परीक्षा लेनी चाही। तपस्वी ऋषि का नाम था श्रृंगी। वो बड़ी–बड़ी सफेद दाढ़ी रखते थे। उन्हें दाढ़ी बड़ी प्रिय थी। जब वो कभी गंगा के तट पर नहाते थे तो अपनी दाढी को बडे प्रेम से कंघी करते थे। दाढ़ी थी भी सुन्दर। एक दिन एक युवा लड़की ने उनकी दाढ़ी को देखकर ऋषि से मांग की कि यह दाढ़ी मुझें दे दो। मुझें यह बहुत अच्छी लगती है। मेरा एक छोटा भाई है। वह इससे बहुत खेलेगा, लेकिन श्रृंगी ऋषि ने मना कर दिया।

श्रृंगी ऋषि अपनी कुटिया में तपस्या कर रहे थे। वो लडकी ऋषि की कुटिया तक पहुंची और दरवाजा खटखटाया। ऋषि ने पूछा कि कौन है ? उसने कहा कि एक असहाय लडकी बारिश में भीग रही है। अगर आपकी कृपा हो जाये। दरवाजा खोल दे ताकि मैं बारिश में भीगने से बच जाऊ।

ऋषि ने कल्याण का कार्य समझ कर दरवाजा खोल दिया। युवती कुटिया में कोने में दुबक कर बैठ गई। ऋषि अपनी तपस्या के समय खत्म होने पर उठे और कहा कि आज बड़ी कडाके की ठण्ड है, दूर कुटिया के कौने में बैठी युवती समझ गई, कि अगर ऋषि को पीने के लिये गरम पानी मिल जाये या उष्ण पेय मिल जाये जिसकी अभी ऋषि को बड़ी जरूरत है। युवती ने पास पडी हुई लकडियों को इकट्ठा किया। चूल्हा जलाकर गर्म पानी करके ऋषि को पीने के लिये दिया। गर्म पानी

पीने से ऋषि को ऊर्जा मिली और प्रसन्नता महसूस हुई। ऋषि ने कहा कि तुम भी दिनभर घर से बाहर हो। कुटिया में आटा रखा हुआ है, तवा, चकला, बेलन भी रखे हुए है। कुछ रोटी बना लों और खा लो, बाहर बारिश भी हो रही है।

युवती ने देखा कि ऋषि भूखे है। मैं भी भूखी हूँ, तो उसने चूल्हा जलाया और रोटियां बना ली । कुछ सब्जी का बंदोबस्त कर लिया। पहले उसने ऋषि को भोजन रखा कि पहले आप खा लीजिये। मैं बाद में खा लूंगी। ऋषि ने भोजन किया और सो गये, फिर उस युवती ने भोजन किया। रात्रि गहरा गई थी। ऋषि की तीन बजे नींद खुली। देखा कि युवती कौने में सर्दी से ठिठुर रही है। ऋषि ने अपनी रजाई उठाई और युवती के उपर डाल दी। इसी रजाई डालने के क्रम में कहीं ऋषि का पांव युवती के बदन से छु गया। ऋषि ने तो कोई खास गौर नही किया। लेकिन युवती समझदार थी, वो स्थिति को भांप गई और वो बोली कि आप वृद्ध है। आपकों सर्दी से ज्यादा दिक्कत है। आप रजाई ओढ़िये।

ऋषि ने कहा कि अगर ऐसी बात है तो हम तो ऋषि है। आधी रजाई तुम ओढ़ लो और आधी रजाई हम ओढ लेते है। तुम यही खाट पर आ जाओं। युवती खाट पर आ गई। युवती के गर्म बदन का स्पर्श ज्योही ऋषि को हुआ। ऋषि में काम भावना जग गई, लेकिन ऋषि तत्काल खड़े हो गये और अपनी तपस्या में लग गये।

प्रातःकाल हो गई। युवती बोली कि अब दिन हो गया है। मैं अपने घर जाती हूँ। तो ऋषि ने कहा कि तेरा कौनसा घर है ? यही पर रह जा। तुझें भी रहना—खाना मिल जायेगा। युवती को बात सही लगी। वो वही पर रह गई। दोनो के बीच में आकर्षण बढ गया। ऋषि ने कहा

कि मैं तुम्हारे पिताजी से मिलना चाहता हूँ। लडकी ने कहा कि क्यों ? ऋषि ने कहा कि मैं तुमसे शादी करना चाहता हूँ। लडकी ने कहा कि हमारे कबिले में पिता से पूछ कर शादी नही की जाती। लडकी अपनी मर्जी से शादी करती है।

इस पर लड़की ने कहा कि मेरी एक शर्त है कि सबसे पहले तो आप अपनी दाढ़ी मुझें दीजिये, क्योंकि मैं दाढ़ी वाले व्यक्ति से शादी नही कर सकती। ऋषि ने तत्काल वहा पर पडा हुआ रैजर उठाया और अपनी दाढ़ी हटाकर युवती को दे दी। मेरी दूसरी शर्त यह है कि तुम घोडी बनोगे और मैं तुम्हारे ऊपर बैठूंगी। तुम इस चूल्हे के चारों और 7 चक्कर लगाओगें तब मैं तुम्हारी पत्नी बनूंगी। यह कहकर युवती तो कुटिया से बाहर चली गई। लेकिन ऋषि भृंगी मोहित होकर लड़की के पीछे—पीछे भागने लगे।

लड़की वापिस कुटिया में आ गई। ऋषि घोडी बने, लडकी उन पर बैठ गई। चूल्हे पर लकडी जलाई गई और उसके 7 फेरे लिये गये।

"श्रृंगी को भृंगी कर डाली ।

माया महाठगनी हम जानी।।"

तब से यह कहावत प्रसिद्ध हुई।

भावनाओं के वेग ने ऋषि श्रृंगी को भी भृंगी कर दिया। भावनाओं के वेग ने चन्द्रमा को भी ऋषि पत्नी को दूषित करने के लिये उत्तेजित कर दिया था। अनेक ऋषियों, संतो को भावनाओं ने क्रोधित किया है, कामुक किया है, लोभी बनाया है। वर्तमान के महापुरूषों को भी भावनाओं के वेग ने छठी का दूध याद दिलाया है। जैसे कि संत

शिरोमणी आसाराम, जैसे कि **धन–धन सतगुरू राम–रहीम, कबीरपंथी शिरोमणी संत रामपाल जी।**

भावनाओं के वेग ने नेताओं, अभिनेताओं आदि को भी अपने पैनेपन का रंग दिखाया है। अतः भावनाओं से ऊपर उठ कर दृष्टा बनकर देखने का अभ्यास करने की जरूरत है। इसके लिये मैं एक छोटी सी विधि बताता हूँ ताकि व्यक्ति अपनी भावनाओं पर नियंत्रण रख पाये और इसका अभ्यास बना पायें।

आप साधारण आसन से बैठ जाइये। आंखे बंद कर लीजिये। अपनी आने–जाने वाली सांसो पर नजर रखे। आप पायेंगे कि आपके पांव मौजूद है, आपके हाथ मौजूद है, आपका सिर मौजूद है, आपका सीना मौजूद है। यानी कि आपके सारे अंग है, लेकिन आप इन अंगो से अलग है। अंग आपके है पर आप अंग नही है। आप सांस पर ध्यान लगाईये। आप पायेंगे कि सांस भी अपने आप आ–जा रही है। यानी कि आप सांस भी नही है। सांस से ऊपर है। अब आप विचारों को देखिये। न तो किसी विचार को पकड़े ना किसी विचार को छोडे। विचार आ रहे है तो आने दीजिये। दृष्टा बनिये। यानी कि विचार आ रहे है तो आने दीजिये। अब आप थोडा अपने आप पर ध्यान दीजिये। काम वासना आ रही है तो आने दीजिये। क्रोध आ रहा है तो आने दीजिये। आप पायेंगे कि आप क्रोध की भावना से दूर है। आप साक्षी है। आप आत्मा है। इस स्थिति में अपने आपको 10 मिनट रहने का प्रतिदिन अभ्यास करें।

कृपा का महसूस होना

ज्योंही आप साक्षी भाव में आयेंगे, त्योंही आपको परमात्मा की कृपा की वर्षा होती अनुभव होगी। आप प्रेम से विभोर

हो जायेंगे। रसमय हो जायेंगे। पूरी तरह से प्रेम से भर जायेंगे। आपका जीवन आशीर्वाद मय हो जायेगा। आप अब लोगों को क्या देंगे ? प्रेम है तो प्रेम देंगे। आशीर्वाद है तो आशीर्वाद देंगे।

मैं यहां एक शक्तिशाली वाक्य का प्रयोग करना चाहूंगा कि अगर आप परमात्मा की कृपा को अनुभव करते है। और उसके लिये कृतज्ञता को प्रकट करते है। तो आप जीव स्वरूप की उच्चतम अवस्था को प्राप्त कर लेते है। जिसे कि संत लोग जगा हुआ पुरूष कहते है और यदि आप प्रेममय आशीर्वाद मय होकर आशीर्वाद देते है तो आप परमात्मा स्वरूप हो जाते है।

उपरोक्त क्रिया को करने से शीघ्र ही साक्षी भाव विकसित हो सकता है। और आप जो चाहे वो सकारात्मक भावनाएं परिवेश में प्रेषित कर सकते है।

सादर।

(डी.डी. शर्मा)

सी.ई.ओ.

टीम 360

मो.: 9079040362

(अध्याय – 41)
अंकगणित के अंको के बीच कम्पीटिशन – एक कहानी

(तुलना नही, साथ लेकर चलने में बडप्पन है। चाहे परिवार हो या संगठन)

अंकगणित में 1 से लेकर 9 तक अंक होते है। 9 अंक सबसे बड़ा है। इंसानों की संगत में 9 अंक लम्बे जमाने से आ रहा 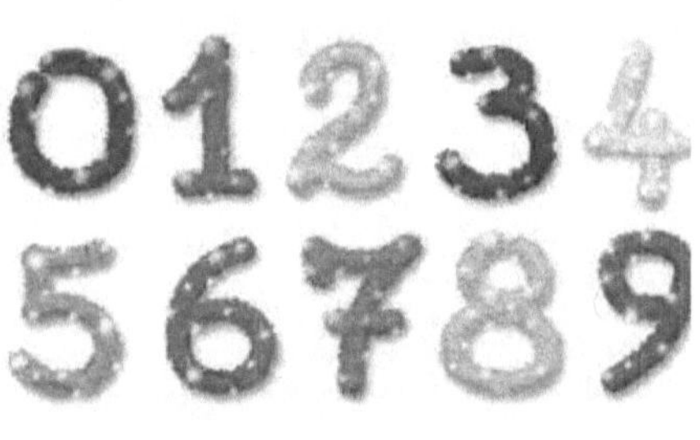 है। कभी 9 नक्षत्रों के रूप में, कभी नवकार मंत्र के रूप में, कभी नवग्रहों के रूप में। इसलिये इंसानो की तरह अहंकार 9 को होना स्वाभाविक है। 9 को यह अहंकार हो गया कि मैं सबसे बडा हूँ। इठलाता हुआ बोला कि अंक 8 तुम मुझसे छोटे हो। अपनी औकात में रहों। अंक 8 को ऐसा डांटा कि उसके अंदर इतना विद्रोह फूटा कि उसने अपने से छोटे अंक 7 को फटकार लगाई। 7 कहां पीछे रहने वाला था। उसने अंक 6 को छील दिया। अंक 6 कहा पीछे रहने वाला था। उसने अंक 5 को कि छोटा होकर आंख दिखाता है। फटकार लगाई। इसी तरह अंक

4 ने झिडकी लगाई अंक 3 को। अंक 3 से पूरा गुस्सा उतार दिया अंक 2 पर। अंक 2 ने अच्छी खासी डांट पिलाई अंक 1 को। अंको में अंक सबसे छोटा 1, शून्य को तो अंको में गिनते ही नही। अंक 1 ने सोचा कि जैसी बेवकूफिया बडे भाईयों (अंको) ने की है। लेकिन मैं आउट ऑफ बॉक्स चिंतन को काम में लूंगा। मैं चाहू तो शून्य को फटकार लगा सकता हूँ क्योंकि मैनें भी ऊपर से फटकार खाई है, लेकिन मैं प्रोएक्टिव हूँ, मैं पुश्तैनी चली आई फटकार लगाने की प्रवृति को रोकूंगा। उसने शून्य को अपने साथ रखने का निश्चय किया और अपनी दांयी तरफ बैठा लिया।

यह लोगों ने देखा तो तारीफ की कि 10 संख्या तो 9 से भी ज्यादा बडी है।

फिर एक ने सोचा कि 2 से लेकर 9 तक है तो मेरे ही भाई, बडे है। इसलिये अहंकार होना वाजिब है, पर मैं उनको एक–एक करके शून्य के आगे बैठा देता हूँ। शून्य के आगे 2 को बैठाया, फिर 3 को। इसी तरह से 9 तक अपने दांयी तरफ बैठा दिया। अब तो 1 की कीमत का आर–पार ही नही रहा। एक अरब दो करोड चौतीस लाख छप्पन हजार सात सौ नवासी। देखा साथ लेने का कमाल।

यह देख कर बड़े भाईयों को भी जो कि बडी संख्याओं के रूप में है। उनको भी समझ में आई कि अगर 1 के साथ ही बैठना है तो क्यों ना 1 के बांयी तरफ ही बैठ जायें। वो 1 से सलाह मशवरा करके उसके बांयी तरफ बैठ गये, अब तो कीमत नौ गुणा से और ज्यादा बढ़ गई, अब कीमत हो गई। नौ अरब सत्यासी करोड पैसठ लाख तियालीस हजार दौ सौ दस।

साथ का महत्व आप समझ सकते है। अंको की इस कहानी से मैं यह बतलाना चाहता हूॅ कि व्यक्ति चाहे कितना ही प्रतिभावान हो, कितना ही बडा हो, लेकिन अगर कोई बडे कार्य को अंजाम देना है तो टीम की जरूरत होगी। संगठन की जरूरत होगी, एक कहावत भी है कि **अकेला चना भाड नही झौंक सकता,** अगर समझदारी से मिलकर चला जाये तो टीम बनती है, अन्यथा भीड़ होती है।

साथ के महत्व को न केवल इंसानों ने ही समझा है बल्कि अवतारों ने भी स्वीकार किया है। इसके बारे में मैं तीन छोटी–छोटी कहानियॉ बतलाना चाहूंगा।

कहानी–1:–भगवान राम समुद्र पर पुल बना रहे थे। भगवान राम और लक्ष्मण से अधिक प्रतिभाशाली कौन होगा ? क्या व्यापारिक संगठनों में काम करने वाले  व्यक्ति राम और लक्ष्मण से ज्यादा प्रतिभाशाली होते है ? भगवान राम और लक्ष्मण ने भी संगठन के महत्व को समझा और भालू, रीछ, वानरों आदि को लेकर एक टीम बनाई और लंका पर विजय प्राप्त की।

कहानी–2:–भगवान कृष्ण ने कुपित इन्द्र द्वारा की जा रही बृज में बारिश को रोकने हेतु गोवर्धन पर्वत को उठाया, लेकिन  उन्होनें अपने साथ में सभी ग्वाल बालों को लेकर इस कार्य को अंजाम दिया।

कहानी—3:—दुर्गा सप्तसी में दुर्गा अवतरण की कहानी को बड़े विस्तार से बताया गया है। नवरात्र स्थापना के समय दुर्गा सप्तसी का पठन भी लोग करते है। दुर्गा ने राक्षसों के वध हेतु सबसे पहले सभी देवगणों का आह्वान किया और उनसे सहयोग मांगा, सभी ने अपने—अपने अनुसार सहयोग दिया, परिणामस्वरूप दुर्गा राक्षसों पर विजय प्राप्त कर पाई।

व्यक्ति अपने आप पर नियंत्रण रखे और उसके चारों आयामों का यथा शारीरिक आयाम, मानसिक आयाम, भावनात्मक आयाम व आत्मिक आयाम का संतुलित विकास हो, तो वो व्यक्ति आत्म नियंत्रित हो जाता है।

स्टीफन आर कोवी की प्रथम तीन आदतें व्यक्ति को आत्म नियंत्रित बनाती है। आत्म अनुशासित बनाती है। इसको एक सेन्टेन्स में यह भी कहा गया है कि **Make the promise and keep the promise.** यानी कि आप ही अपने जीवन के रचयिता है। आप ही अपने संगठन के निर्माता है। अतः संगठन को चलाने हेतु छोटे—छोटे प्रोमिजेज करना एवं उनको समय पर पूरा करना संगठन को आत्म अनुशासित बनाता है।

यहां संगठन से तात्पर्य परिवार, एन.जी.ओ., राजनैतिक पार्टियों व व्यापारिक संगठन आदि सभी है।

मास्टर माइंड कन्सेप्ट

इस कन्सेप्ट को मैने नेपोलियन हिल की पुस्तक **''थिंक एण्ड ग्रो रिच''** से लिया है। उनका इस विचार के बारे में

ख्याल है कि जब एक से अधिक दिमाग एक साथ मिलते है तो एक तीसरे उच्च दिमाग का निर्माण होता है। इसलिये संगठनों में एक थिंक टेंक रखे जाने की जरूरत सभी जगह महसूस की जाती है।

थिंक टेंक में कई विषयों के विशेषज्ञ रहते है, ताकि व्यापारिक संस्थान को चलाने वाला व्यक्ति अपने अलावा अन्य दिमागों का भी सहयोग में ले सके। ताकि उच्च स्तर की मानसिक शक्तियॉ एक संगठन को मिल सके।

जिस संगठन के पास में मास्टर माइंड के रूप में नवरत्न होते है तो वो संगठन निश्चित रूप से तरक्की करता है, जैसे कि बादशाह अकबर नौ रत्नों को अपनी सलाह हेतु दरबार में रखता था। यहीं वजह है कि अकबर महान बादशाह साबित हुआ। उसकी बराबरी के बादशाह कम ही हुए है।

कोई भी संगठन का उद्यमी कितना ही प्रतिभा सम्पन्न क्यों न हो लेकिन उसे संगठन को चलाने के लिये विभिन्न प्रकार की योग्यतायें चाहिये जो उसे एक जगह नही मिल सकती। इसलिये उसे बादशाह अकबर की तरह नौ रत्नों का चयन करके अपनी वैचारिक टीम के अंदर रखे तो वह सफल होगा।

यह बात सही है कि बीरबल, बीरबल ही रहेगा, वो बादशाह नही बन सकता। लेकिन बादशाह को कामयाब होने के लिये बीरबल की उल्लेखनीय सेवाएं बडी सहायक सिद्ध होती है।

स्टीफन आर कोवी संगठनों के लिये जहां मिलकर काम करने की जरूरत होती है। वहां पर चौथी, पांचवी व छठी आदत को महत्वपूर्ण बतलाते है। चौथी आदत यह है कि प्रचुरता की मानसिकता के साथ दोनों पक्षों के लाभ हेतु काम किया जावें। पांचवी आदत कहती है कि दोनो

पक्षों को आपसी समझ विकसित करके काम करना चाहिये। इसलिये पहले दूसरे पक्ष की सुनों, फिर अपनी कहें।

इसी तरह से छठी आदत कहती है कि संगठन में लोगों के विचार भिन्न–भिन्न होंगे। विचारों की भिन्नता को अपना अपमान ना समझे। बल्कि आगे बढने के अवसर समझें। छठी आदत रचनात्मक सहयोग की आदत है।

स्टीफन आर कोवी चौथी, पांचवी व छठी आदत को सार्वजनिक महत्व की आदते कहते है। जबकि पहली, दूसरी, तीसरी को व्यक्ति विशेष के लिये महत्वपूर्ण बताते है। लेकिन जब इन छहों आदतों को एक साथ मिला लिया जाता है तो एक यह प्रभावकारी यंत्र बन जाता है तथा सांतवी आदत सभी छहों आदतों को व चार इंसान के आयामों को पैना करने की आदत है।

स्टीफन आर कोवी की अतिप्रभावकारी सात आदतों को जीवन में उतारा जायें तो व्यक्ति अनेक कीर्तिमान अपने क्षेत्र में प्राप्त कर सकता है।

सादर।

(डी.डी. शर्मा)

सी.ई.ओ.

टीम 360

मो.: 9079040362

(अध्याय – 42)
बदले–बदले सुर नजर आ रहे है – एक कहानी

(जब काम निकल जाता है तो लोग भी बदल जाते हैं)

राजस्थान के एक गांव की बात है। एक परिवार था, जिसमें दो लड़के थे, दोनों की शादियॉ हो चुकी थी। घर में बहूएं थी, पोते–पोतियॉ थी, एक बूढ़ी मां थी, मां बूढ़ी भी थी और विधवा भी थी, इसलिये पुश्तैनी जायदाद की वारिस बूढ़ी मां ही थी।

बूढ़ी मां खाट लगाकर आंगन में सोती, तो बड़ी बहू आकर पूंछती आपको चाय ला दू। इतने में छोटी बहू आकर पूंछती आपके लिये नाश्ता ला दू, इतने में 15–16 साल की पोती आती कि दादी गरम पानी पी लो, इतने में छोटा बेटा आया। मां तेरी खाट तो यहां छाया में है। वहॉ धूप में लगा देता हूँ। बूढ़ी मां बहूओं और बेटो की सेवा से खुश हो रही थी, कि बड़े बेटे

ने आकर कहा कि मां सब मोहल्ले के लोग तीर्थ करने जा रहे है, तूझे भी तीर्थ करा लाते है।

बूढ़ी मां बोली, नहीं मेरे तो दो बहूऐं है और दो बेटे है। यही चारधाम है। मेरी तो जैसी सेवा हो रही है। वैसी भगवान सब को दे। मेरे तो पोते-पोतियॉ भी बहुत सेवा करती है। इतने में भागकर पोता आया कि मां मैं बाजार जा रहा हूॅ। तेरे लिये गुड पापड़ी ला दू। तूझें बहुत अच्छी लगती है ना। बोली नही बेटा नही चाहिये, फिर बोली कि तूझे लाना ही है तो गरम-गरम मीर्ची बड़े ला दे। पोता बोला ठीक है।

बूढ़ी मां अब बीमार भी हो चली और कमजोर भी, अतः उसके दिमाग में आने लगा कि अब इस बूढ़ी काया का क्या भरोसा है, कब अगले घर चली जाये। अतः जमीन-जायदाद का बंटवारा कर देना चाहिये।

बड़े बेटे को आवाज दी। बेटा आया तो बोला कि आज तू वकील को बुला लाना। मैं जमीन-जायदाद का बंटवारा करुंगी। बडे बेटे ने कहा कि अभी क्या जल्दी है ? अभी तो आप हो ना। इतने में छोटा बेटा आ गया, वो बोला कि नही मां बंटवारे की कोई जरूरत नही है, तू है तो सब कुछ है।

मां की बूढ़ी आंखो ने अपनी कमजोर शारीरिक हालत को समझ ली थी। अतः वह कडक कर बेडे बेटे से बोली कि तुम आज ही वकील को लेकर आओं। मैं आज ही बंटवारा करुंगी।

वकील आ गया। बूढ़ी मां ने कहा कि पश्चिमी दिशा का खेत बडे बेटे के नाम कर दो। पूर्वी दिशा का खेत छोटे बेटे के नाम कर दो। घर का उत्तरी भाग बडे बेटे के नाम और दक्षिणी भाग छोटे बेटे के नाम। गायों, भेसों और बकरियों का आधा-आधा कर दो। वकील ने कहा

कि माताजी आपके लिये भी तो कोई हिस्सा रख लो, तो मां ने झिडकते हुए कहा कि तुम मेरे बेटो पर शक करते हो। मेरे बेटे तो श्रवण कुमार है। मेरी बहूएं तो मेरी बहुत सेवाएं करती है। अतः मुझें अपने लिये जमीन जायदाद रखकर क्या करना है। वकील बोला कि आपकी एक बेटी भी तो है। बूढी मां ने कहा कि उसका तो अच्छे सम्पन्न परिवार में ब्याह कर दिया है। इसलिये उसे इस सम्पत्ति की कोई जरूरत नही है। बेटियां तो हाथ उठाये दिये गये की हकदार होती है, पांती में हकदार नही होती। जैसा बूढी मां ने कहा वकील ने वैसी ही वसीयत बनवा दी।

पलट गये सुर

मां सर्दियों के दिनों में आंगन की धूप में खाट पर लेटी थी। बडी बहू से बोली कि बहू मेरे लिये गरम पानी ला दो। बडी बहू कडक कर बोली कि कितनी बार गरम पानी पीओंगे ? अभी तो दिया था। छोटी बहू को आवाज दी कि मेरे लिये चाय ला दो। तो छोटी बहू चिल्लाई कि अभी तो थोडी देर पहले दी थी। जो पोती दादी से दिनभर कहानियाँ सुनती थी, पास में बैठती थी। वो पोती भी कहने लगी कि सारे दिन दादी चिड़चिड़ करती रहती है।

दोपहर में छोटा बेटा खाना खाने आया तो मां ने कहा कि बेटा मेरे को गुड पापड़ी ला दो, बेटे ने कहा कि मां बूढ़ी हो गई। पर तेरी जबान का स्वाद नही गया। अब इस उम्र में गुड़ पापडी खाकर क्या करेगी ? इतने में बड़ा बेटा घूसा। जल्दी में कमरे में जा रहा था कि मां की चारपाई से से टकरा गया। बड़ा बेटा झल्लाया और बोला कि मां यहाँ कहा खाट लगा रखी है ? फिर दोनों बेटो ने

कहा कि मां की खाट सामने फूस की बनी हुई झोपड़ी में लगा दो।

बूढ़ी मां ने सोचा कि क्या बात हुई ? ऐसा कैसे हो गया ? इनके सुर कैसे बदल गये ? इतनी सेवा करने वालों को क्या हो गया ? उसने सोचा तो अपनी गलती समझ में आई कि मैने अपनी सारी जायदाद इनके नाम कर दी है। गलती तो बड़ी ही हो गई।

लेकिन मैं भी हार माननी वाली नही हूँ। मैं भी आखिर इनकी मां हूँ। बूढ़ी मां उठी और धीरे–धीरे कमरे में गई। वहाॅ से अपनी लोहे का छोटा बक्सा उठा कर ले आई और घास–फूस की झोपड़ी में अपनी चारपाई की नीचे खड्डा खोदा और उसमें वो छोटा लोहे का बक्सा बूरने लगी। इतने में 15–16 साल की पोती ने देख लिया। वो भागकर आई और बोली कि दादी यह क्या कर रही हो? दादी बोली कुछ नही। किसी को बताना मत। इसमें पांच किलो सोना है। मैं जहां रहूंगी, वही खाट के नीचे रखूंगी, खबरदार अगर किसी को बताया तो ?

पोती कब चुप रहने वाली थी। वह भागकर अपनी मां के पास गई। और उससे कहा कि अपनी दादी के पास तो पांच किलो सोना है जो उसने लोहे के बक्से में रखा है, जो उसने मिट्टी में दबाया है। छोटी बहू तो जेठानी की हर बात पर कान लगाये रहती थी। तो उसने भी सुन ली। रात हो गई। दोनो बेटे भी आ गये। उनकी पत्नियों ने अपने पतियों को भी बता दिया कि मां के पास में पांच किलो सोना है।

सुबह 6 बजे बड़ा बेटा उठा। मां के पास गरम पानी का लौटा लेकर गया। और बोला कि मां गरम पानी से कुल्ला कर लो व गरम पानी पी लो। इतने में बड़ी बहू आई कि मांजी चाय पी लो। बूढ़ी मां ने चाय पूरी पी ही

नही थी कि छोटी बहू आई कि नाश्ता कर लो। इतने में छोटा बेटा आया और बोला कि मां यहॉ कहॉ घास–फूस की झोपड़ी में सो रही हो। वहॉ कमरे में सो जाओं। बूढ़ी मां बोली कि कमरे में तो सो जाऊंगी लेकिन मेरे इस बक्से को सुना नही छोड़ूंगी। उसे मैं अपनी खाट के नीचे ही रखूंगी।

बेटो ने कहा कि ठीक है मां। रख लेना। मां को कमरे में ले गये। खाट लगाई। खाट के नीचे वो बक्सा रख दिया। बूढी मां की वापिस सेवा होने लगी। कभी–कभी बूढ़ी मां को लगता कि कही मेरी सेवा में कमी ना हो जाये। इसलिये वो उस बक्से को हिला देती तो उसमें से आवाज आती। इससे बहूंओ को पता लग जाता कि बक्से में माल है।

बूढ़ी मां की अच्छी सेवा हो रही थी, लेकिन विधि का विधान एक दिन सांस रूक गई और बूढ़ी मां स्वर्गीय हो गई। दाह–संस्कार किया गया। उसके बाद दोनों भाई व बहूऐं इकट्ठे हुऐं कि बक्से को खोल लो। सोना आधा–आधा बांट ले। इस मौके पर बेटी भी आई हुई थी। उसने में कहा कि जमीन जायदाद तो तुमने बांट ली लेकिन इस सोने पर तो मेरा भी कुछ हिस्सा बनता है। बक्सा खोला गया तो उसमें सोने के स्थान पर ईंट–भांटो के टुकड़े मिले।

इस कहानी से हम यह सींख ले सकते है कि लोगों का व्यवहार बदल सकता है। संगठन में व्यापारिक उतराव–चढ़ाव आते रहते है। जब उतराव का समय होता है, तो स्टॉफ व अन्य लेन–देन वालों का व्यवहार बदल सकता है।

संगठन में बजट बनाकर खर्चे किये जायें

किसी भी संगठन में समय एक जैसा नही रहता है। अतः आर्थिक प्रबन्धन भी उचित तरीके से किया जाना जरूरी है। सालभर में कुल कितनी आमदनी होगी व कुल कितना अनुमानित खर्च होगा। इसका लेखा–जोखा बनाना जरूरी है। इसे ही बजट कहते है।

संगठन में स्टॉफ को वेतन प्रतिमाह मिले, यह जरूरी है। संगठन के उतराव, चढ़ाव से स्टॉफ को कोई लेना–देना नही होता है। वो अच्छे मौसम के मित्रों की तरह होते है। यदि समय पर वेतन नही मिलेगा तो स्टॉफ की निष्ठा में फर्क आ सकता है। स्टॉफ छोडकर भी जा सकता है। अतः संगठनों में नम्बर–1 पर स्टॉफ के वेतन का हैड बनाया जाना चाहिये और उसमें सालभर की अनुमानित वेतन जो हैं उसकी राशि रखी जानी चाहिये।

इसी तरह से अगर बिल्डिंग किराये पर ली हुई है तो किराया प्रतिमाह देना होगा। बारह माह में कितना किराया देना होगा। इसका भी बजट रखा जाना जरूरी है।

अन्य जरूरी खर्चे उनके लिये भी मिसलेनियस बजट रखा जाना जरूरी है। कहने का तात्पर्य है कि संगठन का फण्ड मैनेजमेन्ट समझदारी से किये जाने की जरूरत है।

एक क्रय–विक्रय सहकारी समिति की दयनीय स्थिति

मैं सरकारी नौकरी में था तो कोटा की एक क्रय–विक्रय सहकारी समिति का प्रशासक था। वो क्रय–विक्रय समिति राजस्थान में एक नम्बर की क्रय–विक्रय सहकारी समिति थी। लेकिन सरकार के जनरल मैनेजर लगते रहे। अतः

बाकि सब काम तो सरकार के लोग ठीक से कर लेते थे, लेकिन फण्ड्स को मैनेज करना उन्हें नही आता था। सरकार के जनरल मैनेजरों ने क्रय–विक्रय सहकारी समिति के लिये लम्बा–चौड़ा गोदाम खरीद दिया। इण्डेन गैस की एजेन्सी दिला दी। एक ऑफिस व रेस्ट हाऊस खरीद लिया। समिति में खाद–बीज का काम बहुत अच्छा चलता था। लेकिन सरकार की नीतियॉ बदली और ग्राम सेवा सहकारी समितियों को भी सीधा खाद बीज खरीदने का अधिकार दे दिया गया। परिणाम यह हुआ कि ग्राम सेवा सहकारी समितियॉ ईफ्को व क्रिभको से खाद खरीदने लगी व क्रय–विक्रय सहकारी समिति के कारोबार में कमी आ गई। खाद–बीज का व्यापार कम पड़ गया। व्यापारिक हानि प्रतिवर्ष होने लगी। यद्यपि इण्डेन गैस के व्यवसाय में काफी गुंजाईश थी। लेकिन स्टॉफ की वेतन श्रृंखलाओं में वृद्धि हुई और लम्बा–चौड़ा ऐरियर स्टॉफ को देना पड़ा। कुल मिलाकर परिणाम यह हुआ कि सम्पत्तियॉ तो क्रय–विक्रय सहकारी समिति में करोड़ो की थी लेकिन तरलता खत्म हो गई। धीरे–धीरे स्थिति यह हुई कि क्रय–विक्रय सहकारी समिति को अवसायन में लाना पड़ा।

क्रय–विक्रय सहकारी समिति के पास में करोडो की सम्पत्ति थी। लेकिन फण्ड्स के गलत प्रबन्धन से समिति घाटे में आ गई व अवसायन की स्थिति में पहुंच गई। ऐसे में स्टॉफ कोर्ट के नोटिसेज देने लगे। यानी कि सब के सुर बदल गये।

पारिवारिक मामलों के अनुभवी लोग कहते है कि बुजुर्गों को कुछ थोड़ा बहुत अपने पास रखना चाहिये। पूरी सम्पत्ति बेटो को अपने जीते जी नही बांटनी चाहिये। इस बात में दम हो सकता है, लेकिन मूल बात यह है कि

परिस्थितियॉ रंग बदलती है। लोग सुर बदलते है। अतः संगठन या परिवार में विवेकशील वित्तिय प्रबन्धन की हर जगह जरूरत महसूस होती है।

सादर।
(डी.डी. शर्मा)
सी.ई.ओ.
टीम 360
मो.: 9079040362

MISSION BILLIONAIRE
(6th Sense)

(अध्याय – 43)
दयालु अजगर की दुर्गती – एक कहानी

(अनुशासन महत्वपूर्ण है। दया के स्थान पर दया, कठोरता के स्थान पर कठोरता)

एक बार की बात है। एक अजगर एक मकान के बेसमेन्ट में रहता था। उसका इतना भय था कि उस मकान में दूसरी–तीसरी मंजिल  पर भी कोई नही रहता। मकान के मालिक ने अजगर को निकालने के लिये कई बार प्रयास किये। लेकिन सफलता नही मिली।

एक बार एक संत उस हवेली में कुछ दिन रूके, वो अजगर के पास में बिना किसी भय के अजगर को दूध पीलाने चले गये। अजगर ने दूध पीया और पीने के बाद महात्मा से निवेदन किया कि मुझें एक बात समझ में नही आई। सब लोग मुझसे डरते है, कोई मेरे नजदीक आने की हिम्मत नही करता, तुम कैसे आयें ? और तुम्हारी तो सब लोग इज्जत करते है। तुम्हारे पांवो को छूते है।

तुम्हारे में लोगों की बड़ी श्रद्धा है। क्या मैं भी ऐसा हो सकता हूॅं ?

संत ने कहा कि हॉं हो सकते हो। यदि तुम क्षमा करना सींख लो। क्षमा करना ही बड़े लोगो का धर्म है। छोटे लोग छोटी हरकते करते रहते है।

"क्षमा बडन को चाहिये, छोटन को उत्पात।
का रहिम हरि को घट्यो, भृगु जो मारी लात।।"

संत ने अजगर को इस दोहे का अर्थ समझाया, कि एक बार ब्रह्मा, विष्णु, महेश इन तीनों में कौन बड़ा है ? इसकी जांच करने का दायित्व ऋषि भृगु को दिया गया। भृगु सबसे पहले ब्रह्मा के पास गये। ब्रह्मा को बुरा–भला कहा तो ब्रह्मा तो जैसी की तैसी पर उतर आये और भृगु को मारने के लिये पीछे भागे, तो भृगु ने ब्रह्मा को असफल घोषित कर दिया, इनमें तो सहनशीलता ही नही है। यह तो क्षमा करना जानते ही नही है।

अब भृगु हिमालय पर्वत पर पहुंचे। जहॉं उन्हें शिव की परीक्षा लेनी थी। लेकिन शिव तो आंख बंद करके तपस्या कर रहे थे। तब उन्होंने पास मे बैठी पार्वती को गालियॉं देनी शुरू कर दी। यह सुनकर पार्वती को गुस्सा आ गया और वो शिवजी को झकझोडने लगी कि देखों यह क्या बोल रहा है ? पार्वती की बातें सुनकर शिवजी को गुस्सा आ गया। वो त्रिशुल लेकर भृगु के पीछे दौडे। तो भृगु ने शिवजी को भी असफल घोषित कर दिया। कि इनमें भी सहनशीलता नही है व क्षमाशील नही है।

अब भृगु भगवान विष्णु के पास पहुंचे, तो विष्णु उठे और उठकर बैठ गये। भृगु ने विष्णु की परीक्षा लेने के लिये विष्णु की छाती पर लात मार दी। विष्णु बोले कि हे ! ब्राह्मण देवता आपके पांव तो फूल की तरह कोमल है

और मेरी वज्र जैसी कठोर छाती है। कही आपके चोट तो नही लगी। आईये मैं आपके तेल लगाकर मालिश कर दू। भृगु ने विष्णु को विजेता घोषित कर दिया कि यह सहनशील भी है और क्षमाशील भी है।

दोहे का अर्थ जानकर अजगर को क्षमा का महत्व समझ में आ गया। इसलिये उसने अब कांटना, फुफकारना बंद कर दिया, फिर क्या था लोगों ने भी डरना बंद कर दिया। हवेली के मालिक ने उसे उठवाकर पास के नोहरे में फिंकवा दिया। नोहरे में बच्चे खेलते–खेलते पहुंच जाते। कोई उसके ऊपर धूल डाल देता, कोई उसके कान में तिनका चूभोता।

कहां भी जाता है कि जिन तारों में करंट नही होता, लोग उन तारों पर अपने कच्छे–बनियान सुखाने लग जाते है। इसी तरह से बच्चे अजगर पर सवारी करने लगे। कोई चप्पल से अजगर को पीट देता। अजगर तो लहू–लूहान हो गया, लेकिन क्षमा का व्रत जो ले लिया था। इसलिये वो कुछ कर भी नही सकता था।

एक दिन वही संत घूमते–फिरते 5–7 साल बाद उस हवेली में फिर आये तो पूंछा कि वो अजगर कहा है ? तो हवेली के मालिक ने बता दिया कि वो पास के नोहरे में है। यह बात संत को अच्छी नही लगी कि इतना बड़ा अजगर नोहरे में क्यों ? लेकिन वो बोले कि ठीक है। मैं अजगर से मिलना चाहता हूॅ। संत को नोहरे में ले जाया गया तो उन्होनें देखा कि अजगर लहू–लूहान था। संत को अजगर पर दया आ गई। संत ने अजगर से पूछा कि यह क्या हाल हो गया ? अजगर बोला कि आपने ही कहा था कि सबको क्षमा करना, किसी को मत काटना, उसी का परिणाम भुगत रहा हूॅ।

संत ने कहा–

**"क्षमा शोभती भुजंग को, जिसके पास गरल हो।
ना की उसे जो दंतहीन, विषहीन अति सरल हो।।"**

संत ने इस दोहे का अर्थ समझाते हुए कहा कि मैनें तुम्हे कांटने के लिये मना किया था, फुफकारने के लिये नही।

लोग उसी भुजंग से डरते है जो ज़हरीला हो। उसको ही क्षमा शोभा देती है, लेकिन वो भुजंग जिसके न तो दांत हो, न ही ज़हर हो और जो हो भी सरल।

संत ने कहा कि क्षमा का अर्थ यह नही है कि नामर्द और नपुंसक हो जाओं। क्षमा का अर्थ है कि काबू पाने पर छोड़ देना। अपनी रक्षा हेतु फुफकारना और यदि कोई उद्दंड़ता करे तो उसको उचित दण्ड देना भी क्षमा में शामिल है।

पारिवारिक मामलों में क्षमा का महत्व

परिवारों में प्रायःकर छोटी—मोटी बांतो को लेकर विवाद हो जाते है। जिन्हे कि सॉरी बोलकर खत्म किया जा सकता है। क्षमा करना व क्षमा मांगना दोनो ही उच्च गुण गिने जाती है। लेकिन यदि कोई बदनीयती पूर्वक क्षमाशील व्यक्ति को परेशान करता है तो मैथलीशरण गुप्त कहते है **"न्यायार्थ अपने बंधु को दण्ड देना भी धर्म है"**।

भगवान कृष्ण ने गीता में अर्जुन की कायरता को देखकर उसे ललकारा कि क्या नपुंसको की तरह धनुष को नीचे रख रहे हो ? जब अर्जुन ने क्षमा कर देने की बात कहीं तो भगवान कृष्ण ने कहा कि क्या पण्डितों जैसी बातें करते हो ? तुम क्षत्रिय हो और क्षत्रिय को यह बुजदिली शोभा नही देती।

"क्लैब्यं मा स्म गमः पार्थ नैतत्त्वय्युपपद्यते।
क्षुद्रं हृदयदौर्बल्यं त्यक्त्वोत्तिष्ठ परन्तप।।"

अर्जुन तुम उस दृश्य को मत भूलों जब द्रोपदी का चीरहरण किया गया था। तब ये तुम्हारे चहेते पितामह क्यो चुप थे ?

क्यों तुम्हारे गुरूदेव चुप थे ?

अतः दया, क्षमा के भावों को त्यागों और धनुष उठाकर मेरा स्मरण करों और युद्ध करो।

"तस्मात्सर्वेषु कालेषु मामनुस्मर युध्य च।
मय्यर्पितमनोबुद्धिर्मावैवैश्यस्यसंशयम्।। 8, 7"

भगवत गीता में क्षमा को बड़ा व्यवहारिक रूप से बतलाया हुआ है। क्षमा वीरों का श्रृंगार है, यह बुजदिलीयत का नाम नही है।

क्षमा को बुद्ध ने, महावीर ने बहुत महत्वपूर्ण बताया है। क्योंकि वो धर्म शान्तिकाल में स्थापित हुए धर्म थे। जहां पर भाई–भाई की जान लेने को आतुर हो। वहां पर क्षमा का अर्थ काबू पा लेने पर माफ करना होता है।

क्षमा का व्यवहारिक महत्व

यहॉ मैं क्षमा की उपयोगिता को संगठन में इस तरह से बतलाना चाहूंगा कि पूर्व की गलतियों को क्षमा कर दे, पूर्व के आपके जो अपराध है, उन्हे क्षमा कर दे। भूतकाल के कोई विवाद है तो उन्हे क्षमा कर दे।

एक व्यक्ति ने कहा कि दस वर्ष पहले फलां व्यक्ति ने मेरे चपत लगाई थी, मैं उसे भूल नही सकता। मैं बदला लेकर रहूंगा। जब भी वो यह बात किसी से कहता है तो पूरी तरह गुस्से में आ जाता है। एक बार एक महापुरूष ने यह बात सुनी तो उससे कहा कि उस आदमी ने तो तूझे सिर्फ एक बार दस साल पहले चपत लगाई, उसका दर्द तो उसी समय खत्म हो गया होगा। अब तू बार–बार उस घटना को याद कर बार–बार क्यों अपने आपको चपत लगाता है। उसे माफ क्यों नही कर देता।

भूतकाल की इन सूरते हालात में माफ कर देना एक बहुत कारगर मनोवैज्ञानिक औषधी है। खुद को मनोवैज्ञानिक रूप से माफ कर देना व दूसरों की भूतकाल में की गई बातों को माफ कर देना। सहज भी है और सम्भव भी है। इस रूप में क्षमा की औषधी बड़ी प्रभावकारी है।

कोई भी विवाद दो पक्षों के बीच में होता है। और कोई एक पक्ष माफ करने की मानसिकता बना लेता है तो विवाद की जड़ समाप्त हो जाती है और विवाद खत्म हो जाता है।

महाभारत के युद्ध के पूर्व में ऐसा नही है कि क्षमा के प्रयास नही किये गये हों। भगवान कृष्ण जब पाण्डवो की ओर से दूत बनकर हस्तीनापुर के दरबार में उपस्थित हुए थे तो उन्होनें कहा था।

"है न्याय अगर तो आधा दो, आधे में यदि बाधा हो।

तो दे दो केवल पांच ग्राम, रखों अपनी धरती तमाम।।"

लेकिन दुर्योधन ने पांच ग्राम के बजाय एक सुई की नोक के बराबर जमीन देने से भी बराबर के हकदार भाईयों को मना कर दिया। इसलिये भगवान कृष्ण ने धर्म की

पुनर्स्थापना करने हेतु महाभारत के युद्ध की योजना को अनुमति दी।

आज के समय में 85 प्रतिशत मामलों में क्षमा मांगने से विवाद हल हो सकते है, जो कि एक अच्छा–खासा प्रतिशत है। अतः विवादों को निपटाने हेतु क्षमा रूपी शस्त्र का प्रयोग अपेक्षित है।

सादर।

(डी.डी. शर्मा)

सी.ई.ओ.

टीम 360

मो.: 9079040362

(अध्याय – 44)
मशीन से मशीन की शादी – एक कहानी

(सार्थक जीवन हेतु होश में रहे, जोश में रहे)

एक व्यक्ति ने मुझें अपनी बीती सुनाई कि मेरे एक लड़की है। उसकी शादी किये हुए तीन साल हो गये। लेकिन वो ससुराल में तालमेल नही बैठा पा रही है। यह भी कहा कि दामाद जो है, वो देर रात तक ऑफिस में काम के बहाने रहता है। वह है भी दूसरे शहर में, जिसके कारण अपनी पत्नी को समय नही देता।

मैनें पूछा वो कहा काम करते है ? तो उन्होनें बताया कि लड़की तो बैंगलोर में आई.टी. में सोफ्टवेयर इंजीनियर है। दामाद मुम्बई में आई.सी.आई.सी.आई. बैंक में सीनियर मैनेजर है। मैने पूछा यह शादी से पहले भी जॉब करते थे क्या ? तो व्यक्ति ने उत्तर दिया हॉ, उन्होनें आपसी समझ से ही शादी की है। मैने निवेदन किया कि आप

अपनी लड़की से कह दे कि वो बैंगलोर की नौकरी छोड़कर मुम्बई में कोई नौकरी देख ले अथवा दामाद से निवेदन कर ले कि मुम्बई की अपनी नौकरी छोड़कर बैंगलोर नौकरी देख ले, जिससे दोनों एक ही जगह रह जायेंगे।

व्यक्ति बोला आपको मालूम नही है कि मेरी बेटी सोफ्टवेयर इंजीनियर है। नोट छापती है। तो मैंने कहा कि आप दामाद के पिताजी से बात करें। वो अपने बेटे को बैंगलोर शिफ्ट कर दे। तो उन्होनें बताया कि मैनें बात की। दामाद के पिता कहते है कि मेरा बेटा आई.सी.आई. सी.आई. बैंक में सीनियर मैनेजर है। उसकी आमदनी लाखों रूपये है, वो तुम्हारी लड़की से ज्यादा नोट छापता है।

यह बात सुनकर मुझें थोड़ी हंसी आ गई, तो व्यक्ति जो उम्र में मुझसें बड़े थे। उन्हें मेरा मुस्कुराना अच्छा नही लगा। उन्होनें कहा कि इसमें हंसी की क्या बात है ? आपको हंसना नही चाहिये। आप अधिकारी होकर हंसते हो। मेरी बेटी की जिन्दगी दांव पर लगी है और आपको हंसी आ रही है।

मैनें धीरे से कहा कि यह तो दो मशीनों की शादियां हो गई। मशीने भी कोई सामान्य नही है, नोट छापने वाली मशीने है।

हमारी जिन्दगी में न होश है, न जोश है। बल्कि एक मशीन बन गई।

अगर एक व्यक्ति प्रातःकाल से ऑफिस जाने के समय तक की अपनी दिनचर्या को देखे तो वो पायेगा कि वो बेहोशी में ही सारे काम निपटाता है। एक व्यक्ति ने मुझें बतलाया कि वो नहा–धोकर तैयार हुआ। उसे ऑफिस

जाना था। लेकिन उसने कब स्पोर्ट्स शूज पहन लिये, उसे पता ही नही चला। जब वो कार में बैठा तो पता चला कि यह तो ऑफिस का ड्रेस कोड नही है। स्पोर्ट्स शूज ऑफिस में नही चल सकते।

रूटीन की जिन्दगी

हर व्यक्ति अपनी जिन्दगी के प्रतिदिन के कामों का लेखा–जोखा करें तो 75 प्रतिशत काम वो आदतन करता है और बेहोशी में करता है। कई–कई बार तो लोगों को सड़क पर चलते हुए देखते है। वो अपने हाथ हिलाते हुए जा रहे है, वो अपने आप से ही बात करते जा रहे है, यानी कि उनकी बॉडी स्वतः ही ऑटोमोड पर आयी हुई है। यानी कि होश के स्थान पर बेहोशी में चल रहे है। जो काम आपकी बिना जानकारी के आपके जीवन में होते है, वो सब इस बात की ओर इशारा करते है कि आपने सब काम बेहोशी में किये है।

इस बेहोशी में किये गये कामों का आपके जीवन पर कई प्रकार से नेगेटिव प्रभाव डालता है। जैसे कि मोटापा बढ़ जाना, जैसे कि डायबिटिज आदि हो जाना, जैसे की हार्ट की समस्या हो जाना, जैसे कि डिप्रेशन हो जाना।

कुछ महिलाओं को मैनें देखा है कि वो बात करती रहती है। उनको ध्यान ही नही रहता कि वो क्या बाते कर रही है ? ऐसा लगता है जैसे कि वो बेहोशी में बातें करती जा रही है।

एक बड़े सेवानिवृत अधिकारी की बेहोशी की स्थिति

एक बडे अधिकारी थे। रिटायर हो गये। प्रातःकाल रोजाना घूमने जाते। एक दिन कुत्ते को साथ में लेकर घूम रहे थे। मैनें मौका देखकर उन्हें नमस्कार किया। लेकिन

उन्होनें मुझें नजर–अंदाज किया और कुत्ते को अंग्रेजी में 5–6 मिनट तक भाषण दिया। मेरा कोतूहल जगा कि इस कुत्ते के साथ क्या अंग्रेजी में बातें कर रहे है। इसलिये मैनें भी ठान लिया कि इनसे दो मिनट बात करेंगे ही। मैनें जोर से कहा ब्रिगेडियर साहब 'नमस्कार'। वो मुंह छिपाते हुए धीरे से बोले 'नमस्कार'। मैनें पूछा सर यह डोगी ले आये, बहुत अच्छा है। हॉ–हॉ अच्छी नस्ल का है। महिने भर पहले ही लाये थे। अब तो यह काफी कुछ सींख गया है। तो मैनें कहा कि आप इसको क्या समझा रहे थे ? तो बोले कि शर्मा जी साल भर से मैं आपके सम्पर्क में हूँ। मैं सोचता हूँ कि कोई मेरी बात सुने। घर पर तो पत्नी सुनती नही। उल्टा पत्नी की बातें मुझें सुननी पडती है। इसलिये सोचा कि कुत्ता लाकर उसे अपनी दास्तान सुनाऊ। इसलिये यह कुत्ता ले आया।

मेरी दिलचस्पी बढ़ी कि कुत्ते को बातें सुनाकर इस व्यक्ति की कोई सुने कि भूख तृप्त हो रही है। अच्छी बात है, लेकिन दिमाग में मेरे भी शंका हो गई। इनसे एक प्रश्न तो पूछें कि आप इससे हिन्दी में भी बात कर सकते हो। इस डॉगी को आप अंग्रेजी में क्यों डांट रहे हो।

ब्रिगेडियर साहब बुदबुदाये, शर्मा साहब आपको पता नही है। यह डॉगी बहुत ऊंची नस्ल का है। महिने भर से हमारे घर रह रहा है, सम्भव है कि यह हिन्दी समझने लग गया हो। मैं इसे यहॉ हिन्दी में कहूं और यह जाकर मेरी पत्नी को उगल दे, इसलिये मैं इससे अंग्रेजी में बात करता हूँ। अंग्रेजी सींखने में इसे कम से कम साल भर तो लगेगा ही।

यह बेहोशी नही है तो और क्या है ?

जोश विहीन लोग

कुछ लोग सड़क पर घूमने आते है, ढीले–ढाले, उतरे हुए चेहरे, कोई जोश नही, कोई प्राण नही। कोई देख नही ले इसलिये छिपते–छीपाते दीवार के पास आते–आते पार्क में घुसते है। यानी कि कोई जोश नही, कोई उमंग नही, बेहोशी में चले जा रहे है।

आत्म जागरूकता

व्यक्ति के व्यक्तित्व में परिवर्तन की सबसे पहली शर्त है कि उसके जीवन में कुछ आत्म जागरूकता बने। जैसे कि हर व्यक्ति सांस लेता है। लेकिन जो व्यक्ति सांस को 15–20 मिनट के लिये अपने हिसाब से लेता करता है। अथवा योगिक प्रक्रिया के अनुसार सांस को छोडता है, रोकता है, लेता है तो उसे प्रणायाम कहा जाता है। थोड़ी देर के लिये ही सही। उसने कम से कम अपनी सांसो को जानकारी में तो लिया, बेहोशी से तो निकला। वो व्यक्ति धीरे–धीरे अपनी जागरूकता को बढ़ा सकता है।

कुछ लोग खाना खाते है। जो मिले सो खा लेते है। जैसे मिले खा लेते है। एक हाथ में मोबाईल लिये हुए है। दूसरे हाथ से खाना खाते जाते है। बिना यह जाने कि यह शरीर में जाने पर तकलीफ करेगा। कुछ लोग महिने में एक आध बार उपवास करते है। कुछ लोग उपवास के दिन कुछ चुना हुआ खाना ही खाते है। यानी कि यह लोग खाने के बारे में जागरूक है। जो खाना शरीर को देना चाहिये वही दे रहे है। जितना देना चेवहिये उतना ही दे रहे है।

कुछ लोग जब नींद खुलती है, तभी उठते है। जब प्रेशर बने तभी निपटने जाते है। कई तो इंतजारी में रहते

है कि कब चाय बने ? तब ही उठकर जाते है। लेकिन जो शारीरिक दृष्टी से जागरूक लोग है। वो अलार्म लगाकर उठते है। 6 बजे उठना है तो उठना है। 7 बजे चाय पीनी है तो पीनी है। रात 9:30 बजे खाना, खाना है तो खाते है। इससे ऐसे लोगों की शारीरिक जागरूकता बढ़ जाती है। इनका शारीरिक स्वास्थ्य भी तुलनात्मक रूप से ठीक होता है। थोडी देर शारीरिक व्यायाम करते है।

शारीरिक व्यायाम

जो लोग आगामी वर्ष हेतु अपने लक्ष्य तय करते है। उनको मैं एक परामर्श देना चाहूंगा कि वो अपने शारीरिक व्यायाम से सम्बंधित लक्ष्य अवश्य तय करें। ताकि उनकी शारीरिक बुद्धिमता बढ़ सके। दस मिनट साईकिलिंग की जा सकती है। दस मिनट वार्मअप एक्सरसाईज की जा सकती है। दस मिनट जोगिंग की जा सकती है। दस मिनट प्रणायाम किया जा सकता है, दस मिनट दौड़ की जा सकती है। यानी कि एक टाईम टेबिल के अनुसार आधा घंटा शारीरिक व्यायाम किये जाने का लक्ष्य तय किया जावें।

यदि 10–15 मिनट एक्सरसाईज के मकसद से वाकिंग की जाती है, तो ठीक है। यानी कि एक पैकेज के रूप में आधा घंटा शारीरिक व्यायाम किये जाये, तो इसके दीर्घकालीन सुखद परिणाम होंगे।

शारीरिक दृष्टि से तो स्वस्थ होंगे ही लेकिन कुछ अन्य अद्भुत लाभ होंगे जैसे किः–

1. आपकी इच्छाशक्ति बढ़ जायेगी।

2. आपकी कार्य करने की पूर्ण क्षमता बढ जायेगी।

3. आपकी आत्म छवीं ऊंची हो जायेगी।

4. आपमे जोश और जुनून रहेगा।

5. आप अपने आपसे संतुष्ट रहने लग जायेंगे।

आप बेहोशी से बाहर आ जायेंगे क्योंकि आपने आधा घंटा एक्सरसाईज की है। धीरे–धीरे यह होश की अवधि बढ़ जायेगी।

आत्म विश्वास बढ़ जाता है।

हिन्दुस्तान में व्यवस्थित रूप से, अनुशासित तरीके से व्यायाम करने की परम्परा ही नही बन पाई है। हांलाकि **बाबा रामदेव** के प्रयासों से अब लोगों में इसके प्रति जागरूकता बढ़ी है।

जोश और जुनून का महत्व

जब आप जोश और जुनून के साथ कोई कार्य करना आरम्भ करते है तो आप अपने आपको रूटीन से दूर कर देते है। यानी बेहोशी से होश में आ जाते है। ज्योही होश में आते है। त्योही आपकी कार्यक्षमता बढ़ जाती है। **डेलकार्नेगी** ने ठीक ही कहा है कि जो जोश के साथ अपने कार्य को सम्पन्न करते है। उनकी प्रभावकारिता दस गुणा बढ़ जाती है और इसी अनुपात में उनकी आमदनी।

बटलर ने अपनी पुस्तक **'सेलिंग में असफलता से मैं कैसे सफल हुआ'** में लिखते है कि मैनें **डेलकार्नेगी** की बताई गई जोश की बात को जीवन में उतारा। मैं बेसबाल का सामान्य खिलाड़ी था, लेकिन मैनें **डेलकार्नेगी** की बात को, जोश की बात को अपनाया और जोश के साथ मैदान में उतरा। मैनें मैदान में अपने आपको उछाला, नाटक किया, प्रचण्ड उत्साह दिखाया। परिणाम हुआ कि मैं

विजयी हुआ व दूसरे दिन अखबारों में मेरी जोश–जुनून की फोटो छपी। एक अखबार ने तो यह लिख दिया कि **बटलर** प्रचण्ड जोश–जुनून का धनी है। परिणाम यह हुआ कि महिने भर बाद ही मुझें बेस्ट बेसबॉल टीम में चुन लिया गया। जहाॅ मुझें मिलने वाली आमदनी पहले वाली आमदनी से बारह गुणा ज्यादा थी।

बटलर लिखते है कि एक बार बेसबॉल खेलते समय मेरी कमर की हड्डी चटक गई और मुझें खेल बन्द करना पड़ा। मैनें जीवन बीमा बेचने का काम किया। मैं साल भर तक जीवन बीमा बेचता रहा, लेकिन कोई खास बिक्री नही हुई। यद्यपि मैनें उन पुराने लोगों से बीमा बेचने की ट्रेनिंगे ली जिन्होनें बीमा व्यवसाय में पी.एच.डी. कर रखी थी।

एक दिन मैं बैठा सोच रहा था कि मेरी आमदनी कैसे बढ़ सकती है ? तो मुझें ख्याल आया कि मेरी बेसबॉल के खेल की आमदनी कैसे बढ़ी थी ? वही जोश वाला तरीका मुझें यहाॅ इस्तेमाल करना चाहिये। मैनें एक कम्पनी के सी.ओ. से टेलीफोन पर अपाइंटमेन्ट लिया कि मैं उन्हें जीवन बीमा के बारे में कुछ बताना चाहता हूॅ। उन्होनें मुझें समय दे दिया, क्योंकि वो मेरे परिचित थे। जैसा कि मैनें सोचा था कि मैं प्रचंड जोश के साथ मिलूंगा और पूरे जोश के साथ बीमा का प्रजेन्टेशन दिखाऊंगा। यही मैने किया। जैसे ही मैं उसके चैम्बर में घुसा तो मेरे जूतों की आवाज से वो चौंक गया। फिर मैनें जबरदस्त गर्मजोशी से उससे हाथ मिलाया तो वो हैरान रह गया। फिर मैनें बीमा की प्रजेन्टेशन दी तो बीच में मैनें टेबिल पर जोर से मुक्का मारा। एक बार तो मुझें ऐसा लगा कि व्यक्ति अभी मुझें बाहर जाने के लिये कह देगा। लेकिन उसने मुझसे कहा कि मेरे पास समय कम है। आपके कौन से कागज पर साईन करने है। कितने का चैक चाहिये। उन्होने

मुझसें जीवन बीमा खरीद ली। उन्होंने इतनी बड़ी बीमा खरीदी जो सफल लोगों को एक दिन में नही मिलती।

जोश जुनून से जीवन बीमा बेचते हुए मुझें एक साल पूरा हुआ तो मैं जीवन बीमा कम्पनी के ऑफिस के आगे लोगों को अपनी उपलब्धियों के किस्से सुना रहा था।

अतः बेहोशी से बाहर निकलिये और अपनी गतिविधियों पर नजर रखिये बस यही सफल होने का मूल मंत्र है।

सादर।

(डी.डी. शर्मा)

सी.ई.ओ.

टीम 360

मो.: 9079040362

(अध्याय – 45)
गधेजहां पीर की कहानी

(प्रबल विश्वास सफलता देता है)

एक बार बादशाह अकबर को बड़ी बेचैनी हुई कि उनको कोई सन्तान न थी। वो कोई मुगल साम्राज्य का वारिश मिले इस हेतु कई मजारों पर माथा टेक चुके थे। लेकिन बरसों बीत गये, सन्तान नही हुई।

एक बार कुछ लोगों ने कहा कि हम वहाँ धागा बांधकर आये थे और हमारे संतान हो गई। बादशाह को इस बात का पता चला तो बादशाह भी उस जगह जाकर माथा टेकने की और धागा बांधने की सोची। बादशाह पूरे लाव–लश्कर से साथ उस जगह पहुंचे, तो वहां लोगों ने बताया कि यह गधेजहां पीर है। यहाँ जो भी आदमी अपना मस्तक टेकता है और यहाँ जो भी धागा बांधता है, उसके यथा समय संतान हो जाती है।

बादशाह अकबर और उनकी बेगम जोधाबाई ने बड़े दृढ विश्वास से व बडी आशाओं के साथ वहां पर धागा

बांधा। उस मजार पर जो नाजिम बैठा हुआ था। उसने कहा जब आपके सन्तान होगी उस दिन जबरदस्त बारिश होगी। उससे मुझे पता चल जायेगा और मैं आपसे मिलने महल में आऊंगा।

समय बीत गया। बेगम गर्भवती हुई। नौ महिने बाद सलीम का जन्म हुआ। गाजे–बाजे के साथ शुक्राना देने बादशाह व बेगम गधेजहां पीर के यहॉ पहुंचे। अच्छा खासा शुक्राना नाजिम को दिया गया।

बीरबल का उलाहना

बादशाह ने बीरबल को बुलाया और कहा तुम्हारे हिन्दु धर्म में कोई ताकत नही बची है। तुमने जो उपाय बताये उनसे सन्तान नही हुई। अब गधेजहां पीर की दुआओं से संतान हुई है। बीरबल को बुरा लगा, लेकिन बादशाह के आगे क्या बोले ? बादशाह ने कहा बीरबल तुम भी गधेजहां पीर के यहॉ चले जाओं। कोई मुराद है तो मांग लो। वहां पर सब की मुरादे पूरी होती है।

बीरबल अक्लमंद था। उसने सोचा कि अब ठीक मौका आया है। बादशाह को आईना दिखाते है। बीरबल गधेजहां पीर के यहां गया। वहां नाजिम से मिला। नाजिम से उसका कार्यक्रम मालूम किया। उसने कहा कि वो तो हज करने जा रहे है। बीरबल ने कहा कि हज करने जा रहे हो तो हमारी तरफ से ये धन ले जाओं। मक्का–मदीना में नज़र कर देना।

बीरबल ने मालूम कर लिया कि नाजिम के चले जाने के बाद यहॉ कोई नही रहता है। अतः मौका देखकर बीरबल ने मजदूरों को साथ लिया और रात्रि में उस जगह को खुदवाया। वहां पर गधे की हड्डियॉ मिली। वो

हड्डियाॅं लेकर बादशाह के पास पहुंचा। कहा कि महाराज वहां पर कुछ नही है, यह गधे की हड्डियाॅं मिली है।

जहांपनाह आप बुरा ना माने तो एक बात कहूं कि ये गधे की हड्डिया मैनें ही वहा पर रखवाई थी। इस पीर को मैनें ही फेमस किया था। फिर बादशाह ने कहा कि संतान कैसे हुई ? तो बीरबल ने कहा कि वो आपका व बेगम की श्रद्धा व विश्वास के कारण हुई। आप हमारी मूर्तियों को गैर धार्मिक बताते हो, जबकि हम वहां श्रद्धा और विश्वास से नमन् करते है। श्रद्धा और विश्वास रखा जायें तो गधे की हड्डिया भी मुरादे पूरी कर देती है। अतः बादशाह सलामत महत्व श्रद्धा और विश्वास का है।

श्रद्धा और विश्वास का मनोवैज्ञानिक विश्लेषण

व्यक्ति का दिमाग कई हिस्सों में बना होता है। एक हिस्सा चेतन अवस्था कहलाता है। यह तर्क आदि को महत्व देता है। लेकिन ये कुल मस्तिष्क का 10 प्रतिशत से भी अधिक नही है। 90 प्रतिशत मस्तिष्क अचेतन है। अचेतन की ऊपरी तहों में जब कोई चीज चली जाती है। तब उसे विश्वास कहा जाता है। यह अचेतन मस्तिष्क ऐसे है जैसे कोई गिली, उपजाऊ मिट्टी। यदि इस मिट्टी में कोई बीज गिर जाता है। वो अंकुरित होता है, वृक्ष बन जाता है। इसी तरह से कोई विचार अचेतन मस्तिष्क में चला जाता है तो वो विश्वास बनता है और उस विश्वास से जीवन में भौतिक प्रकटीकरण होता है। यानी जो विचार बो दिया गया वो कार्य सफल होता है। यदि भावनात्मक प्रबलता से कोई बीज अचेतन मन की गहरे तलों में डाल दिया जाता है तो उसे श्रद्धा कहते है और वो तत्काल अंकुरित होता है और जीवन में प्रकट होता है।

सामूहिक अचेतन मस्तिष्क सभी व्यक्तियों के मिले हुए है। यहीं वजह हैं कि हर धर्म ग्रन्थ प्रलय की बात करता है। जबकि हिन्दुओं के धर्म ग्रन्थों को किसी ईसाई ने नही पढा है, लेकिन दोनों में प्रलय की बात है। दोनों में स्वर्ग की बात है। इसी तरह से मुसलमानों के धर्मग्रंथो में भी यहीं चीजे मिलती है। यानी कि सामूहिक अचेतन मस्तिष्क सबके जुड़े हुए है। अतः वहां से एक ही प्रकार का ज्ञान इंसान को मिलता है। जिसने सामूहिक अवचेतन मस्तिष्क को कनेक्ट करना सींख लिया, उसके लिये कहा जाता है कि उसी छठीं इन्द्री जाग उठी।

छठीं इन्द्री का जागृत होना

मनोवैज्ञानिकों ने अचेतन मस्तिष्क की ऊपरी तह को रचनात्मक कल्पनाशीलता कहा है। यानी यहां पर ग्रहणशीलता रहती है। जिसे कि अंग्रेजी में Receptiveness कहा जाता है। यहीं छठीं इन्द्री है। यानी कि इस परिवेश में सभी आवाजें मौजूद है। आप किस आवाज से कनेक्ट होते हो, वहीं आपको सुनाई देती है, जैसे कि रेड़ियों तरंगो का सिद्धांत कहता है। आपको आज तक चैनल देखना है, तो देखना है। यदि पसंद नही है तो दूसरा चैनल देख लो। यानी कि परिवेश में आप कनेक्ट कर जो चैनल देखना चाहते हो देख सकते हो।

मैं यहां एक आध्यात्मिक सिद्धांत का उदाहरण पेश करना चाहता हूँ

असीम बुद्धिमता कृपा के रूप में पूरे ब्रह्माण्ड में बरसात कर रही है। जिसकी ग्रहणशीलता व संवेदनशीलता अधिक है। वो कृपा के वाईब्रेशन से कनेक्ट हो जाते है और ईश्वरीय कृपा को महसूस करते है। यह ग्रहणशीलता

की छठीं इन्द्री है। धीरे–धीरे अभ्यास से यह छठीं इन्द्री जागृत व विकसित हो जाती है और व्यक्ति अपनी पसंद के अनुसार परमात्मा के नेगेटिव या पोजिटिव जिन गुणों से कनेक्ट होता है। वही गुण उस व्यक्ति में उतरने लगते है।

आत्मिक गुण, सकारात्मक गुण कहे जाते है। आध्यात्मिक लोग सकारात्मक गुणों से कनेक्ट करते है।

सांतवी इन्द्री (7th Sense)

व्यक्ति नाम से वही प्रकट है कि जो कि वो हर क्षण कुछ न कुछ व्यक्त करता रहता है। जैसे कि हर व्यक्ति प्रतिक्षण सांस लेता है व छोडता है। जैसे ही प्रणायाम से श्वासों को नियमन किया जाता है। ऐसे ही व्यक्ति के भावों, विचारों, वाणी का भी होश पूर्वक नियमन किया जा सकता है। आदमी क्या चीज अभिव्यक्त करता है। इसका उस पर पूरा अधिकार है। अतः होश पूर्वक अभिव्यक्ती की जा सकती है।

जो व्यक्ति होश पूर्वक अभिव्यक्ति करेगा वो सम्भव है शुभकामनाएं प्रेषित करे। सम्भव है आर्शीवाद प्रेषित करें। सम्भव है बिना शर्त प्रेम प्रेषित करें। 7वीं इन्द्री को विकसित करने के पीछे यही मकसद है।

मैं यहां एक और यूनिवर्सल लॉ के बारे में बतलाना चाहूंगा कि आप जो कुछ यूनिवर्स को प्रेषित करते हो। वही चींज कई गुना होकर, लौटकर आपके पास आती है। इस कारण से 7वीं इन्द्री का महत्व और अधिक बढ़ जाता है।

अतः 6वीं व 7वीं इन्द्रीयों के विशुद्ध विवेचन को अध्याय—101 से लेकर 110 तक किया जायेगा।

सादर।
(डी.डी. शर्मा)
सी.ई.ओ.
टीम 360
मो.: 9079040362

(अध्याय – 46)
ऋणाणु बन्ध की कहानी

(वसीयत जिस्मानी उत्तराधिकारी को ही देने की नीयत रहती है व परम्परा भी है।)

जब व्यक्ति अपने स्थूल शरीर से ऊपर की चेतना में स्थित होता है तब छठी इन्द्री काम करना आरम्भ करती है। लेकिन प्रायकर लोग अपने शारीरिक रिश्ते नातों में ही बन्धे रहते है। इसलिये उनकी छठीं इन्द्री जागृत नही हो पाती। यद्यपि वो ध्यान, जप, शास्त्रों का पठन व आध्यात्मिक क्रियाएं करते रहते है।

शारीरिक रिश्ते नातों का मोह बड़ा गहरा है। यह छुटने में समय लेता है। और बिना गुरू कृपा/ईश कृपा के छुटता भी नही है।

इस सम्बंध में मैं एक रोचक कहानी आपको सुनाता हूँ।

बीकानेर (राजस्थान) कस्बे के पास एक छोटा गांव था। गांव में एक व्यापारी दैनिक आवश्यकताओं की वस्तुएं

बेचने की दुकान करता था, परमात्मा की कृपा थी व उस व्यक्ति की मेहनत थी, गांव के लोगों का सहयोग था कि दुकान अच्छी चल रही थी। लेकिन व्यापार तो व्यापार है, उतराव–चढाव आते रहते है।

एक बार तिल्ली का तेल के सैकड़ो पीपे उन्होने खरीद लिये और तेल के भाव गिर गये, बस उस झटके से उस व्यापारी के भयंकर घाटा लग गया। जिनसे कर्ज लेकर तेल खरीदा था वो तकाजे करने लग गये। एक रात उसे गांव छोड़कर भागना पडा, क्योंकि तकाजियों ने जीना दूभर कर दिया था।

उस व्यक्ति के एक लडका भी था जो 6–7 महिने का था, उसकी पत्नी भी थी, लेकिन वो उन्हें बिना बताये ही गांव छोड कर भाग गया।

वो लगातार सप्ताह भर भागा, जहां कही रास्ते में कुछ मिला, खा लिया। वो चुरू पहुंच गया। वहां एक नाथों का बड़ा आश्रम है। उसके सामने जाकर वह खड़ा हो गया। सर्दियों की रात, बारिश का मौसम। वो ठिठुर रहा था। आश्रम के अन्दर से किसी ने उसे देख लिया। पूछा कि कौन है ? उसने कहा कि भूखा हूँ, कई दिनों से खाना नही मिला, पानी भी नही मिला।

आश्रम के अन्दर से एक व्यक्ति खाना ले आया, पानी ले आया और उसे दे दिया। खाना खाने के बाद वह दरवाजे के बाहर बैठ गया। रात को 10 बज गई। आश्रम का दरवाजा बन्द करने के लिये चौकीदार आया। उसने पूछा कि कौन है ? क्यों बैठे हो ? वह व्यक्ति बोला कि जाने को कोई जगह नही है। आपको तकलीफ ना हो तो कोई जगह बता दो। वहां रात काट लूंगा और सुबह चला जाऊंगा।

चौकीदार ने कहा कि सामने आश्रम में एक कोटरी है। इसमें बैठ जाओं। वो उस कोटरी में बैठ गया। चौकीदार ने ओढ़ने के लिये कम्बल भी दे दिया। सुबह उठा तो चौकीदार से कहा कि एक–दो दिन और रह जाऊ। मेरा कोई ठिकाना नही है। चौकीदार ने कहा कि ठीक है, रह जाओं। वो वही पर रहने लगा।

आश्रम के बड़े नाथ जी घूमते हुए आये और उस आदमी को कोटरी में देखा। उन्होंने पूछा कि तुम कौन हो ? उसने कहा कि महाराज मैं तो दुखी आदमी हूँ। महाराज ने कहा कि आश्रम में कोई दुख नही है। तुम साफ सफाई कर लो, खाना खा लो और आश्रम में रहों, आश्रम की सेवा करों। जब तुम्हारा कोई रोजगार लग जाये तो चले जाना।

दूसरे दिन फिर नाथ जी महाराज घूम रहे थे, तो चौकीदार ने नाथ जी को कहा कि महाराज कल चाय बनाने वाला आदमी नही आयेगा। नाथजी ने कहा कि हमें तो सुबह 6 बजे चाय चाहिये। नाथजी इतनी जोर से बोले कि कोटरी में बैठा हुआ आदमी भी बाहर आ गया। उसने कहा कि मुझें चाय बनानी आती है। मैं सुबह आपको चाय बनाकर दे दूंगा। नाथजी ने कहा कि ठीक है। हमे तो चाय पीने से मतलब है।

वो आदमी सुबह रसोई में गया और चाय बनाई। चाय के साथ बिस्कुट और ले गया। नाथजी महाराज खुश हो गये। सप्ताह–दस दिन वो चाय पिलाता रहा। नाथजी ने सोचा कि यह अच्छा आदमी है। इसे कोई बड़ा काम देना चाहिये। नाथ जी ने उससे कहा कि यह मंत्र लो, यह गीता की पुस्तक लो और इसे पढ़ा करों। आदमी पढ़ालिखा था। संगीत का भी जानकार था। उसने गीता को भी याद कर लिया। महाराज जी ने उसे दोपहर के

समय आश्रम में जो महिलाएं आती थी। उनको गीता सुनाने का काम दे दिया।

धीरे–धीरे वो आदमी नाथजी को भा गया। नाथजी ने उसे अपना उत्तराधिकारी घोषित कर दिया। नाथजी ने कहा कि अब हम अगले घर जायेंगे। अब वो व्यक्ति आश्रम का बडा नाथ बन गया। पूर्व नाथजी ने जिन्दा समाधी ले ली। समय बीतते देर नही लगती। 18 वर्ष हो गये, इन बातों को।

गर्मियों का दिन, नाथ जी आश्रम की छत पर टहल पर रहे थे। नीचे देखा कि एक नौजवान दीन–हीन आश्रम के दरवाजे के बाहर खडा है। वो रोटी के लिये हाथ फैला रहा है। बरसात का मौसम है। इसलिये कोई आदमी आश्रम से बाहर निकल नही रहा है। नाथजी ने कहा कि कौन है ? तो वह बोला कि कई दिनों से भूखा हूॅ, खाना चाहिये। नाथजी ने चौकीदार से कहा कि इसे रोटी दे दो। चौकीदार ने उसे रोटी दे दी। रोटी खाकर वह आश्रम के दरवाजे के पास ही बैठ गया। नाथजी ने देखा, तो चौकीदार से कहा कि यह जा क्यों नही रहा है ? तो चौकीदार ने कहा कि इसका कोई ठिकाना नही है, तो नाथजी ने कहा कि ठीक है, इसे कोटरी में ठहरा दो।

फुलरिया दूज आई। जो चाय बनाने वाला रसोईया था उसने कहा कि मेरी तो शादी है। मैं तो नौकरी छोड कर जाऊंगा। महाराज को चिन्ता हुई कि सुबह चाय कौन पिलायेगा ? कोटरी में बैठा हुआ व्यक्ति बोला कि महाराज मैनें बहुत चाय बनाई है, मैं बना दूंगा। महाराज जी ने सोचा कि मुझें तो चाय से मतलब है।

वो व्यक्ति पांच बजे से पहले उठा। रसोई में गया, चाय बनाई और बिस्कुट के साथ महाराज को दी। महाराज खुश हो गये। उस नौजवान के चेहरे से बिना

चाहा अपनापन होने लगा। लेकिन महाराज फिर अपने काम में लग गये। वो कई महिनों तक चाय बनाता रहा और महाराज को पिलाता रहा। आश्रम में महाराज के कई शिष्य थे। उनमें एक काबिल, पढालिखा था। अब महाराज बूढे हो चले थे। इसलिये उन्होनें एक विद्वान नौजवान को अपना उत्तराधिकारी घोषित कर दिया। उत्तराधिकारी तो गांव–गांव में नाथ जी के साहित्य का प्रचार–प्रसार करने के लिये निकल गया।

नाथ जी चाय पीते और उस लड़के को देखते। वो लडका गायों का दूध भी निकालने लगा, वो लडका खेती भी करने लगा। जब भी वो लडका नाथजी के पास आता तो नाथजी को बहुत अच्छा लगता।

एक दिन उस लडके को नाथजी ने अपने पास बिठाया और पूछा कि तेरा नाम क्या है ? लडके ने कहा कि श्यामसुन्दर। पूछा कि तेरे पिता का नाम क्या है ? उसने कहा कि मालूम नही। तुम्हारा गांव कौनसा है ? मां कहती है कि सिन्थल है। तेरी मां कहां रहती है ? उसने कहा कि पुलासर। पुलासर व सिन्थल का नाम सुनते ही नाथजी को कई बाते याद आने लगी। लेकिन मामला क्लियर नही हुआ। इसलिये पूछा कि तेरे नानाजी का क्या नाम है ? तो नौजवान ने कहा कि भंवर लाल। नाथजी के दिमाग की बत्ती जली।

उन्होनें सोचा कि यह तो मेरे ससुर का नाम है। सिन्थल मेरा गांव है। और जिज्ञासा हुई कि तेरी मां का क्या नाम है ? उसने कहा कि मुझें मालूम नही। तेरी मां अकेली रहती हैं। तेरे पिताजी कौन है ? तो उसने बताया कि मेरे पिता हमें छोड कर चले गये। और मेरी मां पुलासर आ गई। वहा किसी से शादी कर ली। उससे एक बच्चा भी है। लेकिन वो मेरे को यह कहती है कि तू

तो रामलाल की औलाद है। यह सुनते ही अन्दर का ज्ञान काफूर हो गया। उसने कहा कि रामलाल तो मैं ही हूँ, यह तो मेरा बेटा है।

अब नाथजी को बडा अफसोस हुआ कि मैनें तो अपना उत्तराधिकारी किसी और को बना दिया। मेरा बेटा तो बेरोजगार घूम रहा है। इस चिन्ता में नाथजी तो बीमार हो गये। फिर एक दिन नाथजी ने विचार कर अपने उत्तराधिकारी को पत्र लिखा कि तुम जल्दी आ जाओ। पता नही कब मैं अगले घर चला जाऊ ?

उत्तराधिकारी को ज्योही खत मिला तो वो तुरन्त चुरू आश्रम पहुंच गया। वहा नाथजी की हालत देखकर काफी दुखी हुआ। नाथजी ने कहा तुम मेरे आज्ञाकारी शिष्य हो। मुझसे वादा करों कि मैं जो काम कहूंगा तुम उसे पूरा करोंगे। उत्तराधिकारी ने कहा कि महाराज सब कुछ तो आपका ही दिया हुआ है। आप हुक्म करें।

इस पर नाथजी महाराज ने कहा कि आपकों अपना उत्तराधिकारी का पद वापिस लौटाना होगा। उत्तराधिकारी ने कहा कि महाराज यह तो आपका ही दिया हुआ है, वापिस ले लो।

आंखे तरेरते हुए नाथजी महाराज ने कहा कि ऐसे नही ? तुम यह कहों और कहो ही नही, लिखित में दो। कल मैं बड़ी मिटिंग बुलाउंगा। उसमें सबके सामने कहो कि मेरे से अधिक योग्य उत्तराधिकारी मिल गया है। इसलिये मैं अपना नाम वापिस लेता हूँ। उस लडके को उत्तराधिकारी बना दिया गया।

यह ऋणाणु बन्च कहलाता है। कि व्यक्ति बडी आध्यात्म की बातें करते है, त्यागी तपस्वी भी बनते है, लेकिन जब वसीयत करने की बात आती है तो अपनी जिस्मानी संतान को ही मुकर्रर करते है।

स्थूल शरीर की अपनी याददास्त होती है।

किसी भी व्यक्ति का शरीर देखकर लोग यह आसानी से जान सकते है कि इनके हाथ–पावं इनके पिता की तरह है। चेहरा इनके दादा की तरह है। यानी कि स्थूल शरीर में मैमोरी रहती है। इस मैमोरी को मैं मस्कूलर मैमोरी का नाम देता हूँ।

जो बच्चा साईकिल चलाना सीख लेता है। वो उम्र भर उसे भूलता नही।

साईकिल का जब बच्चा अभ्यास करता है तो धीरे–धीरे साईकिल का अभ्यास उसके मसल्स में चला जाता है। उसकी याददास्ती में शामिल हो जाता है, फिर वो कभी भूलता नही।

मृत आत्माओं आदि के बारे में मस्कूलर मैमोरी का सिद्धान्त

वेदो व उपनिषदों आदि में उल्लेख है कि अगर व्यक्ति की मृत्यु हो जाती है तो उसके शरीर को जला देना चाहिये व उसके नाखून, उंगलियों आदि को गंगा में प्रवाहित कर देना चाहिये, लेकिन कुछ लोग उस व्यक्ति की पहनी हुई जाकिट,

उसकी लाठी, उसका चश्मा आदि सम्भाल कर रखते है, ये ऋणाणु बन्ध है।

कुछ लोग इससे भी आगे बढते है और वो उनका आह्वान भी करते है। कई लोग उनकी मूर्तिया भी बना देते

है। यानी कि इस स्थूल शरीर की मैमोरी को छोडना ही नही चाहते।

जब तक शरीर से मोह नही छूटेगा, शरीर को दृष्टा बनकर नही देखेंगे, तब तक छठी इन्द्री व सातवी इन्द्री का जागरण सम्भव नही है।

छठी इन्द्री के जागरण से व्यक्ति में ग्रहणशीलता बढती है। परमात्मा की असीम कृपा जो बरस रही है, उसे वो अनुभव करता है, आनन्दित होता है। शान्त व प्रसन्नचित होता है।

सांतवी इन्द्री का जागरण होता है तो व्यक्ति सद्भावनाएं, आर्शीवाद बिना शर्त प्रेम का प्रेषण करता है। इस सांतवी इन्द्री के जागरण हेतु भी देह भाव से ऊपर उठना जरूरी है।

अब समय आ गया है कि छठी इन्द्री व सांतवी इन्द्री के विकास करने के तरीके खोजे जावें। जिन वैज्ञानिकों ने छठीं इन्द्री व सांतवी इन्द्री के जागरण से अनेक अनुसंधान व आविष्कार किये है, उनके छठी व सांतवी इन्द्री के ज्ञान का प्रशिक्षण अब आम लोगों को भी उपलब्ध होने का समय आ गया है।

सादर।
(डी.डी. शर्मा)
सी.ई.ओ.
टीम 360
मो.: 9079040362

अध्याय – 47
इंसान के पूर्वज बंदर थे – एक कहानी

(प्रगति के लिये बदलना जरूरी है)

एक बार **डार्विन** ने एक विचार गोष्ठी रखी जिसमें अपनी पुस्तक **"ओरिजन ऑफ स्पेसिस"** के बारे में बतलाया व जीवों के उद्विकास के बारे में कुछ नई बातें बतलाई। उनमें एक प्रमुख नई बात यह थी कि इंसान के पूर्वज बंदर थे। यानी कि बंदरो में धीरे–धीरे विकास होते–होते बंदर इंसान के रूप में परिवर्तित हो गये। यद्यपि इस विकास क्रम में हजारों वर्ष लगे बताए।

डार्विन से यह पूछा गया कि यदि बंदरो से विकास होते–होते इंसान बना है तो सारे बंदर इंसान क्यों नही बन गये ? आज बंदर क्यों मौजूद है ?

डार्विन ने जवाब दिया कि जिन बंदरो ने बदलने से इंकार किया वो बंदर रह गये और जिन्होनें बदलना स्वीकार किया वो इंसान बन गये।

इस कहानी का आध्यात्मिक अर्थ

जो व्यक्ति आध्यात्मिक रूप से अपने को बदलना चाहता है। उसे अपना आत्म अवलोकन करना होता है। क्योंकि मूल रूप में इंसान पशु ही है। पशु की तरह ही वो पैदा होता है और खाना, पीना व प्रजनन ही उसकी जीवनचर्या की मुख्य बातें होती है।

परिवार, समाज उस पशु रूप में जन्म लेने वाले इंसान को धीरे–धीरे प्रशिक्षित करते है। वो कपड़े पहनना सीख जाता है, वो भाषा बोलनी सीखता है। वो समाज के बनाये गये सलीको, नियमों का पालन करना भी सीख जाता है।

इसको ऐसे ही समझियें जैसे कि सर्कस में किसी बंदर को ट्रेनिंग दी जाकर कपडे पहनने सीखा दिये जाते है। यहाॅ तक कि साईकिल चलानी सीखा दी जाती है। लेकिन ज्यो ही वो सर्कस के शो से अलग होता है तो सामान्य बंदर की तरह ही व्यवहार करने लगता है।

यही इंसान का हाल है। इंसान मूल रूप में बंदर की तरह ही व्यवहार करता है। फिर उसे माता–पिता ट्रेनिंग देते है। स्कूल में अध्यापक पढ़ाते है। समाज में वो रहने का सलीका सीखता है। जब उसका ठीक से प्रशिक्षण हो जाता है तो उसे सभ्य इंसान कहा जाता है, लेकिन मूल में उसके अंदर बंदर के गुण मौजूद रहते है। वो अपने मौलिक गुणों को बाहर दिखने न दे, इसलिये कानून आदि का भय कायम किया गया है।

प्रशिक्षित मन इंसान के नियंत्रण में रहता है। अप्रशिक्षित मन के नियंत्रण में इंसान रहता है। यदि मन अनियंत्रित होगा, तो वो इंसान को बहा ले जायेगा। यदि

नियंत्रित एवं अनुशासित होगा तो इंसान के बडे–बडे कार्य करने में मददगार होगा।

भावनात्मक (इमोशन्स):– इंसान आत्म अवलोकन के जरिये अपने अंदर उठने वालों भावों पर कडी नजर रखता है। और जब नजर रखी जाती है तो चोर घर में घुस नही पाता। क्रोध, लालच आदि भावों के उपर यदि इंसान निगरानी रखे तो धीरे–धीरे यह भी इंसान के निर्देशों के अनुसार चलने लगते है। यह कार्य कठिन हो सकता है, लेकिन कठिन कार्य पूरे करके इंसानों ने ही दिखायें है।

आध्यात्मिक (Spiritual):- स्वः जागृत व्यक्ति अपनी आत्मा को दीन–हीन होने से रोकता है व उसे सामर्थ्यवान बनाता है। उपनिषदों में लिखा है कि दीन–हीन होना सबसे बड़ा पाप है। और अपने को सामर्थ्यवान समझना सबसे बडा पुण्य है। भगवान कृष्ण ने गीता में अधिक सटीक टिप्पणी की है कि **"समत्वं योग उच्च्यते"** यानी कि संतुलित रूप से अपने को सामर्थ्यवान मगर अहंकार विहीन जानना।

ब्रजी मंत्र

डॉक्टर पीलई ने ब्रजी मंत्र को भगवान राम के गुरू विश्वामित्र से प्राप्त किया बताया। तथा वर्तमान आर्थिक युग के परिपेक्ष में श्रीम् बीज को इसके साथ जोडा व श्रीम् बजी मंत्र लोगों को आध्यात्मिक व दुनियावीं दोनों तरीको से प्रगति करने हेतु प्रदान किया है। ब्रजी से तात्पर्य विश्वामित्र होना है। यानी कि सांतवी इन्द्री का जागरण व विकसित हो जाना है।

आज की भाषा में कहे तो वो अपने आपको व लोगों को इस्पायर करने हेतु लीडरशीप अपने हाथ में ले लेता

है। ऐसे व्यक्ति के द्वारा निम्न कार्य मुख्य रूप से सम्पन्न किये जाते है।

लोगों को प्रोत्साहित करना व प्रेरित करनाः– कुछ लोग किसी कारणवश ज्यादा भावुक हो जाते है और असंतुलित व्यवहार करने लगते है। यानी कि उनका ई.क्यू. कमजोर हो जाता है। ऐसे लोग संसार के अंदर आये दिन होने वाली जो समस्याएं है। चाहे वो छोटी, मोटी हो, उनका मुकाबला नही कर पाते। ऐसे लोगों में तुलना करने की आदत होती है। वो अपने भाईयों से तुलना करते है। पड़ौसियों से तुलना करते है। यह तुलना का तोता उन्हें दुःखी रखता है। और स्वयं को वो दीन–हीन मानते है। अंदर से दीन–हीन होते है और बाहर अहंकारवश बडी–बडी डींगे हांकते है।

आध्यात्मिक लोगों की मुक्ति हेतु छठी इन्द्री जागृत व्यक्ति लोगों कि आत्मा में जो भवरोग लगे हुए है। उनके विरूद्ध उनको वेक्सिन देता है तथा अपनी आत्मिक शक्ति से उनकी आत्मा को बलवती बनाता है।

सूफियों के यहाँ इसे रूहानी तवज्जह देना कहा गया है।

यह कार्य प्रायःकर अप्रकट रूप से (गायबाना) ही किया जाता है। सुफियों के यहाँ छठीं इन्द्री जागृत व्यक्ति अहसानमंदी के भाव का अहसास करता है। जब यह अभ्यास पूर्ण हो जाता है, तो वो छठी इन्द्री को अपने मुर्शीद की मेहरबानी से जागृत करता है और तब वो बौद्धिक व आत्मिक तवज्ज्यह देने के बारे में संलग्न हो जाता है।

एक सूफी संत द्वारा ली गई परीक्षा

फारस के एक सूफी संत थे। जिनके पास एक दूसरे सूफी संत अपने शिष्य को ले गये कि तुम इसकी परीक्षा लो कि यह मुकम्मिल हुआ या नही।

महान सूफी संत ने दो बातों में ही उसकी परीक्षा ली। पहला पूछा कि **शुक्र किसे कहते है ?** तो शिष्य ने बतलाया कि जो कुछ मालिक के द्वारा दिया गया है। उसका ठीक–ठीक प्रयोग हो जाये और मालिक की कृपा का मेरे शरीर का कतरा–कतरा अहसानमंद बना रहे।

दूसरा प्रश्न प्रेक्टिकल पूछा गया कि **कुछ लोग बैठे है। उनको अपनी तवज्जह दीजियें।** शिष्य अपने आपकों सांतवी इन्द्री में ले गये और अपने मुर्शीद में लय किया और तवज्जह देनी आरम्भ की। कुछ देर बाद महान सूफी संत ने कहा कि तुम दोनों परीक्षाओं में उत्तीर्ण घोषित किये जाते हो।

वर्तमान युग में वैज्ञानिकों के द्वारा छठी इन्द्री को विकसित किया गया। ऐसे अनेक उदाहरण मिले है, लेकिन वैज्ञानिकों की यह भावनाएं कि पूरा विश्व वैज्ञानिक प्रयोगों से लाभ उठायें। छठी इन्द्री के कुछ–कुछ उनमें खुल जाने के संकेत देता है। किसी समय ऋषि लोग जो कार्य करते थे। आज–कल वहीं कार्य वैज्ञानिकों के द्वारा किये जाते है। किसी समय जो अध्यात्म विकसित हुआ। आज उसी ने विज्ञान का स्वरूप ले रखा है।

किसी समय टेलीपेथी आदि आध्यात्मिक बातें हुआ करती है। आज मोबाईल पर अदृश्य किरणों की सहायता से बातचीत करना आम वैज्ञानिक तकनीक है। अब वो दिन दूर नही कि जब छठी इन्द्री व सांतवी इन्द्री को

जागृत करने व विकसित करने का कार्य वैज्ञानिकों द्वारा जान लिया जायेगा।

अल्बर्ट आइंस्टीन

अल्बर्ट आइंस्टीन के निधन से दो दिन पूर्व उनसे पत्रकारों ने पूछा कि आप इस समय के सबसे बडे वैज्ञानिक हो। आपने बहुत कुछ ज्ञान एकत्रित किया है। कुछ अपने बारे में बतलाईये। **आइंस्टीन** ने उत्तर दिया कि ज्यो–ज्यो मैनें अधिक से अधिक ज्ञान ग्रहण किया। मैं खुश हूँ। पर मैं अब इस निस्कर्ष पर पहुंचा हूं कि जो खोज लिया गया है। उससे हजार गुणा अधिक वो मौजूद है, जिसे अभी तक खोजा नही जा सका है। मैनें जो जाना है, वो यही जाना है कि मैं कुछ नही जान पाया।

कुछ नही जानना इसको आध्यात्मिक भाषा में Nothingness कहा जाता है। कुछ लोग उसे शून्य कहते है। कुछ लोग आकाश कहते है। बुद्ध ने इसे निर्वाण कहा है। शून्य और पूर्ण एक ही सिक्के के दो पहलू है। कहते है कि पूर्ण में से पूर्ण निकलता है तो पूर्ण शेष रहता है। उपनिषदों में ऐसा मंत्र भी है–

ॐ पूर्णमदः पूर्णमिदं पूर्णात्पूर्णमुदच्यते ।

पूर्णस्य पूर्णमादाय पूर्णमेवावशिष्यते ॥

ॐ शान्तिः शान्तिः शान्तिः ॥

परमात्मा को कई आध्यात्मिक शास्त्रियों ने शून्य कहा है। बहुत से आध्यात्मिक शास्त्रियों ने परमात्मा को पूर्ण कहा है।

भगवद् गीता के 11वें अध्याय में भगवान कृष्ण ने अपने विराट रूप का दिग्दर्शन कराया है। जो इस संबंध में पठनीय है।

छठी इन्द्री का जागरण भक्ति मार्गियों को भक्ति के द्वारा, ज्ञान मार्गियों को ज्ञान द्वार, प्रेम मार्गियों को प्रेम के द्वारा प्राप्त होता है। आंतरिक जगत में तीनों तरीके एक ही है। मिलिनियर बनने वाले लोगों हेतु उपरोक्त तरीके जो बताये गये है उनसे छठी इन्द्री का जागरण होगा और वो मिलिनियर बनने के मार्ग पर न केवल आरूढ़ होंगे बल्कि मंजिल तक भी अवश्य पहुंचेंगे।

मेरा आप सभी को आशीर्वाद।

(डी.डी. शर्मा)

सी.ई.ओ.

टीम 360

मो.: 9079040362

TEAM 360

आपने **'कैसे मिलेनियर बने ?'** पुस्तक को यहाँ तक पढ़ा है। इसका अर्थ यह है कि आप मिलिनियर बनने की यात्रा पर चलने हेतु दृढ़संकल्पित है। मेरा आग्रह है कि संकल्प के साथ-साथ कुछ सटीक निर्णय लेने आवश्यक होते है, ताकि उनका क्रियान्वयन करके व्यापार व उद्योग में सफल हुआ जा सके।

यह तो सही है कि इस पुस्तक की कहानियों ने आपको उद्वेलित किया है। लेकिन कुछ ब्ल्यू प्रिन्ट बने इस हेतु कुछ करने का आपने निर्णय लिया है। कृपया करके उन सभी निर्णयों को नीचें लिख लीजिये।

1. ....

2. ....

3. ....

4. ....

5. ....

6. ....

7. ....

8. ....

9. ....

10. ....

11. ....

12. ....

13. ....

14. ....

15. ....

16. ....

17. ....

18. ....

19. ....

20. ....

21. ....

22. ....

23. ....

24. ....
25. ....
26. ....
27. ....
28. ....
29. ....
30. ....
31. ....
32. ....
33. ....
34. ....
35. ....
36. ....
37. ....
38. ....
39. ....
40. ....

नाम व हस्ताक्षर पाठक